Frecce

Antonio Socci

NON È FRANCESCO

La Chiesa nella grande tempesta

MONDADORI

www.librimondadori.it

Non è Francesco
di Antonio Socci
Collezione Frecce

ISBN 978-88-04-64663-1

I edizione settembre 2014

Anno 2014 - Ristampa 4 5 6 7

Indice

Non è Francesco

A Joseph Ratzinger,
umile gigante di sapienza

Ai cristiani perseguitati in Iraq,
in difesa di quella fede per la quale
sono stati disposti a perdere tutto
e a subire il martirio

«È bene che un uomo senza giurisdizione componga un trattato sui mali della Santa Chiesa? O non è forse già temerario solo il pensarvi quando ogni sollecitudine della Chiesa di Dio appartiene di diritto ai Pastori della medesima? E il rilevarne le piaghe non è forse un mancare di rispetto agli stessi Pastori ...?». A questa questione io rispondevo che il meditare sui mali della Chiesa, anche a un laico non poteva essere riprovevole, ove a ciò fare sia mosso dal vivo zelo del bene di essa, e della Gloria di Dio ... E finalmente mi si presentavano innanzi agli occhi gli esempi di tanti santi uomini che in ogni secolo fiorirono nella Chiesa, i quali, senza essere Vescovi, come un san Girolamo, un san Bernardo, una santa Caterina e altri, parlarono però e scrissero con mirabile libertà e schiettezza dei mali che affliggevano la Chiesa dei loro tempi, e della necessità e del modo di ristorarnela. Non già che io mi paragonassi pur da lontano a quei grandi, ma io pensai, che il loro esempio dimostrava non esser per sé riprovevole l'investigare, e il chiamar l'attenzione dei Superiori della Chiesa sopra ciò che travaglia e affatica la Sposa di Gesù Cristo.[1]

ANTONIO ROSMINI

Tutto va bene, a giudizio de' prudenti di questo secolo. A giudizio d'altri, ancor più prudenti, è necessario che i cattolici non abbiano l'audacia di parlare; conviene osservare un perfetto silenzio per non fomentare inquietudini e rumori disgustosi, e tutto quello che può recar turbamento non è che imprudenza e sconsideratezza. Tale specie di prudenza è l'arma più terribile di coloro che minano la Chiesa; essi la minano sordamente, e chi denunzia la loro insidia, chi rivela il tradimento, sono i turbolenti, sono i perturbatori della società. Intanto la Chiesa geme, e con troppa ragione può dire le parole del profeta «che nella pace la sua amarezza s'è fatta amarissima» (*Is* 38,17). Indi è che se qualche voce, interrompendo il silenzio di morte, s'innalza a parlare de' mezzi di salvezza che restano alla Chiesa, guardate da dove viene: essa esce da qualche semplice fedele. Tutt'al più sarà qualche povero sacerdote che ha tanto coraggio.[2]

ANTONIO ROSMINI

Premessa

La messa è finita?

> Aprite l'occhio e guardate la perversità della morte che è venuta nel mondo, e singularmente nel corpo della santa Chiesa. Oimé, scoppi lo cuore e l'anima vostra a vedere tante offese di Dio! ... Ahimé, basta tacere! Gridate con centomila lingue. Vedo che, per lo tacere, lo mondo è guasto, la Sposa di Cristo è impallidita.[1]
>
> SANTA CATERINA DA SIENA, *Lettera a un grande prelato*

> Io, se fussi in voi, temerei che il divino giudicio venisse sopra di me.[2]
>
> SANTA CATERINA DA SIENA, *Lettera a papa Gregorio XI*

Le domande che ci sovrastano sono evidenti. Ma così destabilizzanti e «proibite» dal *mainstream* che tutti evitano di dirle in pubblico. Le elenco.

Quali sono i motivi tuttora sconosciuti della storica rinuncia al Papato di Benedetto XVI? Qualcuno lo ha indotto a ritirarsi? Ma soprattutto: è stata una vera rinuncia? Perché non è tornato cardinale, ma è rimasto «Papa emerito»?

Che significa e cosa comporta la coesistenza in Vaticano di due Papi, mai avvenuta prima nella storia della Chiesa? Che significa un Papa che si ritira, ma resta Papa, e un vescovo che viene eletto Papa, ma poi si definisce vescovo?

Come vedremo, chi da canonista ha studiato la formula della *declaratio* con cui Benedetto XVI ha comunicato formalmente e ufficialmente la sua «rinuncia», ha scoperto che lì non c'è un riferimento al canone del Codice che regola la rinuncia al Papato, quanto piuttosto – in linea con un altro canone – una rinuncia ai poteri, all'esercizio attivo.

Ciò significa che permarrebbe su Benedetto XVI l'ufficio ovvero che non ci sarebbero state le dimissioni dal Papato in quanto tale? Questo spiegherebbe finalmente – almeno in parte – il significato del titolo «Papa emerito»?

Tali domande, già decisive, s'intrecciano con quelle relative al Conclave del 2013. Nella seconda parte del libro, infatti, affronto un'altra questione scottante e clamorosa.

Si tratta infatti di appurare se il 13 marzo 2013 in Conclave si è erroneamente seguita – come a me è parso di scoprire – una procedura, nelle votazioni per il nuovo Papa, che (per inavvertenza, per superficialità) ha violato le norme della Costituzione apostolica *Universi Dominici Gregis*,[3] cosa che automaticamente (in base all'articolo 76) rende nulla e invalida l'elezione stessa del cardinale Jorge Mario Bergoglio.

In sostanza, se così si sono svolti i fatti, è come se egli non fosse mai stato eletto, quindi non è nemmeno una situazione «sanabile» dal consenso umano perché non può essere «sanato» ciò che non esiste: se egli non ha mai ricevuto dall'alto quel conferimento di poteri che Gesù Cristo affidò a Pietro, non è mai stato Papa.

Sia chiaro, in questa vicenda non c'è nessuna colpa da parte di Bergoglio (anzi, lui ne ha un danno). Né l'invalidità dell'elezione presuppone un giudizio di merito: potrebbe trattarsi del miglior vescovo della cristianità, ma se viene eletto Papa in violazione delle norme stabilite nella *Universi Dominici Gregis* la sua elezione è nulla e invalida.

Con ricadute a cascata sugli atti compiuti nella veste di Papa. Quindi con l'urgente necessità di un chiarimento e una ripetizione del Conclave.

Naturalmente se e quando mi fosse dimostrato – con solida documentazione e seri argomenti – che Benedetto XVI ormai a tutti gli effetti non è più Papa, in nessun senso, e che l'elezione di Bergoglio è invece avvenuta in modo canonico e quindi è valida, sono prontissimo a riconoscere la verità dimostrata.

Ma deve, appunto, essere dimostrata e non imposta come dogma di fede, perché dogma di fede non è. È troppo grave e importante è il problema per essere ignorato.

Del resto, anche se sulla validità delle procedure seguite quel 13 marzo 2013 si esprimesse solo un giudizio dubbio, si può ritenere che il Conclave sia da rifare perché la dottrina insegna che «dubius Papa habetur pro non Papa» (un Papa dubbio si considera come non Papa), come scrive il grande dottore della Chiesa e cardinale gesuita san Roberto Bellarmino nel trattato *De Conciliis et ecclesia militante*. Un principio importante da tenere presente.

Per questo sarebbe inaccettabile – di fronte alla rivelazione dell'irregolarità delle procedure – non approfondire il dilemma. Si può forse far finta di nulla di fronte all'invalidità di un'elezione al Papato?

Se quell'elezione è invalida, infatti, le implicazioni sono enormi. E il popolo di Dio non ha diritto di sapere come stanno le cose? La Chiesa di Cristo non è certo affare privato degli ecclesiastici che stanno fra le mura leonine.

Lo stesso papa Francesco ha dichiarato che «la Chiesa sono tutti, non bisogna restringerla ai sacerdoti, ai vescovi, al Vaticano. Siamo tutti, tutti famiglia della madre».[4]

Dunque i fedeli hanno diritto di sapere, con spiegazioni serie, documentate e precise, se l'elezione di Bergoglio è avvenuta canonicamente oppure è nulla e invalida.

Cosa faranno adesso Bergoglio e il collegio cardinalizio? Come affrontare una situazione che potrebbe suscitare in molti cattolici un serio problema di coscienza?

Questa notizia, peraltro, irrompe proprio a ridosso di un Sinodo già di per sé incandescente, un Sinodo relativo alla famiglia (poi concentrato soprattutto sulla comunione ai divorziati risposati) dove sono annunciate decisioni dirompenti e dure opposizioni, con la possibilità di rotture traumatiche.

Ammetto di essere uno dei tanti che hanno accolto Bergoglio – il 13 marzo 2013 – a braccia spalancate, come era giusto fare ritenendolo il Papa legittimamente eletto. E anche per una serie di amicizie comuni (a me molto care), che mi avevano indotto a nutrire benevole speranze nel nuovo Pontefice.

Gli comunicai perfino (e convintamente) che – fra tanti altri – poteva contare pure sulla preghiera mia e della mia famiglia, e sull'offerta delle nostre croci per il compimento della sua alta missione.

Mi piaceva quel suo stile dimesso. I giornali lo rappresentavano come il vescovo che girava per Buenos Aires con i mezzi pubblici, che abitava in un modesto appartamento anziché nel palazzo vescovile, che frequentava i miseri quartieri delle periferie come un padre buono, desideroso di portare ai più infelici la carezza del Nazareno.

Tutto questo poteva essere una formidabile ventata di aria fresca per il Vaticano e per l'intera Chiesa.

Ho sostenuto papa Francesco come potevo, per mesi, da giornalista, sulla stampa. Mi sembrava un apostolo del confessionale, devoto della Madonna.

L'ho difeso dalle critiche affrettate di alcuni tradizionalisti e continuo a trovare ancora oggi assurde le polemiche di coloro che prendono a pretesto le dichiarazioni di papa Francesco per attaccare in realtà il Concilio Vaticano II, Joseph Ratzinger e Giovanni Paolo II, che nessuna responsabilità hanno nelle scelte di Bergoglio.[5]

Da questo punto di vista sono ben contento di essere fra coloro che Roberto De Mattei considera «i difensori più accaniti del Vaticano II».[6]

Sono infatti convinto, con Benedetto XVI (con Giovanni Paolo II e con Paolo VI), che il Concilio è un evento molto prezioso. Ma il vero Concilio, quello che sta nei documenti e fa parte del magistero della Chiesa.

Ben altra cosa (opposta) è quello «virtuale» costruito dai mass media, quello che per esempio si trova teorizzato dalla storiografia progressista.[7]

Sono convintissimo, come questi tre Papi, che il (vero) Concilio vada difeso proprio da coloro che se ne sono appropriati per fargli dire – in nome del cosiddetto «spirito del Concilio» – ciò che esso non ha mai detto e scritto (trasformandolo in un «superdogma»).

Sostenere oggi che le dichiarazioni di Bergoglio a Scalfari (per fare un esempio) in fin dei conti sono in continuità con Benedetto XVI, con Giovanni Paolo II e con Paolo VI, ovvero che Bergoglio «incarna l'essenza del Vaticano II» (De Mattei), è assurdo.

È la più formidabile legittimazione di quel Bergoglio che il tradizionalista De Mattei dice di criticare. Cosicché, ancora una volta, un certo tradizionalismo risulta utilissimo al cattoprogressismo e fa perfettamente il suo gioco. Bersaglia infatti il Vaticano II accreditando Bergoglio come il suo «vero realizzatore», mentre quello che è in corso è in realtà un abusivo Vaticano III.

I due estremi peraltro – destra e sinistra – si trovano assolutamente d'accordo nel giudicare *tout court* il Concilio Vaticano II come una rottura con la tradizione precedente.

Mentre non è affatto così.

Il «nemico» per questi tradizionalisti – come per i progressisti – sembra essere proprio l'ermeneutica della «riforma nella continuità» di Benedetto XVI, che ha dalla sua i testi del Concilio. E anche la conferma di personalità storiche come il cardinale Siri.

Il quale, a proposito dei medesimi testi del Concilio, pur esprimendo timori sullo stile letterario adottato che può favorire errori di interpretazione, dichiarò (lo ricordo a certi tradizionalisti):

> *Sempre ho insegnato e predicato che l'edizione tipica, ufficiale di quei decreti va letta in ginocchio. Pochi hanno difeso il Concilio come me. Ciò che ho sempre combattuto sono semmai gli stravolgimenti del Vaticano II. Così, nell'indice ufficiale dei concetti non troverà mai la voce «pluralismo teologico» che pure è uno dei cavalli di battaglia di chi si appella al Concilio.*[8]

Del resto quella di Benedetto XVI è anche la linea di Giovanni Paolo II e di Paolo VI, veri protagonisti del Concilio, sia pure con le loro diversità, i limiti e i condizionamenti dei loro Pontificati.

Tutti pensavamo e speravamo che il nuovo papa Francesco fosse in continuità con questi Papi del Concilio (lo pensavano e lo speravano anche molti cardinali che lo hanno votato).

Mi aveva rallegrato quella sua iniziale esortazione alla passione missionaria e mi aspettavo molto da lui. Mi piaceva anche la sua decisione di uscire da certi paludamenti e formalismi curiali per tornare alla vigorosa semplicità evangelica.

Mi era piaciuta immensamente la decisione, saggia e umile, di Francesco di far propria, con alcune sue aggiunte, l'enciclica sulla fede che Benedetto aveva ormai quasi terminato di scrivere.

Quell'enciclica è bella e ricca. C'è per esempio un passo meraviglioso che avrebbe meritato di essere ripreso, sviluppato e soprattutto di connotare il Pontificato di Francesco.

Eccolo:

> *Quando la fede viene meno, c'è il rischio che anche i fondamenti del vivere vengano meno, come ammoniva il poeta T.S. Eliot: «Avete forse bisogno che vi si dica che perfino quei modesti successi / che vi permettono di essere fieri di una società educata / difficilmente sopravviveranno alla fede a cui devono il loro significato?».*
>
> *Se togliamo la fede in Dio dalle nostre città, si affievolirà la fiducia tra di noi, ci terremmo uniti soltanto per paura, e la stabilità sarebbe minacciata. La* Lettera agli Ebrei *afferma: «Dio non si vergogna di essere chiamato loro Dio. Ha preparato infatti per loro una città»* (Eb *11,16).*
>
> *L'espressione «non vergognarsi» è associata a un riconoscimento pubblico. Si vuol dire che Dio confessa pubblicamente, con il suo agire concreto, la sua presenza tra noi, il suo desiderio di rendere saldi i rapporti tra gli uomini.*
>
> *Saremo forse noi a vergognarci di chiamare Dio il nostro Dio? Saremo noi a non confessarlo come tale nella nostra vita pubblica, a non proporre la grandezza della vita comune che Egli rende possibile? La fede illumina il vivere sociale; essa possiede una luce creativa per ogni momento nuovo della storia, perché colloca tutti gli eventi in rapporto con l'origine e il destino di tutto nel Padre che ci ama.*

Un pensiero bellissimo. Ma sorprendentemente, dopo averla pubblicata, Francesco non riprende e non cita mai questa enciclica, che è la sua prima enciclica e, in fondo, il principale atto del suo magistero. È come se non esistesse.

Mentre fa grande clamore mediatico qualunque sua approssimativa dichiarazione ai giornalisti che oltretutto può essere interpretata in contraddizione con quanto afferma l'enciclica.

Dichiarazioni ai giornalisti che a rigore non dovrebbero far parte nemmeno del magistero ufficiale, che talora sono parzialmente e genericamente sconfessate, ma che di fatto hanno molto più peso dell'enciclica. E si lascia che sia così. E che arrivino «quei» messaggi e non altri.

Purtroppo, oggi io sono uno dei tantissimi delusi (un sentimento che dilaga sempre più tra i cattolici, seppure non raccontato dai giornali).

Molti non sono soltanto delusi, ma anche preoccupati, addirittura angosciati dalla piega che ha preso questo Pontificato.

Nell'autunno 2013 fece scalpore in tutto il mondo la diffusione della lettera indirizzata il 23 settembre 2013 al Papa da una cattolica messicana, Lucrecia Rego de Planas, madre di nove figli, docente universitaria e amica da anni dello stesso Bergoglio, già direttrice di uno dei più importanti portali web cattolici in lingua spagnola, Catholic.net.

La professoressa, pur con affetto filiale e reverenza, manifesta le sue grandi perplessità («Ho deciso di scriverti perché soffro e ho bisogno che tu mi consoli»).

Parte dagli anni argentini:

> *Quando ti ho conosciuto durante questi ritiri, quando eri ancora il cardinal Bergoglio, mi aveva colpito e lasciata perplessa il fatto che tu non hai mai agito come facevano gli altri cardinali e vescovi. Per fare alcuni esempi: tu eri l'unico lì che non si genufletteva davanti al Tabernacolo o durante la Consacrazione.*

Questo era il tratto dominante del vescovo Bergoglio:

> *A quanto pare ama essere amato da tutti e piacere a tutti. In tal senso potrebbe un giorno fare un discorso in* TV *contro l'aborto e il giorno dopo, nello stesso show televisivo, benedire le femministe pro-aborto in Plaza de Mayo; potrebbe fare un discorso meraviglioso contro i massoni e, ore dopo, mangiare e brindare con loro al Rotary Club ... questo è il Card. Bergoglio che ho conosciuto da vicino. Un giorno intento a chiacchierare animatamente con il vescovo*

Duarte Aguer sulla difesa della vita e della liturgia e lo stesso giorno, a cena, a chiacchierare sempre animatamente con Mons. Ysern e Mons. Rosa Chávez sulle comunità di base e i terribili ostacoli che rappresentano «gli insegnamenti dogmatici» della Chiesa. Un giorno amico del Card. Cipriani e del Card. Rodríguez Maradiaga a parlare di etica aziendale e contro le ideologie del New Age e poco dopo amico di Casaldáliga e Boff a parlare di lotta di classe e della «ricchezza» che le tecniche orientali potrebbero donare alla Chiesa.

Con «sorpresa e smarrimento» la professoressa messicana si era resa conto che fin dal momento in cui si è affacciato sul balcone continuava a essere il vescovo Bergoglio («cercando di differenziarti dal resto dei Papi») e non Francesco. E si è portato dietro le ambiguità del vescovo Bergoglio alla ricerca della facile popolarità personale.

Infatti subito, «una volta arrivato, cominciò il suo mandato utilizzando il tempo del Papa per telefonare al suo parrucchiere, al suo dentista, al suo lattaio e al suo edicolante, attraendo sguardi sulla sua persona e non su assunti importanti per il Papato».

La professoressa però confessa soprattutto il proprio dolore – che è quello di tanti – per le parole e i gesti di Bergoglio, così diversi da quelli della tradizione della Chiesa e del magistero:

Io non posso applaudire un Papa che non si genuflette davanti al Tabernacolo né durante la Consacrazione …, che non chiami se stesso «il Papa», ma solo «Vescovo di Roma» o che non usi l'anello piscatorio. … Non sapevo cosa pensare o dire quando ti sei burlato pubblicamente di un gruppo che aveva detto per te dei rosari, chiamandoli «quelli che contano le preghiere». Essendo i rosari una stupenda tradizione nella Chiesa, cosa debbo pensare io, se al mio Papa non piace e deride chi glieli offre? Ho tanti amici «pro-life» che pochi giorni fa hai molto rattristato chiamandoli «ossessionati e ossessivi». Cosa devo fare? Consolarli, addolcendo falsamente le tue parole o ferirli ancora di più, ripetendo quello che hai detto a loro, per voler essere fedele al Papa e ai suoi insegnamenti? … Molti grandi predicatori si sono sentiti devastati al sapere che hai detto che ora non bisogna più parlare dei temi dei quali la Chiesa ha già parlato e che stanno scritti nel Catechismo.[9]

Quando, nell'autunno 2013, mi arrivò questa lettera (che va letta per intero) rimasi molto colpito. Ma ritenevo che si dovesse ancora concedere fiducia a papa Francesco, che forse alcune gaffe rientravano nell'inesperienza e in una certa impreparazione, che era necessario vederlo concretamente alle prese con i problemi del Vaticano e della Chiesa e dare il tempo alla «grazia di stato» di agire.

Diversi cardinali, per esempio, avevano votato Bergoglio con la speranza che egli continuasse l'opera di rinnovamento e purificazione intrapresa da Benedetto XVI, che irrompesse nella Curia vaticana e (metaforicamente) la rovesciasse come un calzino, quasi col fuoco di Giovanni Battista. Invece bisogna amaramente riconoscere che poco o nulla è stato fatto (solo qualche rimozione, in certi casi anche ingiusta).

Va bene andare a vivere nel residence di «Santa Marta», può essere anch'esso un segnale positivo, anche se non è proprio una povera cella monastica.[10] Io, in un mio libro avevo addirittura sognato un Papa che andava a vivere in una parrocchia di borgata. In ogni caso apprezzo il messaggio.

Ma poi il problema è il governo di quella cosa complessa che è il Vaticano e – per esempio – dello Ior, che qualcuno ha pure prospettato di chiudere, non essendo chiara la sua utilità per la Chiesa, ma che Bergoglio non ha chiuso affatto.

Al contrario, dicono gli osservatori più informati, Bergoglio ha moltiplicato commissioni, burocrazie e spese. E dopo – con buona pace della «Chiesa dei poveri» – la Curia di Francesco, alla ricerca di addetti ai lavori, è diventata, come ha scritto Magister, «il Paradiso delle multinazionali ... il Paese di Bengodi delle più pregiate e costose fabbriche al mondo di sistemi organizzativi e finanziari».[11]

Si tratterà forse di critiche eccessive, ma non c'è qualcosa di vero?

Ci si aspettava una ventata di rigore morale nei confronti della «sporcizia» (anche del ceto ecclesiastico) denunciata e combattuta dal grande Joseph Ratzinger. Ma come dobbiamo interpretare il segnale dato al mondo di lassismo e di resa nei confronti dei nuovi costumi sessuali della società e dello sfascio dei principi morali e delle famiglie?

Come interpretare il rifiuto di papa Bergoglio di opporsi al mondo sulle questioni etiche, come hanno fatto eroicamente i suoi predecessori, o anche solo di «giudicarle», cioè di contrastare culturalmente quella rivoluzione dei rapporti affettivi che distrugge ogni serio legame e ha lasciato tutti più soli e infelici, schiavi dell'istinto?

San Paolo affermava «l'uomo spirituale giudica ogni cosa» (*1Cor* 2,15) e non «chi sono io per giudicare?».

E perché non opporsi a quella cultura della morte che non riconosce più nessuna sacralità all'essere umano o a quell'ondata di anticristianesimo e antiumanesimo che, sotto diverse bandiere, pervade ormai il mondo?

Già agli albori del cristianesimo papa Felice III diceva: «Non opporsi a un errore equivale ad approvarlo; e non difendere la verità è come occultarla, e, in realtà, evitare di contraddire i malvagi – quando si può fare – non costituisce un peccato minore che incoraggiarli».

Capisco che papa Francesco ha davanti a sé un compito immane e per questo ha l'amore, la preghiera e la collaborazione di tutti i credenti. Ma a quel compito bisogna mettere mano.

C'erano da confutare coloro che, nella Chiesa, buttano alle ortiche la retta dottrina cattolica e che – pure da cattedre potenti – demoliscono il cuore della fede, invece si sono visti «bastonare» i buoni cattolici, quelli ortodossi che vivevano veramente la povertà, la castità, la preghiera e la carità.

Anzi, papa Bergoglio si scaglia proprio su chi usa «un linguaggio completamente ortodosso» perché così non corrisponderebbe al Vangelo (*Evangelii Gaudium* n. 41). Cosa mai vista e mai sentita in tutta la storia della Chiesa.

Per non dire di quando lo stesso Bergoglio si avventura nelle sue sconcertanti affermazioni, tipo «se uno non pecca non è uomo»,[12] una tesi sorprendente che nemmeno si avvede così di negare di fatto l'umanità di Gesù e Maria, i quali furono esenti dal peccato e proprio per questo sono il modello ideale supremo dell'uomo e della donna.

O quando ha attribuito erroneamente a san Paolo la frase «mi vanto dei miei peccati» (Omelia di Santa Marta del 4 settembre 2014), un'enormità su cui il sito vaticano www.news.va ha ritenuto addirittura di fare il titolo *Perché vantarsi dei peccati*.[13] Evidentemente in Vaticano, e in particolare a Santa Marta, non si conosce quanto afferma san Tommaso d'Aquino: «È peccato mortale quando uno si vanta di cose che offendono la gloria di Dio».[14]

Si sperava davvero che si soccorressero le vittime più indifese e inermi nelle periferie più sperdute del mondo, invece – lo ricordo con dolore – papa Bergoglio ha ostinatamente evitato di alzare la sua voce, nell'estate 2014, in soccorso dei cristiani massacrati nel Califfato islamico del Nord Iraq, limitandosi a poche dichiarazioni, senza mai pronunciare una vibrata invettiva (come quelle che ha fatto su argomenti politically correct) o un vigoroso appello alla comunità internazionale perché intervenisse a disarmare i carnefici e difendere gli inermi massacrati.[15]

Mai si è rivolto verso un mondo islamico che in genere umilia ogni minoranza, mai una sferzata contro il terrorismo islamista, mai ha chiesto esplicitamente quell'«ingerenza umanitaria» (concepita specialmente da Giovanni Paolo II) che disarmasse, anche con la forza, i carnefici e impedisse massacri come pure imploravano i vescovi dell'Iraq.[16]

I quali patriarchi hanno gridato a gran voce che le proprie comunità venissero difese, con la forza, dal massacro incombente e hanno mosso una critica esplicita alla reticenza del Papa chiedendogli «un uso più audace della propria influenza per la causa dei cristiani iracheni».[17]

Ma Bergoglio è stato cauto e reticente, barcamenandosi senza esporsi. Siamo sicuri che di fronte alla tragedia dei cristiani (e delle altre minoranze) in Iraq non potesse assumere un atteggiamento più deciso come quello dei suoi predecessori o come il suo su altri temi?

Giustamente papa Francesco ha sottolineato che non poteva essere un solo paese a intervenire, ma doveva essere tutta la comunità internazionale.

Tuttavia anche nella lettera che ha scritto al Segretario generale dell'Onu Ban Ki-moon, il 9 agosto 2014, mentre era in corso il massacro dei cristiani, ha accuratamente evitato qualsiasi riferimento esplicito all'uso della forza per disarmare i carnefici, non ha mai messo a tema la persecuzione anticristiana (in Iraq e nel mondo) e anche in quell'occasione ha evitato qualunque accenno all'Islam, all'islamismo o ai musulmani, parlando vagamente di «tragedia umanitaria» senza mai dire chi e perché l'ha provocata.[18]

Forse mosso dalla preoccupazione di non alimentare conflitti e di non esporre di più le minoranze cristiane in quei paesi. Forse.

Tuttavia non si è vista nemmeno un'opera di vera sensibilizzazione della Chiesa intera, che mobilitasse la preghiera di tutti, che sollecitasse veglie, novene, digiuni (sono queste le armi dei cristiani) e un grande aiuto umanitario. Che controindicazioni c'erano su questo? Non se ne vedono davvero.

C'era bisogno di dare conforto e aiuto concreto ai tanti cristiani perseguitati, umiliati, incarcerati, massacrati, ma papa Bergoglio invece ha continuato a confidare in un dialogo senza condizioni e senza precauzioni, esponendosi a dolorosi incidenti come quello dell'8 giugno 2014, quando ha chiamato a pregare in Vaticano, fra gli altri, un imam che, lì sul suolo bagnato dal sangue di tanti martiri cristiani, infischiandosene dei discorsi concordati, ha invocato Allah perché aiuti i musulmani a schiacciare gli infedeli («dacci la vittoria sui miscredenti»).[19]

Di lì a poco è scoppiata nel Nord Iraq una delle più sanguinarie e selvagge cacce al cristiano degli ultimi anni.

C'era bisogno di dire almeno una parola in difesa di giovani madri – come Meriam o Asia Bibi – condannate a morte nei regimi islamici per la loro fede cristiana o almeno si poteva chiedere di pregare per loro, ma papa Francesco non lo ha mai fatto, non ha nemmeno risposto all'appello mandatogli da Asia Bibi, mentre ha scritto personalmente un lungo messaggio di auguri agli islamici che digiunano per il Ramadan auspicando che esso porti loro «abbondanti frutti spirituali».[20]

Eppure nulla è più periferia esistenziale della lurida cella del carcere dove una giovane madre, Asia Bibi, è rinchiusa da quattro anni con una condanna a morte per la sua fede cristiana (Meriam nella sua cella era addirittura incatenata e ha dovuto partorire con le catene ai piedi rischiando di provocare gravi danni alla nascitura).

Certo quelle putride celle di povere cristiane non sono profumate come le eleganti e aristocratiche compagnie scalfariane, dove papa Bergoglio viene entusiasticamente applaudito, ma la missione di Pietro non dovrebbe essere quella di «pascere gli agnelli» del gregge di Cristo e di confortare e confermare nella fede i suoi fratelli torturati e oppressi?

Si è venuti a scoprire peraltro che al tempo del discorso di Ratisbona di Benedetto XVI (quello che è passato alla storia per aver fatto infuriare i musulmani), il portavoce dell'allora cardinale Bergoglio, arcivescovo di Buenos Aires, criticò pubblicamente papa Ratzinger.[21] «Newsweek» pubblicò le sue parole sotto il titolo *L'Arcidiocesi di Buenos Aires contro Benedetto XVI*.

Il portavoce dopo qualche tempo fu sollevato dall'incarico, ma molti si sono chiesti se e quando vi sia stata una sconfessione pubblica da parte del vescovo Bergoglio e un suo appoggio aperto al discorso pronunciato da Ratzinger a Ratisbona.[22]

Perché Benedetto XVI proprio in quel momento era sotto attacco da tutti e pure minacciato dai fondamentalisti musulmani e avrebbe avuto bisogno almeno del sostegno aperto dei vescovi e dei cardinali. Che non ci fu o fu di pochissimi.

Alla luce di questi fatti si spiega l'atteggiamento attuale di papa Francesco nei confronti dell'Islam e degli islamisti del Califfato iracheno (carnefici di cristiani e di altre minoranze).

Bergoglio, sempre così critico con i cattolici, non si contrappone mai nemmeno alle lobby laiciste sui temi della vita, del gender, dei principi non negoziabili che papa Benedetto individuò come pilastri della «dittatura del relativismo».

Il padre Bergoglio (come ama essere chiamato, ed è una bellissima espressione) ha raccolto l'entusiasmo di anticlericali e miscredenti, galvanizzandosi, e noi cristiani ne siamo lieti, ma non vediamo nessuno di loro che si avvicina alla fede cattolica, anzi spesso usano citare papa Francesco per contrapporlo ai suoi predecessori e come conferma alla loro condanna dell'insegnamento di sempre della Chiesa.

So bene quanto sia terribile e drammatico portare la responsabilità del gregge di Cristo e quanto sia difficile dosare le parole e i silenzi. I pastori meritano tutta la comprensione e la preghiera ardente della Chiesa, perché grava su di loro il monito di Gesù a proposito dei «cattivi pastori».

Un grande Papa, san Gregorio Magno, lo commentava così:

> *Spesso, guide d'anime improvvide e paurose di perdere il favore degli uomini hanno gran timore di dire liberamente la verità; e, secondo la parola della Verità, non servono più alla custodia del gregge con lo zelo dei pastori ma fanno la parte dei mercenari* (Gv 10, 13), *poiché, quando si nascondono dietro il silenzio, è come se fuggissero all'arrivo del lupo.*
>
> *Per questo infatti, per mezzo del profeta, il Signore li rimprovera dicendo: Cani muti che non sanno abbaiare* (Is 56, 10). *Per questo ancora, si lamenta dicendo: Non siete saliti contro, non avete opposto un muro in difesa della casa d'Israele,per stare saldi in combattimento nel giorno del Signore* (Ez 13, 5).
>
> *Salire contro è contrastare i poteri di questo mondo con libera parola in difesa del gregge; e stare saldi in combattimento nel giorno del Signore è resistere per amore della giustizia agli attacchi dei malvagi. Infatti, che cos'è di diverso, per un Pastore, l'avere temuto di dire la verità dall'avere offerto le spalle col proprio silenzio?*[23]

In effetti le pecorelle di Cristo oggi sono assalite da ogni parte e occorre vero eroismo per difenderle. Ma anche per difendere tutti gli uomini dal male e dal nulla che divorano il mondo.

C'era (e c'è) bisogno di far accendere una luce per una generazione che è stata gettata nelle tenebre del nichilismo, che non sa più nemmeno distinguere il Bene dal Male perché le hanno insegnato che non esistono e che ognuno può fare quello che gli pare.

Purtroppo papa Bergoglio rischia di assecondare proprio questa tragica deriva dicendo anch'egli che «ciascuno ha una sua idea di bene e di male» e «noi dobbiamo incitarlo a procedere verso quello che lui pensa sia il bene».[24]

C'era e c'è bisogno di annunciare Cristo, nostra speranza e vera felicità della vita, a una generazione che non sa nemmeno più chi è Gesù e non sa che farsene della propria giovinezza e dell'esistenza. E rischia di essere fuorviante sentir dire da papa Bergoglio che «il proselitismo è una solenne sciocchezza» e che lui non ha «nessuna intenzione» di convertire i suoi interlocutori.

Certo, ha ragione quando ricorda che il cristianesimo si comunica «per attrazione», ma l'ardore missionario ci è stato testimoniato dai santi e «fare proselitismo» è il comandamento di Gesù ai suoi apostoli: «Andate dunque e fate discepoli tutti i popoli, battezzandoli nel nome del Padre e del Figlio e dello Spirito Santo, insegnando loro ad osservare tutto ciò che vi ho comandato» (*Mt* 28,19-20).

Non si può dimenticare questo precetto evangelico, che indica il vero, grande compito della vita, per avere il plauso dei ricchi e potenti salotti snob e anticattolici della «Repubblica». Dove tutti ora esultano ritenendo di avere finalmente un Papa «scalfariano».

C'è un gran bisogno di portare la carezza del Nazareno a chi è solo, malato, sofferente o disperato ed è molto doloroso veder «saltare» all'ultimo momento la visita del Papa all'ospedale Gemelli con i malati in attesa sotto il sole (loro, le cui piaghe sono le piaghe di Cristo), mentre si trovano facilmente ore da dedicare a Scalfari, o si trova il tempo per telefonare a Marco Pannella o a Maradona e andare di persona a Caserta solo per incontrare l'amico pastore protestante.

Mi duole fare queste osservazioni critiche, ma «Amor mi mosse che mi fa parlare» e conto sul fatto che lo stesso Francesco ha chiesto questa «partecipazione» alla vita della Chiesa: «A me spetta, come Vescovo di Roma, rimanere aperto ai suggerimenti orientati ad un esercizio del mio ministero che lo renda più fedele al significato che Gesù

Cristo intese dargli e alle necessità attuali dell'evangelizzazione» (*Evangelii Gaudium* n. 32).

C'è un immenso bisogno di annunciare il senso della vita e quindi una vita nuova, piena di gusto e di luce, a quella generazione che Chuck Palahniuk, in *Fight Club*, ha descritto così:

> *Siamo i figli di mezzo della storia, non abbiamo né uno scopo né un posto. Non abbiamo la Grande Guerra né la Grande Depressione. La nostra Grande Guerra è quella spirituale, la nostra Grande Depressione è la nostra vita. Siamo cresciuti con la televisione che ci ha convinto che un giorno saremmo diventati miliardari, miti del cinema, rock stars. Ma non è così. E lentamente lo stiamo imparando.*

Sarebbe meraviglioso se papa Bergoglio sempre parlasse al cuore di questi giovani della bellezza di Cristo e della Chiesa, trovando accenti che a volte ha avuto, come hanno fatto Giovanni Paolo II e Benedetto XVI, commuovendoli e portandoli al Signore, invece di dichiarare – come purtroppo ha fatto con Eugenio Scalfari, sulla «Repubblica» – che «Dio non è cattolico» e non bisogna cercare di convertire nessuno.

Peraltro, se «Dio non è cattolico» ne consegue logicamente che non lo è nemmeno colui che si presenta come suo portavoce e fa questa affermazione.

C'era bisogno di resistere alla tragica e illiberale «dittatura del relativismo», come la definì il grande Ratzinger, mentre papa Bergoglio ha preferito gli applausi dei potenti media laicisti proclamando la fine dei «principi non negoziabili» e affermando che anche per i cristiani non c'è nessuna «verità assoluta».

Con immenso dolore molti cristiani hanno letto le parole che papa Bergoglio ha pronunciato sui suoi predecessori su quel giornale, «la Repubblica», che è sempre stato duramente anticlericale: «I Capi della Chiesa spesso sono stati narcisi, lusingati e malamente eccitati dai loro cortigiani. La corte è la lebbra del Papato».[25]

È vero che ogni potente – e anche chi sta ai vertici della Chiesa – corre il rischio di essere «lusingato e malamente eccitato» e di trovare cortigiani e adulatori in abbondanza, ma questo pericolo riguarda tutti, anche papa Bergoglio.

L'unico antidoto sta nell'adesione totale alla verità, da annunciare ad ogni costo, come insegna l'esempio del suo umile e sapiente predecessore, Benedetto XVI, che è stato mediaticamente crocifisso per la sua eroica fedeltà alla legge di Dio lungo tutto il suo Pontificato.

C'era (e c'è) bisogno di affrontare la drammatica situazione degli ordini religiosi, in crollo di vocazioni, in crisi dottrinale e disciplinare, ed è incomprensibile e doloroso constatare che papa Bergoglio non ha preso di petto gli ordini in gravi difficoltà (primo fra tutti, da decenni, la sua Compagnia di Gesù), ma ha fatto il contrario.

A essere colpita e disgregata – senza alcun motivo – è stata l'unica famiglia religiosa, i Francescani dell'Immacolata, che ha un gran fiorire di vocazioni ed è sempre stata perfettamente ortodossa e disciplinata, una famiglia religiosa che vive un duro ascetismo, una vera povertà e una profonda vita di carità e di preghiera. O meglio viveva.

Questa triste vicenda ha sconcertato tanti fedeli, anche perché non si è vista traccia di quella misericordia, mitezza, gentilezza che Bergoglio sempre insegna.

Con dolore molti cristiani assistono ai continui sferzanti giudizi che egli emette su di loro, cioè su quella Chiesa che dovrebbe amare e servire come la sposa di Cristo.

Mentre per il mondo delle ideologie che odiano la Chiesa, per i suoi tanti persecutori (che nel Novecento e ancora oggi hanno massacrato i cristiani) o per altri gruppi religiosi che si comportano duramente coi cristiani, Bergoglio non ha mai una parola chiara o severa o un giudizio netto e critico.

Bergoglio – secondo i suoi fan più sfegatati – sarebbe un rivoluzionario che intende sovvertire la Chiesa cattolica, eliminando i dogmi della fede e buttando alle ortiche secoli di magistero.

Cosa significherebbe e cosa comporterebbe tutto questo? Se fosse vero la Chiesa sarebbe alla vigilia di una drammatica esplosione. È così? Vorrà scongiurarlo, padre Bergoglio?

Vorrà tornare sulla strada dove un giorno, da giovane (lo ha raccontato una volta e mi ha commosso), incontrò gli occhi di Gesù? Vorrà ricercare quel suo sguardo e in Lui ritrovare tutti noi?

Di fatto, ed è di questo che si occupa un'altra parte del libro, tanti eventi soprannaturali – dalle apparizioni di Fatima alla visione di Leone XIII, alle profezie della beata Anna Caterina Emmerich – sembrano concentrarsi su questo tempo e sul Vaticano (l'epoca dei «due Papi») annunciando eventi catastrofici per il Papato, per la Chiesa e per il mondo.

Sono ineluttabili o si può ancora imboccare un'altra strada? I cristiani pregano e soffrono per Benedetto XVI e per Francesco.

Parte prima

IL SEGRETO DI TRE GRANDI PAPI

In un momento come quello di oggi sarebbe veramente una grazia che la Chiesa si sentisse chiamata da Dio a esplicitare tutta la verità che già porta nel seno della sua vita quotidiana.
È quello che è accaduto alla fine dell'Ottocento con il *Sillabo*. Per questo è odiato il *Sillabo*: perché ha chiarito le parti (insieme all'enciclica *Pascendi* contro il modernismo). Adesso, invece, il modernismo domina ovunque. Se Dio non chiama la Chiesa a un intervento, la Chiesa umilmente deve subire la tempesta del dubbio e della indecisione. Bisogna pregare la Madonna che dia alla Chiesa guide e documenti chiari. Come la *Redemptor hominis*, di cui ricorre l'anniversario in questi giorni.[1]

DON LUIGI GIUSSANI

Viva il Concilio, viva il Papa

> Bisognerebbe arrestare il Papa, i cardinali e tutta la plebaglia che lo idolatra e lo santifica, arrestarli come bestemmiatori, e strappar loro la lingua fin dal fondo della gola e inchiodarli tutti in fila alla forca.[1]
>
> MARTIN LUTERO

> Martin Lutero fu un grande riformatore. Il suo amore per le Sacre Scritture, dalle quali ricavò buone idee, è la cosa più importante ... Nel Concilio Vaticano II la Chiesa cattolica si è lasciata ispirare anche dalle riforme di Lutero, avviando un processo di rinnovamento dall'interno.[2]
>
> CARD. CARLO MARIA MARTINI

Aveva espresso un pensiero bellissimo papa Giovanni XXIII aprendo il Concilio ecumenico Vaticano II:

> *Il grande problema, posto davanti al mondo, dopo quasi due millenni resta immutato. Il Cristo, sempre splendente e al centro della storia e della vita; gli uomini o sono con Lui e con la Chiesa sua, e allora godono della luce ...; oppure sono senza di Lui, o contro di Lui, e deliberatamente contro la Sua Chiesa: divengono motivo di confusione, causando asprezza di rapporti umani e persistenti pericoli di guerre fratricide.*[3]

Questo annuncio è il senso alto e nobile del Concilio. Infatti all'inizio si è voluta anzitutto la glorificazione di Dio con la sacra liturgia.[4] Sembrava davvero una luminosa primavera per la Chiesa: gli stessi media alimentavano l'euforia.

Ma molto presto si era cominciato a vedere che qualcuno aveva seminato e stava seminando tanta zizzania fra il buon grano.

Il maggior segno di consapevolezza papa Paolo VI lo dimostrò soprattutto con la provvidenziale *Nota esplicativa praevia* del 1964 dove volle disegnare i binari inderogabili entro i quali si doveva interpretare il capitolo III della *Lumen gentium*, salvando al tempo stesso la collegialità episcopale e il primato, libero e incondizionato, di Pietro (così salvando anche il Concilio e la sua fedeltà al magistero e alla tradizione cattolica).

Ma quello che Henri de Lubac chiamò il «paraconcilio», e poi è stato chiamato abusivamente «lo spirito del Concilio», continuò a imperversare pericolosamente.

Così una mano molto allarmata e consapevole il 24 aprile 1965 stende una drammatica *Adnotatio* su quanto sta accadendo ancora nelle fasi finali del Concilio (che preannuncia il futuro).

Non è chiaro se sia la mano dello stesso Paolo VI, ma è molto probabile, sia per lo stile assai «montiniano» sia perché un altro estensore necessariamente avrebbe dovuto identificarsi. Del resto sarà lo stesso Paolo VI a consegnarla al cardinale Bea.[5]

Ecco dunque il testo della preziosa nota:

24-IV-1965

Vi è chi pensa che il concilio sia eccessivamente dominato dalla presenza dei «Fratelli separati» [i protestanti] e dalla loro mentalità. Il Concilio avrebbe subito una diminuzione della sua libertà psicologica. Sembra che più sia importante far piacere ai «fratelli separati» che tutelare la coerenza all'insegnamento della Chiesa cattolica.

I Concili di Trento e Vaticano I non sembrano esercitare la dovuta autorità circa l'orientamento dottrinale del Concilio.

L'autorità del magistero ecclesiastico è trascurata in favore delle opinioni progressiste, che sono spesso quelle protestanti[6] *o di tendenze ireniste o laiche.*

Le opinioni dei Periti prevalgono su quelle dei documenti pontifici e su quelle di molti vescovi pensosi e desiderosi di conserva-

re al pensiero cattolico la sua funzione di custode e di interprete del patrimonio dottrinale derivante dalla Rivelazione e dalla tradizione dell'insegnamento ecclesiastico.

Se così fosse, il Concilio Vaticano II aprirebbe un periodo di agitazioni dottrinali e di confusione spirituale. La Chiesa invece di uscire dal Concilio più unita ne uscirebbe scossa e indebolita, e priva di quell'esercizio del suo magistero normale e dell'ossequio effettivo che gli è dovuto, dal quale esercizio può essere affrontato con fiducia il «dialogo» col mondo moderno.[7]

Cosa avrebbe prevalso, il buon grano o la zizzania? Sette mesi dopo la fine del Concilio già la Santa Sede emana un allarmatissimo documento – rivolto ai presidenti delle Conferenze episcopali – dove si enucleano e si denunciano, una per una, tutte le interpretazioni arbitrarie che si stavano diffondendo in nome dello «spirito del Concilio», ma in realtà contro di esso e contro i suoi veri decreti.[8]

Tre anni e mezzo dopo, tre anni dalla fine del Concilio Vaticano II, si era nel dicembre di quel fatale anno 1968, e il papa Paolo VI descrisse con parole drammatiche (e pubbliche) quello che stava accadendo e che sembrava realizzare letteralmente le più fosche previsioni di quella nota riservata:

La Chiesa si trova in un'ora inquieta di autocritica, si direbbe meglio di autodemolizione. È come un rivolgimento acuto e complesso che nessuno si sarebbe atteso dopo il Concilio. La Chiesa quasi viene a colpire se stessa.[9]

Quattro anni dopo, nel 1972, l'entità del disastro è ormai spaventosa e Paolo VI lancia il suo drammatico grido di allarme:

Si credeva che dopo il Concilio sarebbe venuta una giornata di sole per la storia della Chiesa. È venuta invece una giornata di nuvole, di tempesta, di buio, di ricerca, di incertezza.

Il Papa indicò una causa satanica:

Qualcosa di preternaturale venuto nel mondo proprio per turbare, per soffocare i frutti del Concilio e per impedire che la Chiesa prorompesse nell'inno della gioia di aver riavuto in pienezza la coscienza di sé. Noi vorremmo comunicarvi questo carisma della certezza che il Signore dà a colui che lo rappresenta anche indegnamente su questa terra.

Fece molta impressione quando Paolo VI aggiunse:

Io debbo accusare la sensazione che da qualche fessura sia entrato il fumo di satana nel tempio di Dio.

La crisi della Chiesa era ormai esplosa in tutta la sua tragicità. Sembrava un ferrovecchio del passato, una prateria dove le diverse ideologie – in primis quella marxista – andavano a far razzia.

Erano gli anni in cui si verificò un fenomeno inaudito, un crollo mai visto: il più colossale abbandono della vita consacrata nella storia della Chiesa.

Secondo quanto scriveva nel 2002 Francisco Pérez de Antón «circa 100.000 sacerdoti hanno abbandonato la Chiesa dal 1965, mentre 60.000 tra monache e suore lasciavano le loro congregazioni tra il 1966 e il 1983, e altre 47.600 tra il 1983 e il 1988».[10]

Un disastro di dimensioni incalcolabili, che fra l'altro era stato profetizzato e da cui la Madonna aveva messo in guardia in diverse apparizioni nel corso del Novecento (anche a Roma, nell'apparizione delle Tre Fontane).

La situazione era così buia che Paolo VI nel 1976, ormai vecchio, isolato e angosciato, con l'amico Jean Guitton arrivò a porsi domande apocalittiche:

C'è un grande turbamento in questo momento nel mondo e nella Chiesa, e ciò che è in questione è la fede. Capita ora che mi ripeta la frase oscura di Gesù nel vangelo di san Luca: «Quando il Figlio dell'uomo ritornerà, troverà ancora la fede sulla terra?». Capita che escano dei libri in cui la fede è in ritirata su punti importanti, che gli episcopati tacciano, che non si trovino strani questi libri.

Questo, secondo me, è strano. Rileggo talvolta il vangelo della fine dei tempi e constato che in questo momento emergono alcuni segni di questa fine. Siamo prossimi alla fine? Questo non lo sapremo mai. Occorre tenerci sempre pronti, ma tutto può durare ancora molto a lungo.

Ciò che mi colpisce, quando considero il mondo cattolico, è che all'interno del cattolicesimo sembra talvolta predominare un pen-

siero di tipo non-cattolico, e può avvenire che questo pensiero non cattolico all'interno del cattolicesimo diventi domani il più forte. Ma esso non rappresenterà mai il pensiero della Chiesa. Bisogna che sussista un piccolo gregge, per quanto piccolo esso sia.[11]

Dove quel piccolo gregge avrebbe potuto guardare? Da chi sarebbe stato guidato e custodito? Quale pastore avrebbe ricostituito il gregge scacciando dall'ovile quel dominante pensiero non cattolico?

Oggi, a posteriori, possiamo dire che per attraversare quella notte la Provvidenza donò alla Chiesa due giganti: Karol Wojtyła e Joseph Ratzinger.

Due uomini di Dio che hanno avuto molti e accaniti nemici in comune e sono stati legati da stima reciproca e vera, virile amicizia cristiana.

Giovanni Paolo II in uno dei suoi ultimi scritti volle citare proprio il suo grande collaboratore con parole commosse: «Rendo grazie a Dio per la presenza e l'aiuto del cardinale Ratzinger, che è un amico fidato».[12]

Giovanissimi avevano partecipato tutti e due al Concilio e sono sempre stati i due veri figli del vero Concilio. Ratzinger, mite e sapiente, è colui che, scrivendo il discorso del cardinale Frings di cui era consulente, abbatterà il vecchio Sant'Uffizio di Ottaviani, l'inquisizione. Anche in altri momenti importanti il giovane teologo tedesco dette un contributo prezioso.

Wojtyła portò al Concilio il grido della «dignità umana» che proveniva dalla Chiesa del silenzio e dai popoli martoriati dell'Est europeo (riuscendo pure a liberare l'opera di Faustina Kowalska da tutti i sospetti e i divieti della Curia romana).

Nel post-Concilio Wojtyła fu il prezioso aiuto di Paolo VI nella stesura della *Humanae Vitae* e nel frattempo diventava, a Cracovia, il giovane vescovo coraggioso che in Polonia poneva le fondamenta della futura Solidarność e della libertà.

Mentre Ratzinger diventerà il nemico teologico di tutti coloro che pretendevano di usare il Vaticano II per spazzar via la Chiesa di sempre e costruirne una prona al mondo e alle ideologie.

Infatti la Chiesa in Occidente era succube delle ideologie dominanti, con sbandamenti dottrinali e pastorali spaventosi che andavano a minare ormai perfino il primato di Pietro.

Paolo VI forse intravide proprio in quei due giovani cardinali – da lui stesso creati – la speranza della Chiesa. Per questo aveva affidato a Ratzinger la diocesi di Monaco di Baviera e aveva chiamato Wojtyła a predicare gli esercizi spirituali in Vaticano nel 1975, per indicarlo probabilmente all'attenzione di chi ancora aveva a cuore la Chiesa.

Eletto Papa in questa tragica situazione, nel 1978, Giovanni Paolo II si mostrò subito consapevole del dramma in corso:

> *Bisogna ammettere realisticamente e con profonda e sofferta sensibilità che i cristiani oggi, in gran parte, si sentono smarriti, confusi, perplessi e perfino delusi; si sono sparse a piene mani idee contrastanti con la Verità rivelata e da sempre insegnata; si sono propalate vere e proprie eresie, in campo dogmatico e morale, creando dubbi, confusioni, ribellioni; si è manomessa la Liturgia; immersi nel «relativismo» intellettuale e morale, e perciò nel permissivismo, i cristiani sono tentati dall'ateismo, dall'agnosticismo, dall'illuminismo vagamente moralistico, da un cristianesimo sociologico, senza dogmi definiti e senza morale oggettiva.*[13]

Per questa terrificante situazione della Chiesa, Giovanni Paolo II chiamò subito al suo fianco – e a capo dell'ex Sant'Uffizio – l'intelligenza teologica di Ratzinger per rimettere sulla retta via un establishment teologico e un ceto ecclesiastico in preda a terribili sbandamenti.

Questi due campioni della fede hanno permesso alla Chiesa di non restare sommersa dalla tempesta del post-Concilio che aveva angosciato gli ultimi anni di Paolo VI e che era sembrata sul punto di prevalere.

Da giovani protagonisti del Concilio Vaticano II si trovarono a dover combattere insieme quel «post-Concilio» che tradiva i veri contenuti del Vaticano II e rischiava di sfasciare la Chiesa facendola inginocchiare di fronte al mondo, come ebbe a scrivere Jacques Maritain.

Wojtyła aveva il carisma del condottiero e del mistico. La forza della sua fede, che traspariva dal volto, affascinava i popoli e allarmava i tiranni (che provarono anche a ucciderlo).

L'ex minatore, poeta, combattente antinazista e pastore anticomunista, restituì ai fedeli la bellezza e l'orgoglio di dirsi cristiani, facendo innamorare le giovani generazioni di Gesù Cristo e di Maria.

Intanto il cardinale Ratzinger a Roma riparava tutte le falle che i nemici avevano aperto nella barca di Pietro per farla affondare. Non erano destinati a procurargli amici, per esempio, i suoi due primi interventi in veste di prefetto della Congregazione della fede: quello in cui ribadì la condanna cattolica della massoneria e i testi che confutarono e condannarono la Teologia della liberazione.

Lo ha ricordato nel 2013:

> *La prima grande sfida che affrontammo (con Giovanni Paolo II) fu la Teologia della liberazione che si stava diffondendo in America Latina. Sia in Europa che in America del Nord era opinione comune che si trattasse di un sostegno ai poveri e dunque di una causa che si doveva approvare senz'altro. Ma era un errore. … La fede cristiana veniva usata come motore per questo movimento rivoluzionario, trasformandola così in una forza di tipo politico … A una simile falsificazione della fede cristiana bisognava opporsi anche proprio per amore dei poveri e a pro del servizio che va reso loro.*[14]

Di recente uno dei fondatori della Teologia della liberazione, Clodoveo Boff, ha dato ragione a Ratzinger per quello che (a nome di Wojtyła) fece trent'anni fa:

> *Egli ha difeso il progetto essenziale della teologia della liberazione: l'impegno per i poveri a causa della fede. Allo stesso tempo, ha criticato l'influenza marxista. La Chiesa non può avviare negoziati per quanto riguarda l'essenza della fede: non è come la società civile dove la gente può dire quello che vuole. Siamo legati a una fede e se qualcuno professa una fede diversa si autoesclude dalla Chiesa. Fin dall'inizio ha avuto chiara l'importanza di mettere Cristo come il fondamento di tutta la teologia. Nel discorso egemonico della teologia della liberazione ho avvertito che la fede in Cristo appariva solo in background. Il «cristianesimo anoni-*

mo» di Karl Rahner era una grande scusa per trascurare Cristo, la preghiera, i sacramenti e la missione, concentrandosi sulla trasformazione delle strutture sociali.[15]

L'azione di Ratzinger si espresse anche nella sua paziente bonifica dai vari abusi liturgici e nel progressivo recupero della tradizione e dell'adorazione. È stata una colossale opera di ricostruzione della Chiesa che era stata come «bombardata».

L'opera di Ratzinger e Wojtyła ha avuto molti nemici e ha subito molte resistenze. Quella grande anima di don Divo Barsotti in un'intervista del 1985 mi diceva: «C'è un grande pericolo, il disgregamento dell'unica Chiesa di Cristo. I viaggi del Papa, secondo me, esprimono questa drammatica preoccupazione. Senta, il Papato negli anni recenti era stato umiliato e isolato. Nessuno voleva più sentir parlare del Papa, soprattutto i vescovi... E ancora non si è superato questo dramma. Ci sono ancora vescovi che resistono al Papa».[16]

Tutto questo nel 1985. Ma l'opera dei due giganti andò avanti. Nei ventisette anni di Pontificato wojtyliano – pur fra i limiti e gli errori umani – la Chiesa ha conosciuto una splendida primavera di movimenti ecclesiali, una rinascita sorprendente, soprattutto tra i giovani. Mentre crollava in tutta l'Europa orientale la tirannia comunista che era stata la più sanguinaria sterminatrice di cristiani della storia.

Un crollo imprevedibile e miracoloso che si sommava al fatto – anch'esso miracoloso – che tutto avvenne pressoché senza spargimento di sangue. Di entrambi questi due fatti straordinari Giovanni Paolo II porta molti meriti.[17]

L'Anno Santo del Duemila è stato l'evento che ha mostrato al mondo quella rinascita della fede e dell'amore per Cristo nei popoli e nei giovani che negli anni del post-Concilio sembrava impossibile.

Tuttavia la scristianizzazione – soprattutto in Europa – non si è fermata e così pure l'erosione dell'ortodossia cattolica nell'establishment teologico e nel ceto ecclesiastico, dove i modernisti e i progressisti hanno conquistato posizioni di sempre maggior rilievo.

Tanto che negli ultimi suoi anni, durante i quali si è trovato crocifisso da una terribile malattia, Giovanni Paolo II maturò la convinzione che, dopo la sua morte, la barca di Pietro potesse tornare nella tempesta in modo ancora più pericoloso e disastroso.

Percepiva lucidamente questa situazione un altro grande di quegli anni (che morirà appena un mese prima di Wojtyła): don Luigi Giussani. In un'intervista del 2002 aveva dichiarato:

> *Il Papa è commovente nella netta percezione della tragedia odierna e nell'animo trepidante e indomito con cui indica il compito. Mi colpisce l'assoluta purità della sua presenza nel mondo. Basti averlo visto a Toronto, o in Messico, dinanzi alla Madonna di Guadalupe. ... Ma chi lo ascolta? Non l'ascoltano... Persino tra i vescovi e i preti.*[18]

E ancora:

> *Qui intravedo il compito dei cristiani. Bisogna che percepiscano questo Mistero-Carità. Vorrei fossero consolati e animati dalla partecipazione della presenza del Papa nella storia di oggi: bisognerebbe semplicemente obbedire e ribollire, essere travolti da un vortice, invece...*[19]

Invece la Chiesa «ha lasciato nella solitudine l'azione del Papa».

Così Cristo viene «mummificato» e «sicuramente il Diavolo può lavorare tanto bene da far sì che anche certa ecclesiasticità partecipi a questa manovra».[20]

In un'altra occasione don Giussani affermò: «La Chiesa ha cominciato ad abbandonare l'umanità secondo me, secondo noi, perché ha dimenticato chi era Cristo, non ha poggiato su... ha avuto vergogna di Cristo, di dire chi è Cristo».[21]

Così all'unisono, tre grandi uomini di Dio – Wojtyła, Giussani e Ratzinger –, fra la fine del 2004 e l'inizio del 2005, percepiscono l'incombere di una svolta drammatica per la Chiesa.

È questo il motivo per cui pare che Wojtyła avesse in animo di convocare un Sinodo nel quale fissare per scritto l'interpretazione corretta di quei punti del Concilio che continuavano a essere male interpretati e che, in un futuro prossimo, potevano essere usati da chi intendeva riprendere l'autodemolizione della Chiesa.

Ma fu chiaro al Pontefice polacco che non aveva più né tempo né energie. E che solo Joseph Ratzinger avrebbe potuto realizzare questo compito per ridare pace alla Chiesa e scongiurare nuove terribili tempeste.

Deve essere in questa cornice che s'inquadra un episodio di cui dà notizia Marco Damilano (sia pure con una sua interpretazione sbagliata).

Bisogna tener presente che papa Wojtyła morirà il 2 aprile 2005. Ebbene, secondo quanto scrive Damilano:

> *L'8 gennaio 2005, Joseph Ratzinger era stato designato come successore di Giovanni Paolo II. Era stato il vecchio Papa in persona a farlo, durante un pranzo in cui erano presenti gli uomini di curia più in vista, decisivi nel conclave: lo spagnolo Herranz, uomo dell'Opus Dei, i colombiani Castrillón Hoyos e López Trujillo, e naturalmente il tedesco Ratzinger. In quell'occasione conviviale, alla vigilia delle violente crisi respiratorie che avrebbero trasformato i suoi ultimi due mesi di vita in un calvario, papa Wojtyła si era congedato dai suoi più stretti collaboratori. Aveva messo in moto la macchina del conclave … e aveva fatto capire agli uomini più influenti della curia che spettava a Ratzinger raccogliere il suo testimone.*[22]

Naturalmente non può essersi trattato in nessun modo di una designazione del successore e nessuno che conosca Giovanni Paolo II, Ratzinger e la Curia può pensarlo. Oltretutto sarebbe stato ridicolo perché il Conclave ha – e giustamente – dinamiche proprie e una totale indipendenza.

Invece può essersi trattato di una riflessione sul futuro della Chiesa, sulla necessità di chiarire alcuni contenuti del Concilio e combattere la dilagante dittatura del relativismo.

In questo ambito sarà sembrato a tutti evidente che papa Wojtyła riponeva la propria fiducia nel mite e sapiente porporato che aveva voluto al suo fianco per oltre vent'anni (rifiutandone più volte le dimissioni perché era noto che Ratzinger avrebbe desiderato trascorrere la vecchiaia dedicandosi allo studio, alla preghiera e alla meditazione).

A lui – che condivideva le sue preoccupazioni e il suo sguardo sul mondo e sulla Chiesa – il Papa chiedeva di rendere nota a tutti la loro visione del momento storico.

Così, nelle settimane successive, il cardinale Ratzinger fa tre interventi pubblici memorabili che esprimono ciò che anche il vecchio Pontefice ha nel cuore. Le cose che Ratzinger disse nell'arco di pochi giorni sono essenziali per capire il passato recente della Chiesa, il presente e il futuro.

Il primo discorso fu pronunciato il 25 marzo 2005, come meditazione alla Via Crucis del Colosseo, il Venerdì Santo. Il secondo, il 1° aprile a Subiaco. Il terzo, il 18 aprile, con la formidabile omelia alla messa «pro eligendo Romano Pontifice» che appunto apriva il Conclave.

Wojtyła chiama, Ratzinger risponde

> La Madonna non ha smesso di manifestare nel mondo intero le sue vive preoccupazioni materne per la sorte dell'umanità nelle sue diverse apparizioni. Dovunque, ha chiesto preghiere e penitenza per la conversione dei peccatori, perché prevedeva la rovina spirituale di certi paesi, le sofferenze che il Santo Padre avrebbe subito, l'indebolimento generale della fede cristiana, le difficoltà della chiesa, la venuta dell'anticristo e i suoi tentativi per sostituire Dio nella vita degli uomini.[1]
>
> CARDINALE IVAN DIAS

La sera di quel 25 marzo 2005, al Colosseo, le meditazioni del cardinal Ratzinger fecero impressione. E dettero davvero a tutti la sensazione di contenere qualcosa di più della tradizionale riflessione della settimana santa.

Era piuttosto una sorta di testamento spirituale – rivolto alla Chiesa – dell'anziano Papa malato che quella volta non poté nemmeno essere presente al Colosseo. Un discorso pronunciato dal suo più fidato amico per mostrare alla Chiesa le sue piaghe e al mondo la sua oscurità.[2]

Ratzinger esordì davanti all'Ecce homo umiliato, inerme.

E poi: «Quante volte le insegne del potere portate dai potenti di questo mondo sono un insulto alla verità, alla giustizia e alla verità dell'uomo!... Signore, ti sei lasciato deridere e oltraggiare... Aiutaci a non scoraggiarci davanti alle beffe del mondo, quando l'obbedienza alla tua volontà viene messa in ridicolo...».

Alla stazione di «Maria ai piedi della croce», Ratzinger sembra quasi rispondere al cupo timore sul permanere della fede nel mondo che Paolo VI aveva confidato a Jean Guitton (e il prelato sembra indicare pure una presenza operante e misteriosa di Maria nel nostro tempo, nel tempo dell'apostasia dei chierici, che ricorda molto da vicino Fatima e Medjugorje):

> *I discepoli sono fuggiti, ella non fugge. Ella sta lì, con il coraggio della madre, con la fedeltà della madre, con la bontà della madre, e con la sua fede, che resiste all'oscurità: «E beata colei che ha creduto»* (Lc *1,45). «Ma il Figlio dell'uomo, quando verrà, troverà la fede sulla terra?»* (Lc *18,8) Sì, in questo momento egli lo sa: troverà la fede. Questa, in quell'ora, è la sua grande consolazione.*

Le meditazioni di Ratzinger quella sera si fanno commoventi, a volte struggenti. Ma alcuni flash hanno anche il sapore della rivelazione profetica, contemplando le cadute di Gesù, che hanno sullo sfondo la caduta originaria di Adamo:

> *Possiamo pensare, nella storia più recente, anche a come la cristianità, stancatasi della fede, abbia abbandonato il Signore: le grandi ideologie, come la banalizzazione dell'uomo che non crede più a nulla e si lascia semplicemente andare, hanno costruito un nuovo paganesimo, un paganesimo peggiore, che volendo accantonare definitivamente Dio, è finito per sbarazzarsi dell'uomo. L'uomo giace così nella polvere. Il Signore porta questo peso e cade e cade, per poter venire a noi; egli ci guarda perché in noi il cuore si risvegli; cade per rialzarci.*

Nella preghiera invocò: «Distruggi il potere delle ideologie, cosicché gli uomini possano riconoscere che sono intessute di menzogne. Non permettere che il muro del materialismo diventi insuperabile».

Di fronte al pianto delle donne sulle sofferenze di Gesù e alle sue parole rivolte a loro, Ratzinger fulmina una certa ideologica cancellazione del peccato che, dal mondo, ha fatto breccia anche nella Chiesa:

> *Non siamo forse, nonostante tutte le nostre parole di sgomento di fronte al male e alle sofferenze degli innocenti, troppo incli-*

ni a banalizzare il mistero del male?... Guardando alle sofferenze del Figlio vediamo tutta la serietà del peccato, vediamo come debba essere espiato fino alla fine per poter essere superato.

È in questo contesto che poi Ratzinger pronunciò le parole che più impressionarono (e che più appaiono profetiche, anche in relazione a oggi):

Che cosa può dirci la terza caduta di Gesù sotto il peso della croce? Forse ci fa pensare alla caduta dell'uomo in generale, all'allontanamento di molti da Cristo, alla deriva verso un secolarismo senza Dio. Ma non dobbiamo pensare anche a quanto Cristo debba soffrire nella sua stessa Chiesa? A quante volte si abusa del santo sacramento della sua presenza, in quale vuoto e cattiveria del cuore spesso egli entra! Quante volte celebriamo soltanto noi stessi senza neanche renderci conto di lui! Quante volte la sua Parola viene distorta e abusata! Quanta poca fede c'è in tante teorie, quante parole vuote! Quanta sporcizia c'è nella Chiesa, e proprio anche tra coloro che, nel sacerdozio, dovrebbero appartenere completamente a lui! Quanta superbia, quanta autosufficienza! Quanto poco rispettiamo il sacramento della riconciliazione, nel quale egli ci aspetta, per rialzarci dalle nostre cadute! Tutto ciò è presente nella sua passione. Il tradimento dei discepoli. La ricezione indegna del suo Corpo e del suo Sangue è certamente il più grande dolore del Redentore, quello che gli trafigge il cuore.

Si sbaglierebbe enormemente a credere che quello che il cardinale Ratzinger – evidentemente a nome anche di Giovanni Paolo II – andava pronunciando fosse un semplice sermone morale.

Era una diagnosi drammatica della situazione della Chiesa, ovvero dello spaventoso abisso spirituale e morale del sacerdozio e del ceto ecclesiastico che rischiava (e ancor più oggi rischia) di diventare autogiustificazione, quindi deviazione dottrinale ed eresia pratica in relazione ai sacramenti.

L'abuso assai diffuso sul Corpo e il Sangue del Signore venne da Ratzinger indicato emblematicamente come il più grande dolore del Redentore (cioè il più grande sacrilegio) e – implicitamente – come la cartina di tornasole della degenerazione morale che rischia di diventare deviazione dottrinale.

Tutto questo rappresenta per la Chiesa un rischio mortale, molto maggiore dell'ostilità del mondo e delle stesse persecuzioni.

La successiva preghiera di Ratzinger lo fece capire con molta chiarezza:

> *Signore, spesso la tua Chiesa ci sembra una barca che sta per affondare, una barca che fa acqua da tutte le parti. E anche nel tuo campo di grano vediamo più zizzania che grano. La veste e il volto così sporchi della tua Chiesa ci sgomentano. Ma siamo noi stessi a sporcarli! Siamo noi stessi a tradirti ogni volta, dopo tutte le nostre grandi parole, i nostri grandi gesti. Abbi pietà della tua Chiesa: anche all'interno di essa, Adamo cade sempre di nuovo. Con la nostra caduta ti trasciniamo a terra, e Satana se la ride, perché spera che non riuscirai più a rialzarti da quella caduta; spera che tu, essendo stato trascinato nella caduta della tua Chiesa, rimarrai per terra sconfitto.*

Più avanti – alla stazione dove si contempla la crocifissione di Gesù – dopo una struggente meditazione, Ratzinger formulò una preghiera che conteneva una frase di premonizione: «Ti sei fatto inchiodare, hai sofferto senza fughe e senza compromessi. Aiutaci a non fuggire di fronte a ciò che siamo chiamati a adempiere. Aiutaci a farci legare strettamente a te».

«Senza fughe... Aiutaci a non fuggire...» Forse il cardinale sapeva cosa lo aspettava. Inevitabile ricordare che venti giorni dopo – morto papa Wojtyła – proprio lui, eletto come successore, avrebbe iniziato il suo Pontificato con la stessa supplica, ma rivolta ora alla Chiesa: «Pregate per me perché non fugga per paura davanti ai lupi».

Bellissima la preghiera alla stazione sulla morte di Gesù in croce: «Aiutaci a credere in te e a seguirti proprio nell'ora dell'oscurità e del bisogno. Mostrati di nuovo al mondo in quest'ora. Fa' che la tua salvezza si manifesti».

Passano pochi giorni, il 1° aprile, e il cardinale parla a Subiaco, per il premio San Benedetto. Il suo è un discorso potente, profondo e drammatico sullo stato del mondo. E sintetizza anche il pensiero del Pontefice morente.

Parla infatti del «momento di grandi pericoli e di grandi opportunità per l'uomo e per il mondo». Dell'immane potere accumulato dall'uomo cosicché «il suo potere di distruzione ha raggiunto dimensioni che ci fanno inorridire».

Egualmente inquietanti «le possibilità di automanipolazione che l'uomo ha acquisito». Poi la devastazione e lo sfruttamento della terra, la povertà planetaria, le epidemie. La scienza che non si riconosce limiti né regole.

Fenomeni che testimoniano come alla crescita dello sviluppo non corrisponde una crescita morale.

Con queste premesse si concentrava sull'Europa che è stata l'alveo della civiltà cristiana e che oggi è diventata l'alveo dell'anticristianesimo.

Ratzinger sottolineava «la responsabilità che noi europei dobbiamo assumerci in questo momento storico ... una grande responsabilità per l'umanità di oggi».

La conclusione era impressionante: «Il tentativo, portato all'estremo, di plasmare le cose umane facendo completamente a meno di Dio ci conduce sempre di più sull'orlo dell'abisso, verso l'accantonamento totale dell'uomo».

Finalmente «abbiamo bisogno di uomini che tengano lo sguardo dritto verso Dio, imparando da lì la vera umanità. Soltanto attraverso uomini che sono toccati da Dio, Dio può far ritorno presso gli uomini». Come san Benedetto, concluse.

Proprio l'indomani, 2 aprile, muore il grande Giovanni Paolo II, dopo aver salutato un'ultima volta il fidato amico. Sarà il cardinale Ratzinger, in quanto decano del Sacro Collegio, a dover pronunciare l'omelia nella messa «pro eligendo Romano Pontifice». Ed è un'omelia che passerà alla storia.

Va subito al cuore del problema:

> *Non dovremmo rimanere fanciulli nella fede, in stato di minorità. E in che cosa consiste l'essere fanciulli nella fede? Risponde san Paolo: significa essere «sballottati dalle onde e portati qua e là da qualsiasi vento di dottrina...»* (Ef 4, 14). *Una descrizione molto attuale!*

Poi ricorda i fatti:

> *Quanti venti di dottrina abbiamo conosciuto in questi ultimi decenni, quante correnti ideologiche, quante mode del pensiero... La piccola barca del pensiero di molti cristiani è stata non di rado agitata da queste onde – gettata da un estremo all'altro: dal marxismo al liberalismo, fino al libertinismo; dal collettivismo all'individualismo radicale; dall'ateismo a un vago misticismo religioso; dall'agnosticismo al sincretismo e così via. Ogni giorno nascono nuove sette e si realizza quanto dice san Paolo sull'inganno degli uomini, sull'astuzia che tende a trarre nell'errore (*Ef 4,14*).*

Quindi arriva all'oggi:

> *Avere una fede chiara, secondo il Credo della Chiesa, viene spesso etichettato come fondamentalismo. Mentre il relativismo, cioè il lasciarsi portare «qua e là da qualsiasi vento di dottrina», appare come l'unico atteggiamento all'altezza dei tempi odierni. Si va costituendo una dittatura del relativismo che non riconosce nulla come definitivo e che lascia come ultima misura solo il proprio io e le sue voglie.*

Una «dittatura del relativismo» a cui oppone un volto e un nome:

> *Noi, invece, abbiamo un'altra misura: il Figlio di Dio, il vero uomo. È lui la misura del vero umanesimo. «Adulta» non è una fede che segue le onde della moda e l'ultima novità; adulta e matura è una fede profondamente radicata nell'amicizia con Cristo. È quest'amicizia che ci apre a tutto ciò che è buono e ci dona il criterio per discernere tra vero e falso, tra inganno e verità. Questa fede adulta dobbiamo maturare, a questa fede dobbiamo guidare il gregge di Cristo. Ed è questa fede – solo la fede – che crea unità e si realizza nella carità.*

Poi cita san Paolo contro «le continue peripezie di coloro che sono come fanciulli sballottati dalle onde» e focalizza la questione della misericordia, quella che più alimenta equivoci:

> *In Cristo, coincidono verità e carità. La carità senza verità sarebbe cieca; la verità senza carità sarebbe come «un cembalo che tintinna» (*1Cor 13,1*).*

Infine esorta alla missione, centrando la domanda sul senso della vita:

> *Abbiamo ricevuto la fede per donarla ad altri – siamo sacerdoti per servire altri. E dobbiamo portare un frutto che rimanga. ... Il frutto che rimane è perciò quanto abbiamo seminato nelle anime umane – l'amore, la conoscenza; il gesto capace di toccare il cuore; la parola che apre l'anima alla gioia del Signore.*

Quell'espressione – «dittatura del relativismo» – coglieva efficacemente ciò che stava accadendo nel mondo, infatti suscitò forti opposizioni.

Era la conferma che Ratzinger aveva perfettamente colto nel segno. D'altra parte quell'intervento evidenziava pure che aveva in mente solo una missione: dire la verità alla Chiesa e al mondo. Anche se il mondo non gliel'avrebbe perdonato (e nemmeno un certo mondo cattolico).

Infatti i suoi stessi avversari rimasero scioccati dal suo coraggio perché proprio lui – che era il candidato più autorevole alla successione di Giovanni Paolo II – sembrava far di tutto per non farsi eleggere. Ma Ratzinger era uomo che non aveva mai fatto calcoli, tantomeno calcoli di carriera (per ben tre volte aveva provato, invano, a farsi mandare in pensione da papa Wojtyła).

«Non si era mai visto» scrive Marco Damilano «un candidato al soglio pontificio esporre il suo programma con tanta chiarezza, con brutalità, anche a costo di intimorire e di essere rigettato da una parte del Sacro Collegio.»[3]

Forse si può addirittura pensare che Ratzinger abbia detto pane al pane e vino al vino proprio con la segreta speranza di evitare così l'elezione, se Nicolas Diat gli ha dedicato un volume intitolato *L'homme qui ne voulait pas être pape*.

Ma più probabilmente il prelato bavarese agì semplicemente secondo coscienza come sempre aveva fatto, dicendo la verità con quel suo umile e proverbiale candore, pieno di sapienza, senza fare calcoli, con il solo desiderio di fare il proprio dovere davanti a Dio e agli uomini.

È l'atteggiamento di Gesù che proclama la verità a qualunque prezzo, qualunque sia il rischio che comporta.

È l'opposto del «piacione» che invece è l'atteggiamento di altri ecclesiastici dei giorni nostri, quelli che lisciano sempre il mondo per il verso del pelo e gli dicono sempre quello che vuole sentirsi dire, quelli che cercano l'applauso a ogni costo (col favore delle telecamere) e annunciano dalle tribune mediatiche dell'anticlericalismo che «Dio non è cattolico».

Del resto già Paolo VI e Giovanni Paolo II – ognuno con la propria personalità – avevano percorso la strada di Ratzinger.

Alla morte di Paolo VI proprio Ratzinger, allora arcivescovo di Monaco di Baviera, lo ricordò con queste parole: «Un Papa che oggi non subisse critiche fallirebbe il suo compito dinanzi a questo tempo. Paolo VI ha resistito alla telecrazia e alla demoscopia, le due potenze dittatoriali del presente. Ha potuto farlo perché non prendeva come parametro il successo e l'approvazione, bensì la coscienza, che si misura sulla verità, sulla fede».[4]

E sempre Ratzinger ha fatto l'apologia di Giovanni Paolo II, alla vigilia della canonizzazione, proprio sottolineando questo aspetto:

> *Giovanni Paolo II non chiedeva applausi, né si è mai guardato intorno preoccupato di come le sue decisioni sarebbero state accolte. Egli ha agito a partire dalla sua fede e dalle sue convinzioni, ed era pronto anche a subire colpi. Il coraggio della verità è ai miei occhi un criterio di primo ordine della santità. Solo a partire dal suo rapporto con Dio è possibile capire anche il suo indefesso impegno pastorale. Si è dato con una radicalità che non può essere spiegata altrimenti.*[5]

Così fu eletto Ratzinger, come il vero erede di due grandi pontefici, come l'intelligenza più lucida sul mondo, l'uomo di fede con più conoscenza della Chiesa.

Il prelato bavarese, all'interno della Cappella Sistina, mentre lo stavano votando continuava a ripetere: «Signore, disponi di persone più giovani». Ma solo lui poteva svolgere quella missione e quasi a furor di popolo fu eletto, perché il popolo cristiano voleva restare sul cammino segnato da

Wojtyła, lo aveva dimostrato con le eccezionali manifestazioni di affetto e devozione nei giorni della morte. Ratzinger era dunque il solo che potesse succedere a Giovanni Paolo II.

Gli era affidato un compito enorme: completare la realizzazione del vero Concilio, facendo crescere il grano ben più e ben sopra la zizzania, perché la sovrastasse fino a farla disseccare.

Fuor di metafora lo aveva spiegato don Luigi Giussani poco tempo prima: «In un momento come quello di oggi sarebbe veramente una grazia che la Chiesa si sentisse chiamata da Dio a esplicitare tutta la verità che già porta nel seno della sua vita quotidiana. È quello che è accaduto alla fine dell'Ottocento con il *Sillabo*. Per questo è odiato il Sillabo: perché ha chiarito le parti (insieme all'enciclica *Pascendi* contro il modernismo). Adesso, invece, il modernismo domina ovunque. Se Dio non chiama la Chiesa a un intervento, la Chiesa umilmente deve subire la tempesta del dubbio e della indecisione. Bisogna pregare la Madonna che dia alla Chiesa guide e documenti chiari. Come la *Redemptor hominis*, di cui ricorre l'anniversario in questi giorni».[6]

Un compito da far tremare. Un compito eroico.

Il pastore e i lupi

Eppure resta che qualcosa è accaduto, / forse un niente che è tutto.

EUGENIO MONTALE, *Xenia II, n. 13*

Quella mattina del 24 aprile 2005, piazza San Pietro era percorsa da una brezza lieve. Il cielo era azzurro, ma velato di bianco. Il nuovo papa Benedetto XVI iniziava la sua missione sulla Cattedra di Pietro celebrando la messa solenne di insediamento.

Con la sua voce mite cominciò a leggere l'omelia, da cui tutti si aspettavano – come di consueto – il programma del suo Pontificato. Subito un ricordo carico di affetto e ammirazione per Giovanni Paolo II di cui Joseph Ratzinger era stato stretto collaboratore e fidato amico.

Ma la piazza sussultò quando il nuovo Pontefice, sommessamente, pronunciò queste sorprendenti parole:

Pregate per me, perché io non fugga, per paura, davanti ai lupi.

Non passarono inosservate quelle strane parole, del tutto irrituali in una messa di inizio Pontificato.

Era naturale che Benedetto XVI chiedesse preghiere per svolgere la sua grave missione (questo lo hanno fatto tutti), ma era sorprendente che chiedesse preghiere per scongiurare la fuga davanti ai «lupi». E di sicuro sapeva bene ciò che diceva.

Chi erano questi lupi? Gesù usa tale metafora quando invia i suoi apostoli nel mondo ad annunciare la Buona Novella: «Vi mando come pecore in mezzo ai lupi».

Credo si possa interpretare qui come l'odio del mondo e dei poteri mondani. E bisogna riconoscere che Benedetto XVI, con la sua mite sapienza, non è fuggito davanti a questi lupi. Come nessun altro ha saputo mettere, coraggiosamente, con le spalle al muro tutte le menzogne ideologiche che imperversano nel nostro tempo.

Pochi giorni prima di annunciare le dimissioni, il 6 gennaio 2013, nella bellissima omelia per la festa dell'Epifania, rivendicò implicitamente questo specifico compito proprio riprendendo – alla fine del suo Pontificato – la metafora dei lupi. Spiegava come deve essere un vescovo e disse fra l'altro:

> *Il coraggio di contraddire gli orientamenti dominanti è oggi particolarmente pressante per un Vescovo. Egli deve essere valoroso. E tale valore o fortezza non consiste nel colpire con violenza, nell'aggressività, ma nel lasciarsi colpire e nel tenere testa ai criteri delle opinioni dominanti. Il coraggio di restare fermamente con la verità è inevitabilmente richiesto a coloro che il Signore manda come agnelli in mezzo ai lupi. «Chi teme il Signore non ha paura di nulla», dice il* Siracide *(34,16). Il timore di Dio libera dal timore degli uomini. Rende liberi!*[1]

Col senno di poi si può leggere in queste parole quasi un testamento spirituale.

Ma negli Atti degli Apostoli, san Paolo parla di «lupi» anche in riferimento a nemici che stanno dentro le mura della Chiesa.[2] Anche se quell'espressione non è di facile decifrazione.

Tuttavia è certo che una simile frase era di per sé sconvolgente, specialmente sulle labbra di un uomo sempre misurato, che pondera ogni sillaba.

Un uomo come papa Ratzinger non poteva pronunciare parole simili senza motivi seri, soprattutto in una occasione tanto solenne e pubblica, nella quale l'indicazione – *urbi et orbi* – di un pericolo, di una minaccia che incombe sulla Chiesa, nei tempi moderni, non si era mai sentita.

Evidentemente ciò accadde anche perché il Papa voleva che il popolo cristiano sapesse, che conoscesse la situazione in cui stava iniziando il suo ministero. Dava una chiave di lettura di ciò che sarebbe accaduto durante il suo Pontificato. Avvertiva che il suo Pontificato, o meglio la Chiesa, era sottoposta a fortissime pressioni, ad attacchi virulenti da parte del mondo (come abbiamo visto) e a pesanti pressioni e ostilità.

Infatti quella frase ha assunto poi un significato ancora più dirompente otto anni dopo, l'11 febbraio 2013, quando lo stesso papa Benedetto XVI – con una decisione sorprendente – ha «rinunciato».

Era inevitabile ripensare a quel misterioso appello lanciato durante la messa di insediamento, chiedersi chi erano quei lupi, sospettare che proprio quei «lupi» avessero alla fine prevalso.

L'unica cosa certa è che Benedetto XVI non è «fuggito». Egli è un uomo che – come tutti sanno – ha vissuto una totale dedizione a Dio, ha sempre anteposto Dio a se stesso e per il Signore è sempre stato pronto a subire qualsiasi attacco.

Non può esserci stato nessun timore personale, per se stesso. È da scartare la possibilità di una sua rinuncia provocata da una minaccia alla sua persona. Infatti l'11 febbraio 2013 egli lo annunciò solennemente «ben consapevole della gravità di questo atto, con piena libertà» (peraltro più avanti vedremo che non è affatto fuggito perché ha fatto la scelta, straordinaria ed enigmatica, di restare «Papa emerito»).

Tuttavia, premesso ciò, è inevitabile interrogarsi sulle cause di quella sua «storica rinuncia» del 2013 perché è apparsa e appare tuttora misteriosa e inspiegabile.

Infatti al momento della rinuncia (e anche dopo) la lucidità intellettuale di Benedetto XVI era perfetta (come ha dimostrato in alcune «lezioni» pubbliche proprio di quei giorni) e le sue condizioni di salute fisica erano buone.

Inoltre non sono sopravvenute cause identificabili come una grave malattia invalidante o una patologia degenerativa che possa far prevedere la perdita della lucidità mentale.

Egli infatti ha spiegato, nella dichiarazione ufficiale, che la causa della sua decisione era collegata anzitutto con «l'età avanzata» («ingravescente aetate»).[3]

Ha scritto Massimo Franco:

Un Papa che si dimette è già un avvenimento epocale, nella storia moderna. Ma un Pontefice che lo fa nel pieno delle proprie facoltà mentali, indicando come motivazione semplicemente la fragilità che deriva dall'età, spezza una tradizione plurisecolare.[4]

Già questo dovrebbe far capire che c'è un mistero in quel ritiro e ancora molte cose devono essere rivelate.

Del resto oggi 85 anni non rappresentano affatto un'età proibitiva (Leone XIII esercitò il suo ministero fino a 93 anni ed erano tempi in cui non si poteva certo contare sul sostegno della medicina come oggi).

Inoltre, anche in anni recenti era stato scritto che «in maniera tassativa e assoluta il Papa non potrà mai dimettersi a motivo della sola età».[5]

Ad affermarlo, in modo così categorico, era un autorevolissimo canonista, il cardinale Vincenzo Fagiolo il quale, nel 1994, come presidente del Pontificio Consiglio per l'interpretazione dei testi legislativi, fu incaricato da Giovanni Paolo II di «effettuare uno studio sulle implicazioni giuridiche ed ecclesiologiche della *renuntiatio papae*».[6]

È appena il caso di ricordare che Giovanni Paolo II, dopo aver soppesato tutte le ipotesi, nonostante il grave decadimento fisico dovuto al morbo di Parkinson, che fece dei suoi ultimi anni di Pontificato una testimonianza eroica di martirio (dando l'esempio a tanti che si trovano a portare la croce), dichiarò di avvertire come un «grave obbligo di coscienza» il dovere di continuare a svolgere la propria missione. Nonostante la malattia. Perché non ci si può dimettere da padre.[7]

C'era in lui – come, in precedenza, in Paolo VI – un'assoluta disponibilità a farsi da parte, in caso fosse necessario per la Chiesa, ma anche la chiara consapevolezza di essere totalmente nelle mani di Dio che evidentemente in quel frangente chiedeva al suo Vicario di essere un testimone vivente della Croce in un mondo che rifiuta la sofferenza e si scandalizza di fronte al dolore.

Del resto Giovanni Paolo II sapeva, com'è a tutti evidente, che l'Onnipotente – se vuole – in qualsiasi momento può chiamare a sé ogni uomo, compreso il Papa (con conseguente avvicendamento alla guida della Chiesa). Finché non lo fa quel Papa resta in carica. D'altronde, se chiama un uomo a un compito così alto di sicuro gli assicurerà le grazie necessarie per svolgere tale missione, qualunque siano le sue condizioni.

Joseph Ratzinger ha vissuto in prima persona la vicenda di Giovanni Paolo II e certamente ha sempre condiviso con lui – ne fa fede anche il suo magistero – l'assoluta fiducia nella Provvidenza divina che dispone dei destini umani secondo il suo disegno.[8]

Tuttavia l'11 febbraio 2013 annunciò di ritirarsi dal ministero di Vicario di Cristo. Ma solo a causa dell'età avanzata?

Lui stesso dichiarò di rendersi conto perfettamente che stava annunciando una decisione «grave», dunque come poteva essere stata determinata da un motivo tanto ordinario e banale?

Non era contraddittoria, una tale scelta, con la convinzione che sia il Signore a condurre la barca di Pietro e che Gesù non abbandoni mai il suo Vicario che confida in Lui?

Cristo affermò di aver «vinto il mondo». Con la croce. E infatti san Paolo scrive: «Perciò mi compiaccio nelle mie infermità, negli oltraggi, nelle necessità, nelle persecuzioni, nelle angosce sofferte per Cristo: quando sono debole, è allora che sono forte» (*2Cor* 12,10).

Nella fede cristiana la condizione di debolezza è forza, perché comporta un più chiaro e profondo affidamento alla Grazia, rende più evidente che la Chiesa è governata dal Signore.

Eppure, quando annunciò che si sarebbe ritirato, il Papa dichiarò di non avere più «il vigore sia del corpo che dell'animo» che sono necessari oggi «per governare la barca di san Pietro e annunciare il Vangelo».[9]

Non è sulla forza di Cristo che poteva contare il suo Vicario? O pensò che un successore – poniamo – di 77 anni avrebbe assicurato alla Chiesa una guida più vigorosa di quella che il Signore avrebbe avuto con papa Benedetto, nonostante la sua debolezza dovuta all'età?

E poi quella che usò è davvero una formula strana. Se infatti è comprensibile cosa intendesse per vigore del corpo (caratteristica che in fondo non è mai stata essenziale per i Papi), non è chiaro perché mai con l'età avanzata dovrebbe venir meno anche il «vigore dell'animo». Che spesso è testimoniato in maniera eroica proprio da persone anziane o sottoposte a prove e sofferenze durissime (lo stesso Giovanni Paolo II, pur apparendo fisicamente crocifisso, negli ultimi anni, nondimeno manifestava un indomabile «vigore dell'animo»).

Un autorevole uomo di Curia si è chiesto per quale compito Benedetto XVI abbia ritenuto insufficienti le sue forze fisiche e morali e troppo avanzata la sua età. Cosa era accaduto o stava accadendo?

Certamente non si trattava dei vari «scandali», da quello della pedofilia (che Benedetto XVI ha affrontato in modo meraviglioso, con grande coraggio e forza) al caso Vatileaks che il Papa ha chiuso velocemente con un bel gesto di misericordia.[10]

Ma allora qual era «l'impresa» che non si sentiva in grado di intraprendere? Quale problema o ostacolo o impedimento ritenne di non poter affrontare? O quali nemici? Quale gravissima situazione gli si è imposta davanti che ha ritenuto di spazzar via con quella scelta così drammatica?

Il canonista Luigi Chiappetta, nel suo commentario, alla voce «Rinuncia del Romano Pontefice», scrive: «Il Romano Pontefice accetta liberamente il suo ufficio e liberamente può rinunziarvi, *supposta ad liceitatem* (per dovere morale, non giuridico) una causa giusta e proporzionata».[11]

Ovvero, la liceità morale della rinuncia c'è in presenza di un gravissimo motivo. Se non vi fosse un gravissimo motivo l'atto resterebbe valido, ma sarebbe moralmente deplorevole. Ed è evidente che tale «gravissimo motivo» non può essere l'anzianità o l'affievolirsi delle forze.

Anche il canonista Carlo Fantappiè, intervenendo il 9 marzo 2013 in merito al ritiro di Benedetto XVI, sottolineò che la rinuncia al Papato può avvenire solo «in casi davvero eccezionali e per il bene superiore della Chiesa». Questa è «la condizione per rinunciare all'ufficio senza cadere in colpa grave davanti a Dio».[12]

Siccome – ripeto – l'avanzata età non può rientrare fra i «casi davvero eccezionali», essendo oltretutto caratteristica naturale di tutti i Pontefici, è evidente che a provocare la rinuncia di papa Benedetto può essere stato solo qualche pericolo «eccezionale» riguardante la Chiesa, qualcosa di gravissimo.

Ma di che cosa si tratti il Papa non lo ha detto, non ha potuto dirlo (né era tenuto da nessuna normativa a dirlo).

Questi chiarimenti dei professori Chiappetta e Fantappiè spazzano via anche le superficiali (o ideologiche) considerazioni di chi ha banalizzato la scelta di Benedetto XVI (che lui stesso ha definito «grave») affermando che, come esistono i vescovi emeriti, da ora in poi diventa normale avere anche i Papi emeriti, cioè dimissionari (anche Bergoglio ha ripetuto queste cose).

Così tralasciando che occorrono gravissimi motivi per rinunciare al ministero petrino, declassando il Papato a un normale episcopato e dimenticando infine che Benedetto XVI non è tornato affatto «vescovo emerito», ma è rimasto Papa emerito.

Un profondo teologo e grande uomo di Chiesa come Joseph Ratzinger conosceva perfettamente il rischio di una lettura ideologica del suo gesto, sapeva benissimo che le sue dimissioni sarebbero state sentite – o presentate da alcuni – come un ridimensionamento del ministero petrino.

Lo scrive apertamente il suo acerrimo avversario, Hans Küng, con toni trionfalistici: «Adesso è chiaro che le dimissioni danno il via alla *demistificazione del ministero pontificio*, le cui ripercussioni non sono ancora calcolabili».[13]

Ratzinger lo sapeva e non desiderava certo questa conseguenza. Ma allora perché lo ha fatto? Deve avere avuto, appunto, motivi gravissimi. Relativi – come si è visto – al bene della Chiesa.

Infatti in quel «discorso di addio» pronunciato all'udienza del 27 febbraio 2013, il Papa disse a chiare lettere – sia pure in modo molto edulcorato – che c'era in gioco appunto il «bene della Chiesa».[14]

Questo è il punto. Ma qui si aprono interrogativi davvero inquietanti.

Se papa Benedetto ha deciso di privarci del suo luminoso insegnamento e fare un passo indietro significa che quello era l'unico modo per scongiurare qualcosa di molto serio o per far fronte a una situazione gravissima.

Ha sentito prospettare qualcosa di terribile per la Chiesa stessa? O ha ritenuto che il problema (o almeno parte importante del problema) fosse lui stesso? Ma per chi quest'uomo buono e sapiente, così umile e profondo, rappresentava un problema? Per chi la sua presenza era il vero grande ostacolo da eliminare?

Molti osservatori ritengono che il problema fosse rappresentato piuttosto dall'establishment bertoniano che il caso Vatileaks aveva mostrato in tutti i suoi limiti, le sue inefficienze e le sue assurdità.

Forse Benedetto XVI, non avendo la forza di rimuovere un tale establishment, ha pensato di azzerarlo facendosi da parte lui stesso? Questa potrebbe essere una spiegazione. Ma è l'unica spiegazione o è solo una parte?

Non ci sono state anche forze che magari hanno pure usato l'evidente inadeguatezza dei collaboratori del Papa per delegittimare e isolare Benedetto XVI?

Lo fa pensare il fatto che certi gruppi hanno cominciato ad avversare Benedetto XVI fin dall'inizio, ancor prima che Bertone arrivasse alla Segretaria di Stato.

E quelle forze si sono potenziate proprio a causa della disastrosa gestione Bertone, potendo rinfacciare a Benedetto XVI di aver lasciato la Chiesa nelle mani del Segretario di Stato.

In tutto questo è difficilissimo dirimere i torti e le ragioni e soprattutto è impossibile capire dall'esterno lo scontro fra le diverse correnti o fra gruppi di potere contrapposti. È impossibile perfino identificare precisamente tali gruppi e, a volte, le lobby.

Il 10 marzo 2009, papa Benedetto – parlando pubblicamente al mondo ecclesiastico – disse qualcosa di drammatico che spiega tutto.

In quei giorni aveva dovuto commentare un brano di *Galati* 5, 13-15 e disse di avere notato «con sorpresa l'immediatezza con cui queste frasi ci parlano del momento attuale».[15]

Ecco le parole di san Paolo: «Se vi mordete e divorate a vicenda, guardate almeno di non distruggervi del tutto gli uni gli altri».

Il Papa aggiungeva: «Sono stato sempre incline a considerare questa [ultima] frase come una delle esagerazioni retoriche che a volte si trovano in san Paolo. Sotto certi aspetti può essere anche così. Ma purtroppo questo "mordere e divorare" esiste anche oggi nella Chiesa come espressione di una libertà mal interpretata. È forse motivo di sorpresa che anche noi non siamo migliori dei Galati? Che almeno siamo minacciati dalle stesse tentazioni? Che dobbiamo imparare sempre di nuovo l'uso giusto della libertà? E che sempre di nuovo dobbiamo imparare la priorità suprema: l'amore?».

Papa Benedetto, profondamente addolorato per il desolante spettacolo a cui deve assistere, è sconcertato dalle reazioni durissime del ceto ecclesiastico di fronte alla remissione della scomunica ai quattro vescovi lefebvriani.

Per un certo cattoprogressismo si deve dialogare con tutti, anche con gli estremisti islamici, ma non con gli altri cattolici. E Benedetto XVI anche per questa ragione era diventato un bersaglio polemico da attaccare duramente.

In questa lettera, nella quale fra l'altro si assume colpe non sue, ma dei propri collaboratori, papa Benedetto scrive: «Sono rimasto rattristato dal fatto che anche cattolici, che in fondo avrebbero potuto sapere meglio come stanno le cose, abbiano pensato di dovermi colpire con un'ostilità pronta all'attacco. ... E non dobbiamo forse ammettere che anche nell'ambiente ecclesiale è emersa qualche stonatura? A volte si ha l'impressione che la nostra società abbia bisogno di un gruppo, almeno, al quale non riservare alcuna tolleranza; contro il quale poter tranquillamente scagliarsi con odio. E se qualcuno osa avvicinarglisi – in questo caso il Papa – perde anche lui il diritto alla tolleranza e può pure lui essere trattato con odio senza timore e riserbo».

Balla coi lupi

> Parmi che siate, benigno Padre mio, siccome sta l'agnello nel mezzo de' lupi. Ma confortatevi, e non temete, perocché la providenzia e l'aiutorio di Dio, sarà sempre sopra di voi. Non mirate, perché vedeste apparire le cose molto contrarie, e che l'aiuto umano ci venga meno; e che quelli che ci debbono aiutare più ci manchino, facendo contra di voi. Non temete; ma più vi confidate.[1]
>
> SANTA CATERINA DA SIENA, *Lettera a papa Gregorio XI*

La guerra contro Benedetto XVI iniziò, in pratica, già all'uscita dallo stesso Conclave del 2005. Se ne trova traccia chiarissima nella prima pagina di un libro di Paolo Rodari e Andrea Tornielli, *Attacco a Ratzinger*, pubblicato da Piemme nel 2010.

Iniziava infatti con la «confidenza» di un «autorevole porporato» che lavora da anni nei sacri palazzi, confidenza raccolta poco prima di Natale del 2009 e che è davvero emblematica del clima in cui Benedetto XVI ha dovuto lavorare e fa capire anche molte cose del suo «ritiro» del 2013.

Ecco le parole dell'«autorevole porporato»:

> *Ricordo ancora, come fosse oggi, le parole che sentii dire da un cardinale italiano, allora molto potente nella Curia romana, all'indomani dell'elezione di Benedetto XVI. «Due-tre anni, durerà solo due-tre anni...» Lo diceva accompagnando le parole con un gesto delle mani, come per minimizzare ... Joseph Ratzinger, il settantottenne prefetto della Congregazione per la dottrina della fede appena eletto successore di Giovanni Paolo II, doveva*

essere un Papa di transizione, passare velocemente, ma soprattutto doveva passare senza lasciare traccia di sé ... Ma un Pontificato non lungo, a motivo dell'età già avanzata, non significa passare senza lasciare traccia ... Ci ho ripensato molte volte: visto che non è passato così velocemente come qualcuno sperava, e visto che il suo Pontificato è destinato a lasciare un segno, si sono moltiplicati gli attacchi contro Benedetto XVI. Attacchi di ogni tipo.[2]

In realtà gli attacchi erano cominciati subito. Non solo quelli, prevedibili, dei nemici esterni, di fronte alla luminosa grandezza del suo magistero.

L'occulta e pesante opposizione di un certo establishment curiale e cardinalizio, fin dall'inizio, si è dimostrata pronta – per delegittimarlo – perfino allo spergiuro.

Basti ricordare l'episodio che segnò l'inizio della guerra aperta. Benedetto XVI era appena stato eletto, e dall'anonimo mondo cardinalizio (più o meno di Curia), nel settembre 2005, attraverso il vaticanista Lucio Brunelli, fu fatto uscire su «Limes» un presunto diario delle votazioni del Conclave da cui emergevano dettagli che oggettivamente erano una «sottile», ma netta delegittimazione del nuovo Pontificato.

Un vaticanista autorevole come Sandro Magister commentò: la lettura di quel testo «suggerisce che "l'intenzione" di pubblicarlo sia stata molto più militante» che storico-giornalistica. E lo si sia fatto «per mostrare che la vittoria di Ratzinger non è stata per niente "plebiscitaria", che è stata in forse fino all'ultimo, che è stata indebitamente favorita dal suo essere decano dei cardinali, che i tempi sono maturi per un Papa "nuovo", magari latinoamericano e che a questi suoi limiti Benedetto XVI dovrebbe rassegnarsi».

Così scriveva Magister il 7 ottobre 2005. Forse si sottovalutò la gravità di quel segnale anonimo, basato peraltro su dati delle votazioni che non risultano ad altri. In effetti, rileggendole oggi, quelle pagine sembrano un colossale panegirico dell'arcivescovo di Buenos Aires, Bergoglio, collocato in rampa di lancio per il Pontificato futuro.

Ma, ripensando al «diario» passato al giornalista, fa impressione che, per un tale gesto pubblico di sfida e condizionamento, una fazione di cardinali sia stata pronta a sfidare pure Dio con un pubblico spergiuro (perché ogni cardinale aveva giurato solennemente sul Vangelo di mantenere il segreto su Conclave e votazioni).

Negli anni successivi il tema della spaccatura e il fantasma dello scisma (soprattutto in certe aree progressiste dell'Europa) più volte è stato ventilato oscuramente e certo Ratzinger ha sempre voluto evitarlo in ogni modo. Forse anche a costo di dimettersi.

Benedetto ha ricevuto da parte del mondo segni di una profonda opposizione: basti ricordare episodi emblematici come la cancellazione dell'invito all'università di Roma La Sapienza e l'aggressione mediatica per lo «scandalo pedofilia», contro il quale peraltro Ratzinger ha fatto più di chiunque altro, prima e dopo. Per non dire dell'ostilità del mondo musulmano esplosa in seguito al grandioso discorso di Ratisbona.

Altre opposizioni interne, nella Curia e nell'establishment ecclesiastico, lo hanno contestato o boicottato, o hanno rifiutato il suo magistero, quello tradizionale della Chiesa, avendo i media dalla loro, con i casi più eclatanti relativi al *motu proprio Summorum Pontificum* e (come si è visto) alla cancellazione della scomunica per i vescovi lefebvriani.

Ma il più pesante è stato soprattutto l'ininterrotto bombardamento mediatico sul cosiddetto «scandalo pedofilia» con cui si è preteso di trasformare la Chiesa in «imputato globale» (la Chiesa che è perseguitata in mezzo mondo nell'indifferenza generale). Scandalo curiosamente scomparso di colpo dai media appena Benedetto XVI si è ritirato.

Si può trovare un ampio repertorio di questa «guerra a Ratzinger» nel libro citato di Rodari e Tornielli, *Attacco a Ratzinger* e nel volume di Nicolas Diat, *L'homme qui ne voulait pas être pape*.

Paradossalmente, dei danni consistenti per il Pontificato di Benedetto sono arrivati dalla Curia, dal clero e dai più stretti collaboratori.

Bisogna riconoscere che un grave errore, Benedetto XVI lo ha fatto. Per evitare certe potenti realtà curiali (per esempio quelle facenti capo al cardinal Sodano) chiamò nel ruolo strategico di Segretario di Stato un ecclesiastico che conosceva da anni e che credeva potesse essergli di aiuto: il cardinale Bertone.

L'inadeguatezza dell'uomo per quel ruolo delicato e decisivo – a parere dei più, anche dei ratzingeriani più convinti – è ciò che ha fatto precipitare la situazione. Che a un certo punto è diventata drammatica.

I cardinali più vicini a papa Benedetto a più riprese hanno fatto presente al Santo Padre che avrebbe dovuto sollevare Bertone da quel ruolo così delicato e strategico per la Chiesa. Ma purtroppo il Papa non se l'è sentita, per motivi che hanno a che fare con la sua delicatezza d'animo e la sua sensibilità umana.

Il «cameriere del Papa», pur sbagliando gravemente nel metodo, ha fatto emergere una realtà inaudita.

Addirittura monsignor Georg Gänswein, segretario di Benedetto XVI, in un'intervista al «Messaggero» del 22 ottobre, una settimana dopo le dimissioni di Bertone, ha candidamente riferito che «Benedetto XVI aveva chiamato Gotti Tedeschi allo Ior per portare avanti la politica della trasparenza», ma nonostante fosse stato lui stesso a volerlo lì, quando costui fu defenestrato, il Papa non ne sapeva niente e «restò sorpreso, molto sorpreso per l'atto di sfiducia al professore. Il Papa lo stimava e gli voleva bene».

Un fatto emblematico della situazione d'oltretevere, di cui era possibile accorgersi da tempo. Non a caso già nel 2010 Benedetto XVI, nel libro *Luce del mondo*, a Peter Seewald aveva detto, in via teorica, di ritenere che il Papa a certe condizioni avesse il diritto e talora il dovere di dimettersi.

Ma quando il 25 settembre 2011 con un editoriale su «Libero» detti la notizia che il Papa si sarebbe dimesso arrivato a 85 anni, come in effetti è avvenuto,[3] fui investito dagli attacchi e dalle sprezzanti ironie di certi ecclesiastici e di alcuni vaticanisti.

E nessuno ha ancora saputo spiegare perché mai quello che Sodano, l'11 febbraio 2013, definì «un fulmine a ciel sereno», era già una notizia sicura e sotterraneamente nota in Curia nell'estate del 2011, tanto che io la pubblicai nero su bianco e si confermò esatta anche nei tempi indicati.

Non solo. Due giorni dopo quel mio scoop, il 27 settembre, su «Libero» spiegai la situazione per la quale il Papa stava maturando quel clamoroso gesto. Rileggere oggi quelle righe fa una certa impressione:

> *La sua «stanchezza» – per quanto siamo riusciti a sapere – attualmente non ha motivazioni fisiche... No, la «stanchezza» deriva piuttosto dalle amarezze e dalle sofferenze che gli provocano coloro che più di tutti dovrebbero seguirlo, obbedirgli e aiutarlo. E questo tipo di stress, in un uomo sensibile e buono com'è papa Benedetto, è peggiore dello stress fisico. Certo, il mondo clericale è, per sua natura, sempre prodigo di ossequi verso il regnante Pontefice, salvo disobbedire subito dopo o talvolta addirittura remare contro. È stato proprio questo Papa a denunciare il «clericalismo» come una peste della Chiesa. Più di una volta su queste colonne ho segnalato come Benedetto XVI, un Papa straordinario per tempi straordinari, un Papa sempre più amato dalla gente comune, mano a mano che impara a conoscerlo, risulti poi snobbato e boicottato da tanto mondo ecclesiastico.*[4]

Una situazione che papa Benedetto ha subìto senza imporsi, come ha subìto l'ostilità di altre correnti curiali. Non bisogna dimenticare tutto quello che è accaduto in quei mesi.

Un caso per tutti, l'inquietante «appunto» consegnato a Benedetto XVI il 30 dicembre 2011 dal cardinale Dario Castrillón Hoyos, nel quale si riferivano le cose che un altro cardinale, Paolo Romeo, arcivescovo di Palermo, nel novembre 2011, avrebbe detto ad alcune persone nel corso di colloqui avuti a Pechino.

Il cardinale Romeo, secondo l'estensore del rapporto, avrebbe «aspramente criticato papa Benedetto XVI». Infine «sicuro di sé, come se lo sapesse con precisione il cardinale Romeo ha annunciato che il Santo Padre avrebbe solo altri dodici mesi da vivere. Durante i suoi colloqui in Cina ha profetizzato la morte di papa Benedetto XVI entro i prossimi 12 mesi».

Tale documento uscì poi sulla stampa nel febbraio 2012 e fece scalpore, ma fu subito dimenticato, anche dai media (spesso superficiali). Declassato a chiacchiera di qualche svagato che aveva frainteso tutto, immaginando inesistenti attentati o cose simili.

Di certo quel rapporto aveva aspetti strani, ma alla luce di ciò che è davvero accaduto esattamente dodici mesi dopo, si può dire che era proprio casuale che fosse prevista con certezza l'uscita di scena di Ratzinger a distanza di un anno?

Con tutto questo oscuro subbuglio di Curia, appaiono strane oggi dichiarazioni come quella fatta a caldo, al momento delle dimissioni del Papa, dal cardinale Sodano: «Un fulmine a ciel sereno».

La vicenda delle dimissioni di papa Benedetto è sempre più misteriosa. E pure imbarazzante. Non a caso, per l'anniversario del ritiro, si sono lette cose surreali, come la dichiarazione del cardinale Cottier che ad «Avvenire» ha detto: «Con molta lucidità egli ha misurato le proprie forze e il lavoro da fare. E ha deciso che non si può forzare la Provvidenza».

Restare al suo posto sarebbe stato «forzare la Provvidenza»? Cottier è un prelato colto e d'esperienza, ma non deve aver ponderato bene quelle parole che sono (involontariamente) offensive per papa Benedetto e pure per la Provvidenza, la quale non è ritenuta in grado di guidare le vite umane.

Forse che rimanere in carica, pur invecchiato, come gli altri Papi, sarebbe stato «forzare la Provvidenza»? E allora Giovanni Paolo II che rimase al suo posto malgrado una malattia gravemente disabilitante?

La verità su quel «ritiro» è tuttora sconosciuta.

C'è chi ritiene che si possa reperirne una traccia in certe voci di Curia, come il racconto filtrato da un monastero di clausura e riferito da un sito cattolico.

La suora testimone – che ha autorizzato il gestore del blog cattolico a rivelare questa vicenda[5] – riferisce che preti di orientamento «progressista» o modernista – che dir si voglia – visitavano spesso il suo monastero di clausura per «fare propaganda» e «aggiornare» le suore. Pian piano, la religiosa in questione – celando le sue convinzioni – entrò in un rapporto fiduciario con uno di questi preti, definito dal sito «un autorevole esponente del movimento modernista».

Costui le confidò che stavano raccogliendo le firme – tra clero e religiosi – «per spingere papa Ratzinger a dimettersi». A questo punto la suora gli chiese cosa sarebbe successo se il Papa non si fosse dimesso e lui le rispose che «il Papa era già stato informato che se non si fosse dimesso» ci sarebbe stato uno scisma, ovvero «avrebbero fondato una nuova Chiesa separata da Roma» e «non sarebbe stata una "piccola Chiesa", infatti, secondo quanto risultava a lui, erano numerosi gli ecclesiastici pronti a aderire».

Questo prete precisò pure che avevano già ottenuto «l'appoggio preventivo di coloro che controllano i mass media», pronti a sostenere lo scisma e la «nuova Chiesa».

Qualche tempo dopo c'è stato il ritiro di Benedetto XVI. C'è qualche rapporto fra questa «voce» e quel ritiro? Difficile dirlo. Troppo vaga è questa ricostruzione. E poi le voci di possibili scismi circolavano già pubblicamente.

Ritengo che non ci sia bisogno di queste dietrologie o di immaginare fantomatici complotti dal momento che la spaccatura nella Chiesa era apertamente messa a tema. Era oggetto di acceso dibattito.

Per esempio Hans Küng, la voce più dura dell'opposizione a Ratzinger, nel 2011 pubblica un libro che modestamente intitola *Salviamo la Chiesa*.

Afferma che «la Chiesa cattolica è gravemente malata: questa grande comunità religiosa soffre già da molto sotto il sistema di dominio romano ... Questo sistema non è l'unico, ma tuttavia il principale responsabile dei tre grandi scismi della cristianità: il primo tra Chiesa occidentale e orientale, nell'XI secolo; il secondo nella Chiesa occidentale tra Chiesa cattolica e protestante, nel XVI secolo; infine nei secoli XVIII e XIX il terzo "scisma", tra cattolicesimo romano e mondo moderno e illuminato».[6]

Küng dimentica di dire che è il «mondo moderno e illuminato» che ha divorziato dalla Chiesa e che per questo è finito nell'inferno delle ideologie, dell'orrore e del terrore.

Ma è interessante il ribaltamento della frittata e la pretesa che ora la Chiesa insegua il mondo che ha fallito e lo imiti, ovvero si aggiorni dopo essere rimasta indietro per secoli, come dirà di lì a poco il cardinal Martini, che chiese apertamente la conversione del Papa e dei vescovi.

Il 12 settembre 2012, dopo la scomparsa del cardinal Martini e l'uscita dell'ultima sua esplosiva intervista-testamento, facevo su «Libero» queste considerazioni:

> *Martini sale in cattedra e prescrive a tutti, a partire dal Papa, cosa devono fare: «La Chiesa deve riconoscere i propri errori e deve percorrere un cammino radicale di cambiamento, cominciando dal Papa e dai vescovi». Così oltretutto [Martini] misconosce la straordinaria opera di purificazione della Chiesa che Benedetto XVI con immenso coraggio ha intrapreso fin da quando era cardinale.*
>
> *Martini – oltreché cardinale – era anche gesuita e il connotato specifico dei gesuiti è proprio il voto di obbedienza al Papa, a difesa di Pietro e della Chiesa. Ma questa difesa non si è vista molto.*
>
> *Sant'Ignazio di Loyola, fondatore dei gesuiti, nei suoi famosi «Esercizi spirituali», prescrive loro, per «avere l'autentico sentire della Chiesa militante», queste regole:*
>
> *«Deposto ogni giudizio, dobbiamo tenere l'animo disposto e pronto per obbedire in tutto alla vera sposa di Cristo nostro Signore che è la nostra santa madre Chiesa gerarchica. Lodare finalmente tutti i precetti della Chiesa, tenendo l'animo pronto a cercare ragioni in sua difesa e in nessuna maniera in sua offesa».*
>
> *E ancora:*
>
> *«Dobbiamo essere più pronti ad approvare e lodare tanto le disposizioni e raccomandazioni quanto i comportamenti dei nostri superiori».*
>
> *Ognuno può vedere cosa rimane di queste regole… Del resto, quando Martini denuncia che «la Chiesa è indietro di 200 anni», pretendendo che si adegui ai tempi e si omologhi al mondo, dimentica che compito della Chiesa è guardare indietro di duemila anni, convertendosi continuamente non alle mode mondane, ma alla Verità fatta carne. Venuta nel mondo duemila anni fa.*

Diceva un grande convertito, Gilbert K. Chesterton: «Non abbiamo bisogno, come dicono i giornali, di una Chiesa che si muova col mondo. Abbiamo bisogno di una Chiesa che muova il mondo».

Infatti quelle confessioni protestanti europee che sono andate dietro al mondo (con tutte le sue fissazioni: dal sacerdozio femminile al matrimonio dei preti) sono diventate irrilevanti o si estinguono.

C'è pure un «dettaglio» dottrinale che ha fatto discutere. Martini, nell'intervista-testamento, sostiene che «tutte le regole esterne, le leggi, i dogmi ci sono dati per chiarire la voce interna e per il discernimento degli spiriti».

Giudizio che il professor De Marco definisce «equivoco» perché «una formula del genere» oggi ha «una recezione soggettivistica: il dogma (quello trinitario, per esempio) sarebbe dato per «chiarire» la voce della coscienza individuale.

Questa approssimazione equivoca galvanizza Mancuso fino a fargli scrivere che tale «centralità della coscienza personale» sulla Chiesa e sui dogmi corrisponderebbe all'«insegnamento del Vaticano II (vedi Gaudium et Spes *16-17)».*

Ma quei passi della Gaudium et Spes *dicono cose ben diverse e – per esempio – sottolineano l'esistenza di «norme oggettive della moralità» e il problema della «coscienza erronea».*

Sulle pagine dei giornali la teologia lascia il posto alle chiacchiere da salotto giornalistico. Che alimentano divisioni, mentre Benedetto XVI fa un titanico sforzo per evitare alla Chiesa lacerazioni, conflitti e (in certi casi europei) perfino rischi di scismi.

Come si vede, dunque, il tema dello «scisma» (soprattutto alimentato da certe realtà nordeuropee) era esplicito. Come pure il cosiddetto «scisma silenzioso» che consisterebbe nell'allontanamento del mondo dai dettami della Chiesa.

Va poi detto che un tale rischio di rottura dell'unità corrisponderebbe perfettamente alla motivazione data da Benedetto XVI per il suo ritiro («per il bene della Chiesa» potrebbe proprio voler dire: per evitare un catastrofico scisma). E questo di per sé non invalida la rinuncia del Papa. Sarebbe stata invalida se fosse stato minacciato personalmente o ricattato, ma in questo caso la sua scelta, pur condizionata in qualche modo, è libera, come da lui dichiarato.

Quello che però non avevano previsto era la scelta di restare Papa emerito... Né era stato previsto che il successivo Conclave avrebbe fatto un errore fatale che lo avrebbe invalidato.

Ma prima di passare a questo argomento, voglio soffermarmi su un aspetto decisivo del grande Pontificato di Benedetto XVI, perché fa capire cosa c'è in gioco, non solo per la Chiesa, ma per l'umanità.

«Katéchon»

> Chi predica la verità professa Cristo. Chi invece nella predicazione tace la verità, rinnega Cristo.
>
> SANT'ANTONIO DA PADOVA

Tornando agli otto anni di magistero di papa Benedetto, bisogna riconoscere che egli ha giganteggiato nell'insegnamento, in coerenza col suo percorso, da perito del Concilio, fino a braccio destro per la dottrina di Giovanni Paolo II.

È stato l'unico faro di luce nella notte buia del mondo impazzito. Il popolo cristiano si è abbeverato alla sua sapienza e si è riparato sotto il manto della sua paternità mite.

Però il magistero di questo uomo così sapiente e umile ha affascinato anche molti non credenti (o credenti di altre fedi) e specialmente in quel mondo intellettuale che è sempre stato così impermeabile al messaggio della Chiesa di Roma.

Penso a intellettuali di area liberale come Marcello Pera, Giuliano Ferrara, Ernesto Galli della Loggia, ma anche a intellettuali di sinistra come Jürgen Habermas, per non dire del coraggio intellettuale di Alexander Langer, che già il 7 maggio 1987, quando era leader carismatico degli ecologisti europei, proprio sui temi di bioetica pubblicò sul «Manifesto» un intervento intitolato *Cara Rossanda, e se Ratzinger avesse qualche ragione?*

In un suo epocale articolo sul «Corriere della Sera» del 20 gennaio 2010 l'intellettuale ebreo-francese Bernard-Henri Lévy colse perfettamente il segno di contraddizione rappresentato da Benedetto XVI:

Bisognerebbe smetterla con la malafede, il partito preso e, per dirla tutta, la disinformazione, non appena si tratta di Benedetto XVI. Fin dalla sua elezione, si è intentato un processo al suo «ultraconservatorismo», ripreso di continuo dai mass media (come se un Papa potesse essere altra cosa che «conservatore»).

Lévy parlò del «Grande Libro della bassezza contemporanea», difese insieme con papa Benedetto anche Pio XII e concluse: «Pio o Benedetto, si può essere Papa e capro espiatorio».[1]

In effetti negli ultimi anni in Italia anche alcuni autorevoli intellettuali provenienti dal pensiero marxista hanno colto nel magistero di Benedetto XVI il faro fra le rovine nichiliste del nostro tempo.

Parlo dei cosiddetti «marxisti ratzingeriani», quattro personalità importanti, che hanno militato tutte nel Pci: lo storico Giuseppe Vacca, presidente dell'Istituto Gramsci; il filosofo Mario Tronti, che fu tra i fondatori di «Quaderni Rossi», poi teorico dell'operaismo e oggi presiede l'ingraiano «Centro per la riforma dello Stato» (è stato anche senatore); il filosofo Pietro Barcellona, già deputato nelle file del Pci e poi membro del Csm; infine il sociologo Paolo Sorbi, l'unico da tempo cattolico, ma anch'egli dai trascorsi marxisti.

Il loro manifesto dell'ottobre 2011 esordiva con una clamorosa dichiarazione contro «la manipolazione della vita» e denunciava «una inedita emergenza antropologica» che è all'origine della «crisi della democrazia».

I quattro facevano appello al Pd per avviare «un confronto su due temi fondamentali del magistero di Benedetto XVI che nell'interpretazione prevalente hanno generato confusioni e distorsioni tuttora presenti nel discorso pubblico: il rifiuto del "relativismo etico" e il concetto di "valori non negoziabili"».

Il documento parlava inoltre di «libertà» e «dignità della persona umana fin dal suo concepimento» (che è stato «il passo più criticato»).

Come notò Sandro Magister, in quel documento «c'è un'adesione esplicita a tesi di Benedetto XVI».

I quattro chiedevano alla sinistra di superare la sua subalternità alla cultura radicale. E annunciarono per il 2013 un convegno sulla visione antropologica di Benedetto XVI.

In alcune interviste, questi intellettuali hanno espresso posizioni davvero «rivoluzionarie» per una sinistra conformista come quella italiana. Ecco Mario Tronti: «La lettura corrente secondo cui questo sarebbe un pontificato "conservatore" costituisce un completo travisamento del Papa teologo. Centrale, in Joseph Ratzinger, è la necessità della dimensione pubblica dell'esperienza di fede. Anziché accontentarsi dei luoghi comuni, le culture della sinistra dovrebbero semmai sollevarsi a questo livello e accettare il confronto sul terreno dei "principi irrinunciabili". Qualsiasi esperimento di trasformazione della realtà non può prescindere dall'elemento spirituale presente in ogni essere umano».

Tronti disapprova il cambiamento di costumi che è avvenuto «in modo solo istintivo, secondo i dettami delle culture radicaloidi e falsamente libertarie, per cui non esiste altro diritto che non sia il diritto dell'individuo».

Giuseppe Vacca così parla di famiglia, coppie gay ed eutanasia: «Anche rispetto al senso morale comune, è difficile affermare che la disponibilità sulla mia vita sia un mio diritto individuale, poiché non mi sono autogenerato. Non conosco vite autogenerate, come non conosco morti solitarie, che non coinvolgano cioè la comunità. Lo stesso vale per le coppie omosessuali. È la Costituzione a definire cosa sia la famiglia, riconoscendole la finalità prioritaria della generazione. L'amore, l'affetto, la solidarietà sono importanti, ma quello che definisce la famiglia è la generazione e il diritto dei nati ad essere generati da un padre e una madre».

Non era mai accaduto prima che un gruppo autorevole di intellettuali di area marxista trovasse nel magistero di un Papa la più autentica chiave di lettura dei tempi.

C'era stato qualche precedente isolato. Penso alle posizioni di Max Horkheimer – fondatore della Scuola di Francoforte – contro la pillola, bocciata anche nell'*Humanae Vitae* di Paolo VI (proprio mentre tanti intellettuali cattolici cominciarono a dissentire dal Papa).

O penso alle posizioni contro l'aborto che assunsero prima Pier Paolo Pasolini e poi Norberto Bobbio.

Ma attorno al magistero di Benedetto XVI è accaduto qualcosa di straordinario: un'inedita alleanza in difesa dei «principi non negoziabili» che andava dalla sinistra postmarxista all'area liberale.

Perché il discorso di Ratzinger – sul piano razionale – parlava proprio alla cultura laica. Egli sosteneva che non è possibile fondare dei diritti dell'uomo universali e intangibili, quindi una pacifica convivenza, se non si riconosce che vi sono «principi non negoziabili» (come la vita umana, di cui nessun potere può disporre) perché fondati non su un credo religioso, ma sulla stessa natura umana.

Per questo – affermava Benedetto XVI – «precondizione della pace è lo smantellamento della dittatura del relativismo» (il quale nega l'esistenza di una legge morale naturale).

Fa parte di questa legge, iscritta nell'umanità, anche «la struttura naturale del matrimonio, come unione fra un uomo e una donna», che non può essere smantellata o equiparata ad altri tipi di unione (non a caso tutte le civiltà, anche precristiane, si sono fondate sul matrimonio fra uomo e donna).

Questa grande alleanza culturale attorno a papa Benedetto si evidenziò per esempio in un convegno a Norcia, il 26 ottobre 2013, che mise insieme i «marxisti ratzingeriani» con i ratzingeriani liberali della Fondazione Magna Charta, che raccoglie politici come Gaetano Quagliariello, Maurizio Sacconi ed Eugenia Roccella, provenienti dall'area radicale e da quella socialista.

Il punto d'incontro di intellettuali così diversi per storia e appartenenza politica era proprio Joseph Ratzinger.

Quello di Ratzinger è stato un «tentativo eroico di arginare la forma postmoderna dell'Anticristo». A pronunciare queste parole ben ponderate – al convegno di Norcia con Magna Charta – è stato Mario Tronti, uno dei più importanti pensatori marxisti dei nostri anni.[2]

Per Anticristo intendeva il dominio di una cultura antiumana. Paradossalmente un suo antico compagno di militanza intellettuale, Massimo Cacciari, sembra aver rimproverato al Papato proprio questa opposizione.

«Il Papa deve smettere di fare il *katéchon*!», così esclamò d'improvviso il filosofo veneziano durante un'intervista del settembre 1993 con Maurizio Blondet che ne ha riferito negli *Adelphi della dissoluzione*.

Katéchon significa «ciò che trattiene l'Anticristo dal manifestarsi pienamente». Ne parla san Paolo in un passo misterioso nella Seconda Lettera ai Tessalonicesi.[3]

Quindi, se è vero ciò che ha dichiarato Tronti (quello di Ratzinger è stato un «tentativo eroico di arginare la forma postmoderna dell'Anticristo»), con la rinuncia di Benedetto XVI abbiamo, in un certo senso, la moderna rimozione del *katéchon*?

E questo è il tempo dello scatenamento dell'Anticristo? C'è un passo dell'enciclica *Spe salvi*, pubblicata nel 2007 da Benedetto XVI, in cui d'improvviso, inaspettatamente, il Papa fa irrompere proprio la figura dell'Anticristo, questo oscuro personaggio drammaticamente preannunciato fin dal Nuovo Testamento, ma lo chiama in causa attraverso una citazione di Immanuel Kant, una citazione apparentemente solo intellettuale, velata, come ogni volta che Ratzinger vuol dirci qualcosa di particolarmente concreto e attuale.

In effetti fa impressione rileggere quelle parole. Scriveva Kant: «Se il cristianesimo un giorno dovesse arrivare a non essere più degno di amore ... allora il pensiero dominante degli uomini dovrebbe diventare quello di un rifiuto e di un'opposizione contro di esso; e l'anticristo ... inaugurerebbe il suo, pur breve, regime (fondato presumibilmente sulla paura e sull'egoismo). In seguito, però, poiché il cristianesimo, pur essendo stato destinato a essere la religione universale, di fatto non sarebbe stato aiutato dal destino a diventarlo, potrebbe verificarsi, sotto l'aspetto morale, la fine (perversa) di tutte le cose».

Il Papa sottolinea proprio questa prospettiva apocalittica che viene affacciata da Kant secondo cui l'abbandono del cristianesimo e la guerra al cristianesimo porteranno a una fine non naturale, ma «perversa», dell'umanità, a una sorta di autodistruzione planetaria, sia in senso morale sia in senso materiale (e un tale orrore, peraltro, è oggi nelle possibilità tecniche dell'umanità). Essendo l'enciclica un testo molto rigoroso e ponderato, è da escludere che Benedetto XVI abbia evocato l'Anticristo e la «fine dell'umanità» a caso.[4]

Il profeta

> Il vero martirio non sta soltanto nello spargimento di sangue ... Martirio è anche sopportare con pazienza le avversità.
>
> SAN GIROLAMO

Era immenso – e non solo per i cattolici, come si è visto – il vuoto che si apriva con la «rinuncia» di papa Benedetto e col suo proposito di sparire del tutto, di nascondersi al mondo.

L'unica luce visibile veniva – se non spenta, almeno – occultata. Perché? In quei giorni di sospensione compresi tra l'11 febbraio 2013 e il 28 febbraio, data della fine del Pontificato e dell'ingresso in clausura di Ratzinger, rimasi stupito dall'inspiegabile atteggiamento dei cardinali.

Una domanda mi urgeva dentro.

Il 21 febbraio 2013 – dieci giorni dopo l'annuncio della rinuncia e quando mancava ancora una settimana alla sede vacante – uscì sulla prima pagina di «Libero» un mio editoriale dove fra l'altro chiedevo:

> *Perché i cardinali, che sono i prìncipi della Chiesa e indossano vesti rosse per significare la disponibilità al martirio, quindi una dedizione totale alla Chiesa, i cardinali che conoscono la grandezza di papa Benedetto XVI e anche lo smarrimento del popolo cristiano per le sue dimissioni, perché – dicevo – non fanno almeno un tentativo per chiedergli di ripensarci?*
>
> *È una domanda che mi pongo da semplice cristiano, che stima immensamente questo Pontefice e ama la Chiesa. Sono tanti i fedeli che hanno espresso questo desiderio e voglio dunque lanciare pubblicamente questo piccolo appello.*

Prima che arrivi quel fatale 28 febbraio e prima che si metta in moto la macchina del Conclave, ratificando queste storiche dimissioni di un Vicario di Cristo.

I porporati potrebbero, tutti insieme, in perfetta unità e comunione, fare (almeno) un passo verso il Santo Padre perché riconsideri la sua decisione e – imitandone il distacco dalle cose terrene – potrebbero accompagnare questa accorata richiesta mettendo a sua disposizione i loro mandati e incarichi, in modo da permettergli le eventuali scelte che gli sarebbero di aiuto nella ripresa del suo ministero.

Questa «disponibilità totale» infatti sarebbe un grande gesto, una risposta consona da parte del collegio cardinalizio a quanto scritto da Benedetto XVI nella sua dichiarazione di dimissioni, che sono state motivate così: «Nel mondo di oggi, soggetto a rapidi mutamenti e agitato da questioni di grande rilevanza per la vita della fede, per governare la barca di san Pietro e annunciare il Vangelo, è necessario anche il vigore sia del corpo, sia dell'animo, vigore che, negli ultimi mesi, in me è diminuito in modo tale da dover riconoscere la mia incapacità di amministrare bene il ministero a me affidato».

Ciò che ha colpito tutti non è solo il riferimento al venir meno del «vigore del corpo» (che è del tutto comprensibile, ma che è una condizione di tutti i pontefici).

Ha sorpreso soprattutto il riferimento al diminuito «vigore dell'animo». Qualcosa che ha a che fare con un senso di sconforto e di solitudine e che potremmo considerare anche come una preghiera di aiuto, di vicinanza, di collaborazione …

Una eventuale iniziativa dei cardinali, corredata di «rinuncia» e di piena disponibilità, potrebbe essere una grande risposta cristiana al «grido» del Santo Padre, che – facendo tesoro del loro passo indietro – potrebbe disporre un ringiovanimento generale, capace di portare nuove energie (fisiche e spirituali) al pontificato.

A un gesto straordinario come quello del Papa si addice almeno una risposta che sia allo stesso livello, che mostri lo stesso amore per la barca di Pietro, la stessa abnegazione.

Probabilmente un simile appello corale del collegio cardinalizio, a nome del popolo di Dio, non otterrebbe comunque dal Papa l'auspicato ripensamento, ma di certo sarebbe un grande segno di affetto e stima al Pontefice (per lui stesso molto confortante).

E sarebbe pure una bellissima testimonianza, data al mondo, di distacco dalle cose terrene, di slancio evangelico e di amore esclusivo a Gesù Cristo.

In un momento in cui, sui media, si rappresenta la Curia e l'insieme del collegio cardinalizio come un qualsiasi consesso mondano, diviso da lotte di potere, ambizioni, fazioni e interessi, questa iniziativa mostrerebbe cosa è veramente la Chiesa e cosa è Pietro per la Chiesa di Dio.

Concludevo:

La Cristianità, in questo momento storico veramente drammatico per la fede, può privarsi (definitivamente e totalmente) di una voce così alta, di una presenza così illuminante e di un magistero straordinario come quello di Benedetto XVI? Che questa grande figura di padre e maestro scompaia totalmente (e di colpo) per il mondo, come ha preannunciato, dà profonda tristezza. ... possiamo dire che dalle ore 20 del 28 febbraio si sentirà un vuoto immenso?

Ebbene, nessuno disse nulla. Almeno pubblicamente non vi fu nessun appello dei cardinali, nessuna richiesta di ripensamento.

Anzi, l'omelia della messa «pro eligendo» tenuta dal cardinale Sodano contiene espressioni che – scrive Elisabetta Piqué – «alcuni interpretano come una velata critica a Joseph Ratzinger».[1]

Infatti la sua partenza dal Vaticano, quasi solo su quell'elicottero bianco nel cielo di Roma, fa pensare davvero a quella del profeta biblico Ezechiele con tutte le conseguenze per noi:

Mi fu rivolta questa parola del Signore: «Figlio dell'uomo, tu abiti in mezzo a una genìa di ribelli, che hanno occhi per vedere e non vedono, hanno orecchi per udire e non odono, perché sono una genìa di ribelli. Tu, figlio dell'uomo, fatti un bagaglio da esule e di giorno, davanti ai loro occhi, prepàrati a emigrare; davanti ai loro occhi emigrerai dal luogo dove stai verso un altro luogo. Forse comprenderanno che sono una genìa di ribelli. Davanti ai loro occhi prepara di giorno il tuo bagaglio, come fosse il bagaglio di un esule. Davanti a loro uscirai però al tramonto, come partono gli esiliati. Fa' alla loro presenza un'apertura nel muro ed esci di lì. Alla loro presenza mettiti il bagaglio sulle spalle ed esci nell'oscurità. Ti coprirai la faccia, in modo da non vedere il paese, perché io ho fatto di te un simbolo per gli Israeliti». Io feci come mi era stato comandato: preparai di giorno il mio bagaglio come quello di un esule e, sul tramonto, feci un foro nel muro con le mani. Uscii nell'oscurità e sotto i loro occhi mi misi il bagaglio sulle spalle. Al mattino mi fu rivolta questa parola del Signore: «Figlio dell'uomo, non ti ha chiesto la casa d'Israele, quella genìa di ribelli, che cosa stai facendo? Rispondi loro: Così dice il Signore Dio: Questo messaggio è per il principe di Gerusalemme e per tutta la casa d'Israele che vi abita. Tu dirai: Io sono un simbolo per voi. Quello che ho fatto io, sarà fatto a loro; saranno deportati e andranno in schiavitù. Il principe che è in mezzo a loro si caricherà il bagaglio sulle spalle, nell'oscurità, e uscirà per la breccia che verrà fatta nel muro per farlo partire; si coprirà il viso, per non vedere con gli occhi il paese» (Ez 12,1-12).

Il vuoto lasciato da Benedetto XVI in effetti si è rivelato subito terribile. Tutto ha avuto un'accelerazione verso il peggio, verso il precipizio.

Rimosso il *katéchon* nessuno più si erge sulla breccia contro il male, in difesa della città, e nel giro di pochi mesi tutto è diventato cupo. Al punto che lo stesso Bergoglio – nell'agosto 2014 – ha detto che sembra sia iniziata la «terza guerra mondiale».

Non a caso Cacciari oggi, di fronte al divampare dei massacri di cristiani (e di altre minoranze) in Iraq e ai conflitti scoppiati altrove, dichiara: «Manca il *katéchon*, la forza per tenere a freno stermini e genocidi».[2]

Giuliano Ferrara ha tracciato nell'estate 2014 un affresco drammatico. Ha ricordato cos'era l'Italia solo una decina di anni fa, ha accennato al segnale etico lanciato da qui all'intera Europa col referendum sulla legge 40 quando, attorno alla Chiesa, si è coagulata vittoriosamente la «partecipazione non dei soli medici ed esperti ma di psicoanalisti, di femministe, di gente seria e sorpresa dalla deriva in corso, intorno alla scienza nel suo rapporto con la tecnica, la tecnoscienza, e si pensava che un limite etico fosse necessario».

Ha spiegato: «Un Papa e una Chiesa, quella cattolica, avevano detto l'inosabile ... "Princìpi non negoziabili" era la frase proibita, importante per l'etica e per la politica, per la definizione del fondamento extragiuridico dello stato e dell'obbligo politico, la frase che ha portato nel giro di qualche anno alle dimissioni di un Papa teologo e profeta».

Poi, ha aggiunto amaramente Ferrara, è accaduto qualcosa di inaudito: «La chiesa ha abbandonato il campo di battaglia ... Se questa fuga sia una diabolica responsabilità religiosa o filosofica o dottrinale, se la vedranno loro», ma «siamo caduti veramente molto in basso» e ora «il mondo di provetta selvaggia, del diritto di morire come norma e cultura, dell'aborto selettivo ed eugenetico, della distruzione serena (#embrionestaisereno), il mondo che hanno paventato in pochi, tra questi un intellettuale triste e morto suicida come Alex Langer (*E se Ratzinger avesse ragione?* era un suo articolo in tempi non sospetti), il mondo del sentimento facile e del disprezzo esibito, che si nasconde dietro i bambini di Gaza mentre organizza il grande campo di concentramento eugenetico a cielo aperto che siamo diventati: questo è il mondo che laici impotenti e cristiani riflessivi e solidali hanno costruito. L'abdicazione di Ratzinger è stata simbolicamente molto di più che non la rinuncia al Soglio pontificio».[3]

Sennonché è accaduto qualcosa di enorme, di cui nessuno, al momento, sembra essersi reso conto.

Parte seconda

NON È FRANCESCO

La verità genera odio; per questo alcuni, per non incorrere nell'odio degli ascoltatori, velano la bocca con il manto del silenzio. Se predicassero la verità, come verità stessa esige e la divina Scrittura apertamente impone, essi incorrerebbero nell'odio delle persone mondane, che finirebbero per estrometterli dai loro ambienti. Ma siccome camminano secondo la mentalità dei mondani, temono di scandalizzarli, mentre non si deve mai venir meno alla verità, neppure a costo di scandalo.

SANT'ANTONIO DA PADOVA

Il mistero della rinuncia

> E il dolore più grande per un cristiano, secondo me, in questi quasi cinquant'anni di storia, dalla fine della guerra, il dolore più grande è quando le autorità più autentiche nella Chiesa abbandonano il campo o in qualche modo vengono impedite.[1]
>
> DON LUIGI GIUSSANI

Fra i rarissimi precedenti della rinuncia di Benedetto XVI c'è quello di Celestino V, nel 1294. La Chiesa più tardi canonizzerà il Pontefice, ma Dante lo ha collocato all'Inferno, fra gli ignavi, come «colui / che fece per viltade il gran rifiuto».[2]

C'è chi ha voluto paragonare Benedetto XVI a lui, associandosi a Dante nel giudizio negativo, ma è del tutto assurdo e ingiusto. Ci sono colossali differenze tra i due casi.

Anzitutto per la storia di Joseph Ratzinger che prima da cardinale e poi da Papa, con mitezza ma indomito coraggio, per tutta la vita ha difeso e sostenuto la fede della Chiesa, diventando il simbolo della lotta per l'ortodossia come un nuovo Atanasio, un nuovo Ilario di Poitiers.

Ma la differenza colossale è anche e soprattutto nella «rinuncia», tanto che quello di Benedetto XVI è un caso unico nei duemila anni di storia della Chiesa.

Tra l'11 e il 28 febbraio 2013, del tutto in sordina, senza clamore, trapelò la notizia che il Pontefice dimissionario non sarebbe tornato cardinale, né sarebbe diventato «vescovo emerito di Roma» come i più autorevoli canonisti avevano prospettato.

Sappiamo che nei pochi precedenti storici tutti i Papi ritiratisi sono tornati al loro status precedente: di cardinale o religioso. Il famoso Celestino V, eletto nel 1294, dopo cinque mesi abdicò e tornò a essere l'eremita Pietro da Morrone. E il Papa legittimo Gregorio XII che, per ricomporre il grande scisma d'Occidente, si ritirò dall'ufficio papale il 4 luglio 1415, fu reintegrato nel Sacro Collegio col titolo di cardinale Angelo Correr, andando a fare il legato pontificio nelle Marche.

Visti i precedenti, lo stesso portavoce di Benedetto, padre Federico Lombardi, durante un briefing con i giornalisti, il 20 febbraio 2013, alla domanda: «E se decidesse di chiamarsi Pontefice emerito?», rispose testualmente: «Lo escluderei. "Emerito" è il vescovo che pure dopo le dimissioni mantiene comunque un legame... nel caso del ministero petrino è meglio tenere le cose separate».

Le ultime parole famose. Appena una settimana dopo, il 26 febbraio, lo stesso padre Lombardi dovette comunicare che Benedetto XVI sarebbe rimasto proprio «Papa emerito» o «Romano Pontefice emerito», conservando il titolo di «Sua Santità». Egli non avrebbe più indossato l'anello del pescatore e avrebbe vestito la talare bianca semplice.

Qualche mese dopo inoltre si è appreso che Benedetto XVI aveva rifiutato il cambiamento del suo stemma pontificio, bocciando sia il ritorno a un'araldica cardinalizia sia lo stemma da Papa emerito. Intende conservare lo stemma da Papa, con le chiavi di Pietro.

Che significa tutto questo? Ovviamente è esclusa ogni vanità personale in un uomo che ha dato prova del più totale distacco dalle cariche terrene (del resto qui si tratta di cose teologiche, non certo di beni mondani).

Dunque può esserci solo una ponderata ragione storico-ecclesiale, probabilmente legata ai motivi e alla natura del suo ritiro. Ma qual è questa ragione?

Tornando alla questione dello stemma, per esempio, dopo che Benedetto XVI ha gentilmente declinato la proposta dell'arcivescovo Montezemolo di cambiare il suo stemma araldico, il Vaticano fece sapere che egli «preferisce non adottare un emblema araldico espressivo della nuova situazione creatasi con la sua rinuncia al Ministero Petrino».

Perché?

Oltre al linguaggio delle parole c'è quello dei gesti. Quello che vediamo è che egli è ancora Papa, sia pure emerito, e sta «nel recinto di Pietro». Sappiamo che nella Chiesa c'è anche il «magistero tacito». In questo caso pare molto eloquente. Lo stesso papa Bergoglio del resto lo ha chiamato in alcune circostanze «Sua Santità Benedetto XVI».

Ma oltre ai gesti ci sono anche le parole esplicite. E allora andarle a rileggere riserva sorprese clamorose.

L'unica spiegazione ufficiale si trova nel suo discorso del 27 febbraio 2013, quello in cui ha chiarito i limiti della sua decisione:

> *Qui permettetemi di tornare ancora una volta al 19 aprile 2005. La gravità della decisione è stata proprio anche nel fatto che da quel momento in poi ero impegnato sempre e per sempre dal Signore.*

Attenzione, sottolineo quell'espressione «sempre e per sempre», perché il Papa poi la spiegò così: «Sempre – chi assume il ministero petrino non ha più alcuna privacy. Appartiene sempre e totalmente a tutti, a tutta la Chiesa ... non appartiene più a se stesso».

Quindi aggiunse testualmente: «Il "sempre" è anche un "per sempre" – non c'è più un ritornare nel privato. La mia decisione di rinunciare all'esercizio attivo del ministero, non revoca questo».

È incredibile che una frase simile sia passata inosservata. Se le parole hanno un senso, infatti, in questo passo Benedetto XVI afferma che rinuncia «all'esercizio attivo del ministero», ma il ministero petrino, per quanto lo riguarda, è «per sempre» e non è revocato. Nel senso che la sua rinuncia riguarda solo «l'esercizio attivo» e non il ministero petrino.

Non si vede quale diverso significato possano avere quelle parole. Per questo ci si deve chiedere che tipo di «ritiro» sia stato quello di Benedetto XVI.

Sempre nel discorso del 27 febbraio sembrò confermare la distinzione fra «esercizio attivo» ed «esercizio passivo» del ministero petrino.

Disse infatti: «Non porto più la potestà dell'officio per il governo della Chiesa, ma nel servizio della preghiera resto, per così dire, nel recinto di san Pietro. San Benedetto, il cui nome porto da Papa, mi sarà di grande esempio in questo. Egli ci ha mostrato la via per una vita, che, attiva o passiva, appartiene totalmente all'opera di Dio».

Di fatto a queste parole, alle espressioni «per sempre» e «ministero non revocato», si sono aggiunti poi gli atti di cui abbiamo parlato, ovvero la decisione di mantenere il nome Benedetto XVI, la veste, il titolo «Sua Santità» e lo stemma pontificio.

Cosa significa il ritiro dal solo «esercizio attivo» del ministero petrino?

Si tratta di una condizione totalmente inedita. Così come inedita è la compresenza in Vaticano di due Papi che – stando alle dichiarazioni ufficiali – si riconoscono a vicenda. Sebbene solo uno – per la divina costituzione della Chiesa – possa essere Papa.

Però colpisce il fatto che nel filmato del loro incontro a Castelgandolfo, come pure nella cerimonia tenutasi nei giardini vaticani per benedire la statua di San Michele, si vedono i due uomini di Dio che si abbracciano come fratelli e non c'è alcun accenno al gesto del bacio dell'anello piscatorio. Vedendo quelle immagini, viene da chiedersi: ma chi è il Papa?

Sarebbe da chiedersi anche perché Benedetto XVI ha comunicato dopo molti giorni la sua decisione di restare «Papa emerito».

Si aprono problemi nuovi e sorprendenti alla luce dei quali alcuni potrebbero anche attribuire significati inattesi a certi gesti di Francesco, come l'essersi presentato sulla loggia di San Pietro solo come «vescovo di Roma», senza paramenti pontifici o la mancanza del pallio nel suo stemma papale (il pallio è oggi il simbolo dell'incoronazione pontificia in sostituzione del triregno). O l'essersi qualificato anzitutto come «vescovo di Roma» nell'Annuario pontificio.

Non si possono fare illazioni al buio, tuttavia non si può fingere che tutto sia normale, perché la situazione normale non è. È quasi apocalittica.

La singolarità del momento è apparsa a tutti allorché i «due Papi» si sono incontrati anche il 22 febbraio 2014, quando – su invito di Francesco, che si era trovato in minoranza al Concistoro sulla relazione del cardinal Kasper – Benedetto XVI accettò di partecipare in San Pietro alla cerimonia di creazione di diciannove nuovi cardinali.

Nella storia bimillenaria della Chiesa non si era mai vista una cosa simile.

In quella che fu la prima sortita pubblica di Ratzinger dopo il ritiro, il Papa emerito apparve in buona forma fisica. Sul suo vigore intellettuale non ci sono dubbi (basta leggere la risposta che in quel periodo dette al matematico Odifreddi e che uscì sulla «Repubblica»), cosicché le domande sui veri motivi del suo «ritiro» sono tornate a riproporsi.

È obiettivamente inspiegabile ed è del tutto legittimo sospettare che vi siano state altre motivazioni, considerata la situazione di guerra in cui si trovò a operare.

Come si può fingere che tutto sia normale? All'inizio della cerimonia in San Pietro, il Segretario di Stato Parolin, dopo aver salutato papa Francesco, aggiunge: «Salutiamo, con uguale affetto e venerazione, il Papa emerito, Sua Santità Benedetto XVI, lieti per la sua presenza in mezzo a noi...».

Del resto lo stesso Francesco, l'11 febbraio scorso, lo ha chiamato «Sua Santità Benedetto XVI». Molti sembra che non si accorgano dell'eccezionalità di questa situazione, della sua unicità. Ci sono tanti altri dettagli che fanno riflettere. Per esempio il fatto che negli incontri con Bergoglio, Ratzinger non abbia mai accennato al bacio dell'anello che sarebbe dovuto al Successore di Pietro. Un particolare che non può essere casuale.

Tornano in mente (con tutte le domande del caso) le parole di Benedetto XVI, pronunciate il 27 febbraio 2013, quelle parole che sembra siano state rimosse da molti: «Il "sempre" è anche un "per sempre" – non c'è più un ritornare nel privato. La mia decisione di rinunciare all'esercizio attivo del ministero, non revoca questo».

Cosa significa dal punto di vista ecclesiastico?

L'abito e il monaco

> Sii giusto, onde avere alleato il tuo Signore contro l'Anticristo che avanza.
>
> Da un Dettato dell'Eterno Padre a Maria Valtorta per papa Pio XII (23 dicembre 1948)[1]

Nel febbraio 2014 sollevai tali questioni con una serie di articoli usciti su «Libero». Suscitai per questo l'allarme e l'irritazione di certi colleghi vaticanisti che, con papa Bergoglio, sembrano aver assunto posizioni entusiaste.

Così un giorno di fine febbraio sulla «Stampa» e «Vatican Insider» (il sito del giornale dedicato al Vaticano) apparve con gran rilievo un titolo che riportava parole attribuite a Benedetto XVI: *La rinuncia è valida. Assurdo speculare sulla mia decisione.*

Suonava come una clamorosa risposta alle domande che io avevo posto a un anno dalle sue storiche dimissioni. Un collega di «Vatican Insider», Andrea Tornielli, era corso a chiedere allo stesso Benedetto XVI di smentirmi. Ma il risultato – a mio avviso – è stato opposto a quello voluto.

Da quel giorno infatti i dubbi sulle sue dimissioni si sono ingigantiti. Anzitutto perché – come tutti sanno – il Vaticano non smentisce mai le tante illazioni o le congetture infondate che appaiono sui media.

Se in questo caso è dovuto intervenire addirittura il Papa emerito è segno che il problema c'era. Ed era enorme. Non si scomoda un Papa, infatti, per una baggianata.

Dunque «La Stampa» solo su richiesta rese noto integralmente il biglietto del Papa emerito e con riproduzione fotografica. Ma non fu pubblicata la lettera con le domande che gli erano state poste. Ed è ben strana una «intervista» di cui non si conoscono le domande.

I brevi virgolettati attribuiti al Papa emerito smentivano qualcosa che io non avevo mai messo in discussione. Infatti egli affermava che la sua «rinuncia» è stata davvero libera. Cosa che aveva già dichiarato solennemente nell'annuncio dell'11 febbraio 2013. Alla «Stampa» pensavano forse che Benedetto avrebbe detto di aver mentito?

Nell'articolo del 12 febbraio 2014 io avevo scritto: «Non è ammissibile dubitare delle sue parole, quindi il suo fu un gesto libero».

Ma ciò non spiega nulla. Questo grande uomo di Dio aveva detto di aver preso tale decisione «non per il mio bene, ma per il bene della Chiesa», perché bisogna avere «sempre davanti il bene della Chiesa e non se stessi».

Considerata la guerra che gli era stata scatenata contro, si può pensare che egli abbia deciso di fare un passo indietro per scongiurare tempeste sulla barca di Pietro. In questo caso la scelta sarebbe stata libera, tuttavia determinata da circostanze esterne per nulla banali e tutte da svelare (lo stesso Tornielli, come ho scritto in precedenza, si era cimentato, insieme a Paolo Rodari, con la drammaticità degli anni di Ratzinger).

Del resto, in duemila anni di storia della Chiesa, nessun Papa si era ritirato adducendo come motivo l'età avanzata.

Tornielli, nell'articolo di presentazione del biglietto papale, aggiunge che «Benedetto rifiuta decisamente qualsiasi speculazione su motivazioni segrete per la sua rinuncia» e anche questo non è vero: non dice nulla sulle motivazioni (dunque le ipotesi che sono state fatte non sono state smentite). Egli ripete solo che la sua è stata una scelta libera, cosa che già aveva dichiarato solennemente e che io non avevo contestato.

L'altra risposta virgolettata, contenuta nel biglietto del Papa emerito a Tornielli, fa trasecolare. Alla domanda sul perché ha deciso di rimanere Papa emerito (e non vescovo emerito o cardinale), col vestito e il titolo da Papa, Benedetto ha testualmente risposto così: «Il mantenimento dell'abito bianco e del nome Benedetto è una cosa semplicemente pratica. Nel momento della rinuncia non c'erano a disposizione altri vestiti».

Pare del tutto evidente che in questo caso l'ironia intelligente di Ratzinger abbia voluto liquidare con una battuta surreale una questione delicatissima, che in quel momento non poteva e non voleva spiegare. Non a caso aveva scelto la clausura.

«La Stampa» la presentò come una risposta seria ed esauriente. Evidentemente credono che, fra l'11 febbraio (data dell'annuncio) e il 28 febbraio (fine del Pontificato), in tutto il Vaticano e nei negozi e fra le sartorie di Borgo Pio, non si poteva trovare nemmeno una tonaca scura.

Oltretutto è stato confermato dal cardinal Bertone che la rinuncia era già stata decisa da mesi (come già avevo scritto), quindi si dovrebbe credere che in un anno intero non sia stato possibile, in Vaticano e dintorni, trovare una tonaca scura?

E sarebbe per questa ragione sartoriale che Ratzinger avrebbe deciso – contro il parere di tutti i canonisti (compresa «Civiltà Cattolica») – di restare Sua Santità Benedetto XVI e di vestire di bianco, come mai prima era accaduto, aprendo un colossale problema teologico e canonistico nella Chiesa?

Sarebbe per questa ragione sartoriale che Ratzinger ci ha fatto trovare in una situazione unica nella storia della Chiesa, per la coesistenza di due Papi?

Mi pare che non ci sia bisogno di commenti. Del resto l'aver deciso, nelle settimane successive, di tenere anche lo stemma da Papa, rifiutando quello da Papa emerito e quello da cardinale che gli erano stati proposti, cos'ha a che fare con l'abito nell'armadio?

La candida ironia di Benedetto – che autoinvalida la propria risposta con una battuta surreale – fa pensare alle parole di Gesù nel Vangelo: «Ecco, io vi mando come pecore in mezzo ai lupi; siate dunque astuti come i serpenti e puri come le colombe» (*Mt* 10,16).

Infine la cosa più importante. Nel biglietto con cui il Papa emerito ha risposto a Tornielli non c'è la risposta alla mia domanda più importante, quella relativa alla frase che Benedetto pronunciò, il 27 febbraio 2013, per definire la sua scelta, quando, parlando del ministero petrino disse: «Il "sempre" è anche un "per sempre" – non c'è più un ritornare nel privato. La mia decisione di rinunciare all'esercizio attivo del ministero, non revoca questo».

Cosa significa quella rinuncia all'«esercizio attivo», quel «per sempre» e quel ministero petrino «non revocato»? Sarebbe stato interessante che tutta questa situazione fosse spiegata.[2]

Evidentemente i tempi non sono maturi. Del resto si è cominciato a constatare un certo fastidio, negli ambienti curiali, anche per la presenza di Ratzinger come «Papa emerito».

Il problema non sono tanto quei vaticanisti che usano espressioni come «primo fra i cardinali» e poi «vescovo emerito di Roma», pur sapendo bene che Benedetto si rifiutò di assumere proprio quelle qualifiche e optò invece per «Papa emerito».

L'ostilità è più altolocata. È stato lo stesso papa Bergoglio a svelarla, riferendo che in Curia c'è chi non gradisce affatto la presenza del Papa emerito «nel recinto di Pietro». Ecco le sue parole testuali: «Qualcuno avrebbe voluto che si ritirasse in una abbazia benedettina lontano dal Vaticano. Io ho pensato ai nonni che con la loro sapienza, i loro consigli danno forza alla famiglia e non meritano di finire in una casa di riposo».[3]

Una rivelazione che è passata inosservata, ma che – a suo modo – è agghiacciante, perché fa capire quanta ostilità vi sia ancora contro Ratzinger.

Tornando al merito, dopo la risposta ironica che Benedetto XVI dovette dare alla «Stampa», il 28 febbraio arrivò la risposta vera, tramite il segretario particolare di Benedetto XVI, monsignor Georg Gänswein, che in un certo senso è il suo collegamento col mondo esterno.

Egli infatti rilasciò un'intervista ad «Avvenire» e, alla domanda se Ratzinger si fosse mai pentito di aver assunto il titolo di Papa emerito, don Georg rispose di no e spiegò il motivo: «Ritiene che questo titolo corrisponda alla realtà».

Ecco, questa era la risposta seria alla domanda di Tornielli. Prova che invece era una battuta scherzosa quella con cui era stato liquidato il giornalista che era andato a disturbare colui che non poteva parlare.

Oltretutto Benedetto si era impegnato solennemente a stare «nascosto al mondo». Ma non poteva non rispondere alla fastidiosa interpellanza, perché il suo silenzio sarebbe stato letto come sospetto di sedizione.

Le parole del segretario di Benedetto XVI spiegano che il titolo di «Papa emerito» non è certo dato dall'abito, perché l'abito non fa il monaco.

Gänswein afferma che nel caso di Ratzinger quella qualifica «corrisponde alla realtà». Quindi l'abito è la conseguenza della realtà.

Chi ha orecchie, intenda. È una risposta molto importante ed è esattamente in linea con le parole pronunciate da Benedetto XVI nel suo ultimo discorso, il 27 febbraio 2013, in cui, a proposito del ministero petrino, disse: «Il "sempre" è anche un "per sempre" – non c'è più un ritornare nel privato. La mia decisione di rinunciare all'esercizio attivo del ministero, non revoca questo».

Detto ciò, come si debba quindi interpretare questa nuova situazione nella storia della Chiesa per ora non è stato spiegato. Ma verrà il tempo in cui tutto si chiarirà. Così sembra far capire il comportamento di Ratzinger.

Infatti dopo l'unica spiegazione pubblica del suo status, data il 27 febbraio 2013, Benedetto XVI si è impegnato solennemente a non parlare più. Parlano però i suoi gesti, i suoi segni e le sue decisioni, e corrispondono esattamente a quanto ha dichiarato monsignor Gänswein.

In una precedente intervista al «Messaggero», il 22 ottobre 2013, il segretario particolare di Ratzinger, che è pure Prefetto della Casa Pontificia con Francesco, aveva detto altre cose interessanti, da rileggere attentamente, frase per frase.

Alla domanda: «In Vaticano non c'è il rischio di avere un Papa e un antipapa?», ecco la sua significativa risposta: «Per nulla. C'è un Papa regnante e un Papa emerito. Chi conosce Benedetto XVI sa che questo pericolo non sussiste. Non si è mai intromesso e non si intromette nel governo della Chiesa, non fa parte del suo stile. Il teologo Ratzinger, inoltre, sa che ogni sua parola pubblica potrebbe attirare l'attenzione, e qualsiasi cosa dicesse verrebbe letta pro o contro il suo successore. Quindi pubblicamente non interverrà. Per fortuna fra lui e Francesco c'è un rapporto di sincera stima e affetto fraterno».

Mi limito a sottolineare che Ratzinger non parla perché «sa che qualsiasi cosa dicesse verrebbe letta pro o contro il suo successore». Dunque né contro, né pro... Da tenere presente.

Molte cose, oggi, non si possono dire e non si possono spiegare. E i segnali e i messaggi che escono dai Sacri Palazzi sono sottili, vanno colti e decifrati con perspicacia, passione per la Chiesa e libertà interiore (con una certa consapevolezza di quella lingua cifrata che è il «curialese»).

Qua e là si possono rinvenire le briciole di notizie disseminate «distrattamente» sulla via. Per far capire la situazione e indicare la strada. Per esempio, da un'altra intervista di monsignor Gänswein – che è l'uomo di collegamento fra Benedetto e Francesco – si apprendono cose interessanti.

Mi riferisco a ciò che ha dichiarato al «Washington Post» verso la fine del 2013. Don Georg in quell'occasione parla dei contatti fra i «due Papi».

Poi Gänswein racconta ciò che ha potuto osservare lavorando con i due uomini di Chiesa: «Lo stile di papa Francesco è molto diverso, anche se questo non vuol dire che il contenuto sia migliore». Quindi aggiunge: «Il successo non è l'angolo giusto da cui giudicare un Papato». E conclude sottolineando che Benedetto XVI «ha piantato molti semi e i risultati non si possono vedere subito».

Fra l'altro, tornando al biglietto di Ratzinger alla «Stampa», Tornielli iniziava il suo articolo annunciando che Benedetto XVI smentiva chi aveva parlato di «diarchia».

Anche su «Vatican Insider» aveva scritto: «Benedetto dice chiaramente che non partecipa a una diarchia».

Ma, a rigore, nella lettera di Benedetto questa smentita non c'è (di «diarchia» non parla affatto). Ciò non significa che la legittimi, ma la negazione esplicita non si legge.

Personalmente sono anch'io convinto che Benedetto non partecipi a nessuna diarchia, ma le cose non sono banali come vogliono farle apparire certi vaticanisti. Per esempio – conoscendo l'importanza che hanno i simboli e i cerimoniali in Vaticano – si resta stupiti nel vedere i due stemmi dei due Papi sulla statua di San Michele Arcangelo che hanno inaugurato insieme nei Giardini Vaticani. E ancor più stupisce vederli rappresentati insieme sui tamburi delle Guardie svizzere, al giuramento annuale, considerato che quello è un corpo armato dedito precisamente alla difesa personale del Santo Padre.

Infine, paradossalmente, se c'è stato qualcuno che un giorno ha accreditato la diarchia o qualcosa del genere (magari involontariamente) è stato proprio papa Bergoglio.

Benedetto Papa

> Le vie di Dio sono diverse: il suo successo è la croce ... non è la Chiesa di chi ha avuto successo ad impressionarci, la Chiesa dei Papi o dei signori del mondo, ma è la Chiesa dei sofferenti che ci porta e credere, è rimasta durevole, ci dà speranza. Essa è ancora oggi segno del fatto che Dio esiste e che l'uomo non è solo un fallimento, ma può essere salvato.
>
> BENEDETTO XVI

Di ritorno dal primo viaggio, quello per la Giornata mondiale della Gioventù di Rio de Janeiro, il 28 luglio 2013, papa Bergoglio si mise a conversare con i giornalisti e gli fu posta una domanda sui suoi rapporti con il «Papa emerito» perché «non c'è mai stata una circostanza simile».

Bergoglio forse fu preso alla sprovvista, era stato eletto da pochi mesi, non aveva preparato una risposta e fece una dichiarazione molto spontanea nella quale erano contenute alcune frasi che – a rileggerle oggi con attenzione – fanno sobbalzare.

Disse: «Credo che l'ultima volta che ci sono stati due Papi, o tre Papi, non abbiano parlato tra loro, stavano lottando per vedere chi fosse quello autentico. Sono arrivati a essere tre durante lo Scisma d'Occidente».

Curioso come inizio di risposta: il giornalista aveva appena detto che non c'era mai stata una situazione come quella odierna, con un «Papa emerito», e Bergoglio citò invece un precedente storico del XV secolo con tre Papi che si ritenevano tutti Pontefici legittimi e non si sapeva quale fosse quello autentico. Come se anche oggi non si sapesse qual è il vero Papa legittimo.

Poi Bergoglio, nel proseguire il discorso, utilizza due espressioni che colpiscono: «Due Papi in Vaticano!» e quella in cui riferisce di rivolgersi a Benedetto XVI chiamandolo «Santità».

Questa fu la prima volta che si espresse sulla questione. Invece nelle interviste dei mesi successivi ne riparlò in termini totalmente diversi, rivisti e corretti, evocando sempre la consuetudine postconciliare dei «vescovi emeriti» e sostenendo che anche il Papato starebbe andando in quella direzione.

Cosa che lascia molto perplessi perché il Papato è diverso dall'episcopato (sebbene la teologia modernista tenda a equipararli). Oltretutto, per il vescovo l'ordine permane comunque perché è un sacramento indelebile, mentre dal Papato ci si può ritirare come fecero Celestino V o Gregorio XII, che da quel momento non furono più Papi.

Il concetto stupisce soprattutto perché tende a normalizzare una decisione – la misteriosa rinuncia di Benedetto XVI – che lo stesso Ratzinger aveva definito «grave» e nient'affatto normale.

Ma soprattutto la seconda versione di Bergoglio contraddice la prima, la «voce dal sen fuggita» (per così dire), quella in cui parlava di «due Papi» ed evocava il tempo in cui non si sapeva chi era il vero Papa.

Nella seconda versione egli afferma che Ratzinger ha aperto una via nuova anche ai successori, mentre nella prima – al contrario – paragonava la situazione attuale ai drammatici casi del passato, casi traumatici per la Chiesa, di incertezza sul Papato.

Infine nell'intervista al «Corriere della Sera» afferma che il Papato emerito ormai «è un'istituzione», come il vescovo emerito. Allora, la domanda è: si tratta di un'istituzione di diritto divino o ecclesiastico? Chi, come e quando l'ha istituita? Con quale atto formale? Che statuto avrebbe dal punto di vista canonico e teologico?

Per esempio, il «Papa emerito» – che Bergoglio dice sia una nuova istituzione – è superiore, inferiore o alla pari rispetto a un cardinale?

Qualunque sia la risposta si apre un problema. E questo mostra che non è affatto vero che è stato «istituito» il Papato emerito. La verità è che la scelta di Benedetto XVI la capiremo con il tempo (forse con i fatti che accadranno) e che l'attuale coesistenza di «due Papi» è una situazione del tutto straordinaria, unica nella storia della Chiesa. Si teme a valutarla veramente per le conclusioni che ne deriverebbero, alle quali non si vuole arrivare.

La stessa «rinuncia» di Benedetto XVI è di per sé indecifrabile e indecifrata. Se ne sente l'eco anche in ulteriori dichiarazioni di Bergoglio che con altre «voci dal sen fuggite» fa pensare quasi che ritenga impossibili le dimissioni di un Papa.

Per esempio la sera del 28 giugno 2014, nei Giardini Vaticani, parlando con un gruppo di giovani – come riporta «Il Messaggero» del 29 giugno – se ne usciva dicendo che un Pontefice ha una «strada definitiva» e la sua fine è «nella tomba».

Detta come battuta di spirito, ma di quelle battute che contengono una specie di confessione («Credo che uno che ha più sicura la sua strada definitiva è il Papa! Perché il Papa... dove finirà il Papa? Lì in quella tomba, no?»).

Significa che lui non si dimetterà, come invece altre volte ha detto se si verificano certe circostanze? O che si è Papi per sempre, come aveva detto proprio Ratzinger quel 27 febbraio 2013?

Del resto un grande Papa come Innocenzo III, non proprio uno qualsiasi in fatto di teologia, «nel discorso sulla consacrazione del Pontefice, invocando l'argomento del *spirituale coniugum* tra sommo Pontefice e Chiesa di Roma, dichiarò indissolubile tale legame se non a causa di morte; continuando la metafora nuziale, affermò illecito il divorzio tanto se compiuto volontariamente (*renuntiatio*), quanto se indotto involontariamente (*depositio*), ammissibile solo in caso di eresia».[1]

Se già la questione della «rinuncia» è delicatissima e dibattuta, il mistero del «Papa emerito» (primo e unico caso, quello attuale) è così scottante che – non a caso – tutti i canonisti se ne stanno alla larga ed evitano da quasi due anni di analizzarne la natura e il significato. Per le implicazioni esplosive che ha.

Per quanto ho potuto capire ci sono solo due eccezioni. La prima è quella di Valerio Gigliotti che, alla fine del suo libro *La tiara deposta*, su «la rinuncia al Papato nella storia del diritto e della Chiesa», dedica poche pagine al caso di Benedetto XVI, sostenendo che esso aprirebbe una nuova fase, che definisce «mistico-pastorale», una «nuova configurazione dell'istituto» del Papato che «è attualmente al vaglio della riflessione canonistica».[2]

Secondo Gigliotti «l'istituzione, per la prima volta nella storia della Chiesa, della figura del "Romano Pontefice emerito" che assume un nuovo ruolo "per il bene della Chiesa" non più con gli attributi giurisdizionali e potestativi del sommo Pontefice, vicario di Cristo, ma con il carisma silenzioso del pellegrino e del pastore al servizio del popolo di Dio, apre la via a una dimensione di inedita ministerialità per il Papa che ha rinunciato, attingendo alla tradizione mistica che, nei secoli, ha contribuito a definire l'istituto della *renuntiatio*».[3]

Una teoria che ha spunti interessanti, ma non convince. Il volume di Gigliotti fa un'ottima ricostruzione storica dei casi di «rinuncia» nei secoli passati, ma da un punto di vista prevalentemente giuridico, non teologico.

Molto profondo e accurato è il saggio di Stefano Violi, docente alla Facoltà di Teologia di Lugano e alla Facoltà teologica dell'Emilia Romagna.

Lo studio, intitolato *La rinuncia di Benedetto XVI. Tra storia, diritto e coscienza* e apparso sulla «Rivista Teologica di Lugano», contiene per la prima volta un'attenta lettura della *declaratio*, la formula solenne con cui Benedetto XVI ha annunciato la sua «rinuncia» e le sorprese sono clamorose: «Due sono i dati che emergono dalla *declaratio*: in primo luogo il mancato richiamo al canone 332 § 2; in secondo luogo la scelta di un lessico differente tanto dalla norma *Quoniam alicui* di Bonifacio VIII che parla di rinuncia al Papato (*renuntiare papatui*), quanto dal dettato codiciale che disciplina invece la *renuntiatio muneri*. La *declaratio* infatti afferma la *renuntiatio ministerio*».[4]

Cosa significhi questa novità lo si scopre seguendo Violi nel suo esame dei passaggi del testo: «Dopo aver richiamato il primato della coscienza, Benedetto XVI afferma: "Le mie forze, per l'età avanzata, non sono più adatte per esercitare in modo adeguato il ministero petrino". La consapevolezza della coscienza riguarda la sopravvenuta inidoneità ad amministrare rettamente l'incarico (*munus*) petrino. Attraverso questa formulazione (*vires meas... non iam aptas esse ad munus Petrinum aeque administrandum*), l'incarico (*munus*) viene distinto dalla sua amministrazione. Le forze gli appaiono inidonee all'amministrazione del *munus*, non al *munus* stesso».[5]

In sostanza Benedetto XVI, nella sua *declaratio*, distingue – secondo Violi – fra *munus* petrino ed *executio muneris* e poi, nella *executio muneris*, distingue «tra un'*executio* amministrativo-ministeriale (*agendo* e *loquendo*) e una più spirituale (*orando* e *patiendo*)».[6]

Può sembrare una discussione giuridica per specialisti, ma in realtà quello che Violi ci sta dicendo è molto chiaro e ci riguarda tutti: «(Benedetto XVI) dichiara di rinunciare al *ministerium*. Non al Papato, secondo il dettato della norma di Bonifacio VIII; non al *munus* secondo il dettato del can. 332 § 2, ma al *ministerium*, o, come specificherà nella sua ultima udienza, all'"esercizio attivo del ministero" ... Il servizio alla Chiesa continua con lo stesso amore e la stessa dedizione anche al di fuori dell'esercizio del potere. Oggetto della rinuncia irrevocabile infatti è l'*executio muneris* mediante l'azione e la parola (*agendo et loquendo*) non il *munus* affidatogli una volta per sempre».[7]

Qui cominciamo a capire cosa significa «Papa emerito» ed è una scoperta strabiliante. Violi è chiarissimo e leggendo le sue conclusioni si comprende che c'è stato un colossale equivoco, nessuno aveva compreso bene di che tipo di «rinuncia» si è trattato. O forse faceva comodo a tanti pensare (e far pensare) che Benedetto XVI avesse rinunciato *in toto* al Papato. Ma non è così.

Con la sua umiltà e il suo amore per la Chiesa ha capito che doveva fare un passo indietro per il bene della Chiesa stessa, in modo da evitarle dolorosi traumi. Ma con la sua grande sapienza, con la sua finezza teologica, non è «fuggito», non ha consegnato il cuore della Chiesa ad altri. Resta testimone e custode silenzioso, orante e sofferente, del tesoro della Chiesa, la verità della fede.

Ecco infatti le conclusioni di Violi: «Benedetto XVI dichiarava la sua rinuncia al ministero petrino. Rispetto al dettato del canone però dichiarava di rinunciare non già all'ufficio ma alla sua amministrazione. La rinuncia limitata all'esercizio attivo del *munus* costituisce la novità assoluta della rinuncia di Benedetto XVI. A fondamento giuridico della sua scelta non c'è allora il can. 233 § 2[8] che disciplina una fattispecie differente di rinuncia rispetto a quella pronunciata da Benedetto XVI. Il fondamento teologico giuridico è la *plenitudo potestatis* sancita dal can. 331. Proprio nel fascio delle potestà inerenti l'ufficio è compresa anche la potestà privativa ovvero la facoltà libera e insindacabile di rinunciare a tutte le potestà stesse senza rinunciare al *munus*».[9]

Ecco perché – come ha dichiarato monsignor Gänswein nella citata intervista – egli ha mantenuto il titolo di Papa, in quanto «ritiene che questo titolo corrisponda alla realtà». Ed ecco che anche la battuta ironica con cui ha liquidato un vaticanista acquista un nuovo significato: in effetti quello era l'unico «abito» che possedeva, che cioè esprimeva ciò che egli è.

In sostanza – stando a ciò che dimostra Violi – Benedetto XVI non ha mai rinunciato al Papato. E siccome un Pontificato comincia con l'accettazione dell'elezione e termina con l'eventuale ritiro di tale accettazione, bisogna riconoscere che Benedetto XVI in quella *declaratio* non sembra aver formalizzato alcun ritiro di quell'atto di accettazione espresso nell'aprile 2005.

Certo, nella *declaratio* vi è la proclamazione della «sede vacante» e l'annuncio del Conclave, cosa che sembrerebbe contraddire la tesi di Violi, come pure la successiva promessa di obbedienza e reverenza al successore fatta da Benedetto XVI.

Ma – se gli argomenti di Violi sono veri (e non risulta che siano stati dimostrati falsi) – come può essere conciliabile la permanenza del Papato con la proclamazione della sede vacante e con il successivo Conclave?

Sembra che l'una cosa invalidi le altre. E la permanenza del Papato nella persona di Benedetto XVI sia di per sé invalidante di ciò che è avvenuto dopo. Il fatto stesso che su tutto questo gravi un silenzio generale e che nessuno osi chiarire fa pensare che non si voglia guardare in faccia la realtà delle cose, o dirla, perché sarebbe destabilizzante.

Vittorio Messori ha colto le straordinarie evidenze messe in risalto dal saggio di Stefano Violi e, il 28 maggio 2014, gli ha dedicato un articolo sul «Corriere della Sera» intitolato *Ecco perché abbiamo davvero due Papi*. Solo che Violi nel saggio in questione non parla mai di «due Papi» (e non menziona mai papa Francesco), evidentemente perché sa bene che per la divina costituzione della Chiesa può esistere solo un Papa.

Naturalmente lo sa bene anche Messori, ma anch'egli non osa dirlo (come tanti del resto) per le implicazioni che questo avrebbe.

Così Messori annuncia – suscitando un giusto clamore – che Benedetto XVI ha lasciato «solo il suo potere di governo e di comando sulla Chiesa», ma «il *munus*, l'ufficio papale» che ha ricevuto «non è revocabile». Egli ha rinunciato soltanto «alla sua esecuzione concreta».

Ne deriva che la Chiesa oggi ha «due Papi» – come scrive Messori (contraddicendo gli anatemi di Tornielli verso chi parla di «diarchia»)[10] – oppure ben altra è la conclusione perché uno solo può essere il Papa? E perché il silenzio e la reticenza di tutti davanti a questa evidente verità? Perché la ritrosia a riconoscerla?

Messori sapeva bene che tutto il suo articolo induceva a farsi una domanda drammatica (chi è il Papa?), ma ha evitato accuratamente di formularla, lasciando che fosse il lettore a porsela. Perché? Forse lo scrittore cattolico aspetta che sia la Chiesa stessa a dare la risposta e in parte è comprensibile e condivisibile che si richiami la gerarchia alla sua responsabilità. Perché se Benedetto è rimasto Papa significa che Bergoglio non è Francesco.

I partiti (e gli arrivati)

Alcuni Papi Dio li dona, altri li tollera, altri ancora li infligge.

SAN VINCENZO DI LÉRINS

Narra Ruggero di Howden nella sua *Chronica* che attorno al Natale del 1197, quando papa Celestino III, vicino alla morte, manifestò il proposito di rinunciare al Papato «tutti i cardinali unanimemente, dal momento che non lo avevano eletto a delle condizioni, risposero affermando che era inaudito che il Sommo Pontefice deponesse se stesso».

Naturalmente la decisione del Papa non ha bisogno di essere accolta o rifiutata dal collegio cardinalizio, perché è sovrana. Però fa impressione che, nel febbraio 2013, non ci sia stato un segno pubblico, da parte dei cardinali, per chiedere al Papa di ripensarci.

In tutta questa drammatica vicenda Benedetto XVI appare ad altezze meravigliose, mentre la Curia e i cardinali su tutt'altro pianeta.

Così, dopo aver deciso «quel» tipo di ritiro, con la permanenza nell'ufficio, che nessuno al momento ha capito (e forse nemmeno oggi), è salito sull'elicottero e si è ritirato a Castelgandolfo, lasciando che il collegio cardinalizio prendesse le sue decisioni.

Perché – diversamente da quanto normalmente si dice – Ratzinger sa benissimo che non è lo Spirito Santo a eleggere un Papa, ma sono gli uomini e gli uomini – a meno che non si lascino veramente ispirare dallo Spirito – decidono normalmente con criteri politici e di politica ecclesiastica. E le lobby esterne, magari attraverso la stampa, provano a fare le loro pressioni.

Il 16 febbraio 2013, un mese prima del Conclave, pubblicai su «Libero» questo commento:

È possibile che Benedetto XVI tema l'interferenza dei mass media sul prossimo Conclave? Vuol mettere in guardia la Chiesa e specialmente i cardinali dal rischio che siano questi pervasivi strumenti a influenzarli nelle scelte decisive che devono fare?

La domanda sorge considerando gli straordinari interventi che in queste ore ci sta regalando Benedetto XVI quasi a voler preparare spiritualmente i porporati alla scelta migliore.

Mi riferisco in particolare alla sorprendente conversazione di giovedì scorso con i parroci romani, durante la quale ha denunciato, pur col suo stile mite, gli effetti devastanti che i media hanno prodotto al tempo del Concilio sulla Chiesa.

Rileggiamo le sue parole:

«Vorrei adesso aggiungere ancora un terzo punto: c'era il Concilio dei Padri – il vero Concilio –, ma c'era anche il Concilio dei media. Era quasi un Concilio a sé, e il mondo ha percepito il Concilio tramite questi, tramite i media. Quindi il Concilio immediatamente efficiente arrivato al popolo, è stato quello dei media, non quello dei Padri.

E mentre il Concilio dei Padri si realizzava all'interno della fede, era un Concilio della fede che cerca l'intellectus, ... il Concilio dei giornalisti non si è realizzato, naturalmente, all'interno della fede, ma all'interno delle categorie dei media di oggi, cioè fuori dalla fede, con un'ermeneutica diversa. Era un'ermeneutica politica: per i media, il Concilio era una lotta politica, una lotta di potere tra diverse correnti nella Chiesa. Era ovvio che i media prendessero posizione per quella parte che a loro appariva quella più confacente con il loro mondo».

Il Papa ha pure ricordato quali erano (e sono) i capisaldi ideologici dei media:

«C'erano quelli che cercavano la decentralizzazione della Chiesa, il potere per i Vescovi e poi, tramite la parola "Popolo di Dio", il potere del popolo, dei laici ... Naturalmente, per loro era questa la parte da approvare, da promulgare, da favorire. E così anche per la liturgia: non interessava la liturgia come atto della fede, ma come una cosa dove si fanno cose comprensibili, una cosa di attivi-

tà della comunità, una cosa profana ... Queste traduzioni, banalizzazioni dell'idea del Concilio», ha aggiunto il Pontefice «sono state virulente nella prassi dell'applicazione della Riforma liturgica; esse erano nate in una visione del Concilio al di fuori della sua propria chiave, della fede.

E così, anche nella questione della Scrittura: la Scrittura è un libro, storico, da trattare storicamente e nient'altro, e così via».

Ed ecco il bilancio tragico che il Papa ha tirato:

«Sappiamo come questo Concilio dei media fosse accessibile a tutti. Quindi, questo era quello dominante, più efficiente, ed ha creato tante calamità, tanti problemi, realmente tante miserie: seminari chiusi, conventi chiusi, liturgia banalizzata ... e il vero Concilio ha avuto difficoltà a concretizzarsi, a realizzarsi; il Concilio virtuale era più forte del Concilio reale».

Naturalmente il Pontefice ha concluso proclamando il fallimento del «Concilio dei media» e ha sottolineato che «la vera forza» e il «vero rinnovamento della Chiesa» si trovano nei testi del Concilio autentico. Perciò ha incitato a non scoraggiarsi: «Insieme andiamo avanti con il Signore, nella certezza: Vince il Signore!».

Tuttavia fa impressione quella diagnosi («tante calamità, tanti problemi, realmente tante miserie: seminari chiusi, conventi chiusi, liturgia banalizzata»).

Il discorso del Papa ricorda precedenti analisi di grandi personalità cattoliche, come il cardinale De Lubac che parlava di «magistero parallelo», a proposito di certi teologi e intellettuali.

O la famosa pagina di monsignor Luigi Maria Carli, secondo il quale al Concilio si è poi accompagnata «l'attività del cosiddetto "paraconcilio", cioè di quell'ambiente di persone e di idee che, dopo aver cercato di influire sul Concilio mentre esso si svolgeva, è rimasto in piedi anche a Concilio finito, ingrandendosi e direi quasi istituzionalizzandosi.

Questo paraconcilio, con le sue vittorie e le sue sconfitte, con le sue soddisfazioni e le sue insoddisfazioni, con i suoi propositi e i suoi spropositi» concludeva Carli «è quello che anima la crisi attuale e contrappone la sua opera alla serena fruttificazione delle idee seminate dal Concilio. Il paraconcilio, pretendendo di essere l'autentica vestale dello spirito del Concilio, deve necessariamente abusare dei testi conciliari. Ma di quali mai santissime cose l'uomo non è capace di abusare?».

È facile riconoscere in questo identikit l'intellettualismo progressista che imperversa sui media. Ma rispetto alle denunce di

De Lubac e Carli, il discorso di Benedetto XVI, giovedì scorso, ha sottolineato soprattutto l'azione perniciosa dei media, gli stessi che potrebbero interferire nelle scelte del prossimo Conclave.

Benedetto XVI dunque cerca di difendere la Chiesa cattolica dalla «chiesa catodica». Ma come si può temere una simile «interferenza», obietterà qualcuno, se i credenti sostengono che è lo Spirito Santo a eleggere i Successori di Pietro?

Diversamente da quanto molti pensano (e scrivono) a eleggere il Papa, per la dottrina della Chiesa, non è affatto (automaticamente) lo Spirito Santo, ma sono gli uomini, vestiti di porpora, che si trovano riuniti nella Cappella Sistina.

Papa Benedetto lo sa bene: lo Spirito Santo, che viene invocato in Conclave, dà la sua ispirazione, ma poi i prelati sono liberi di ascoltarlo o invece di far prevalere altri loro interessi. Per questo san Vincenzo di Lérins diceva che «Dio alcuni Papi li dona, altri li tollera, altri ancora li infligge».

Poi, una volta eletto regolarmente, qualunque Papa, per la dottrina cattolica, riceve l'assistenza straordinaria dello Spirito Santo. Dio saprà scrivere diritto anche su righe storte.

Ma gli errori degli uomini di Chiesa e le resistenze all'ispirazione divina, anche nella scelta dei pontefici, provocano comunque guai immensi, tragedie e sofferenze, per la Chiesa e per il mondo.

Come appare chiaro dalla storia della Chiesa stessa e da alcuni pontificati che ben difficilmente si possono considerare «decisi» dallo Spirito Santo.

Non a caso un grande principe della Chiesa (e valentissimo teologo) come il cardinale Siri, proprio nell'omelia dei novendiali per la morte di Paolo VI, nel 1978, rivolgendosi ai cardinali elettori, che presto si sarebbero riuniti in Conclave, disse: «Mi pare doveroso che io mi rivolga ai Venerati Confratelli del Sacro Collegio e ricordi loro come il compito al quale ci accingiamo non sarebbe decorosamente accolto dicendo: "Ci pensa lo Spirito Santo!". E abbandonandoci senza lavoro e senza sofferenza al primo impulso, alla irragionevole suggestione».

Come le facili suggestioni mediatiche.

In effetti nello svolgimento del Conclave del 2013, per quello che è trapelato, si nota molto più l'attivismo di qualche partito ecclesiastico che il soffio dello Spirito Santo.

Il «partito vincente», quello più preparato e scaltro, è stato quello che aveva come candidato il cardinale Bergoglio e che saldava l'episcopato tedesco, di idee rahneriane e martiniane, quello latinoamericano e il principale partito della Curia. Quest'ultimo, formato anche da potenti cardinali, ha accuratamente costruito l'elezione di Bergoglio con una ferrea strategia.

Ha vinto quando è riuscito a catturare anche il consenso di alcuni ratzingeriani desiderosi di fare un repulisti in Curia che anzitutto sostituisse il cardinal Bertone alla Segreteria di Stato. Ma paradossalmente anche Bertone – per quanto se ne sa – ha infine convogliato i suoi voti su Bergoglio.

Questo è un fatto significativo, dovuto all'antica avversità verso il cardinale Scola, reo di aver chiesto a Benedetto XVI nel 2009, insieme ad altri cardinali, di cambiare il Segretario di Stato.

Nicolas Diat riporta le parole di un cardinale vicino a Scola:

> *Benedetto XVI credeva ingenuamente che il cardinale di Milano sarebbe stato eletto. Ma per arrivare a questo risultato, ci sarebbe stato bisogno che il Papa chiedesse fermamente al cardinal Bertone di smettere con la sua opera di denigrazione. Perché il solo obiettivo del segretario di Stato durante il Conclave fu quello di sbarrare la strada al candidato più vicino al pensiero di Joseph Ratzinger. Fu per noi uno spettacolo davvero strano: il braccio destro di Benedetto XVI andava costantemente contro colui che era certamente l'espressione della volontà ultima del Papa... Certo, il cardinale Scola aveva commesso degli errori sui quali prosperarono i suoi avversari.*[1]

In effetti il «partito vincente» era molto più organizzato e pronto. Disgraziatamente però non era espressione di una Chiesa viva capace di indicare la strada del futuro alla Chiesa universale come era accaduto nel 1978 con Karol Wojtyła, campione di quella Chiesa polacca che tutto un popolo sentiva come la propria anima e che aveva resistito all'occupazione nazista e a quella comunista.

Nel «partito vincente» del Conclave del 2013 ci sono, dopo i curiali, anzitutto i cardinali tedeschi, progressisti di formazione rahneriana e da sempre avversi a Ratzinger.

Si è desunto il ruolo chiave di Walter Kasper al Conclave dal fatto che papa Bergoglio, in modo totalmente irrituale, ha citato per riconoscenza lui e un suo libro durante il primo Angelus in piazza San Pietro. E non a caso proprio a Kasper ha affidato quella controversa relazione al Concistoro che, nelle intenzioni, avrebbe voluto rivoluzionare la Chiesa concedendo l'eucarestia ai divorziati risposati, così – di fatto – sconfessando tutto il magistero della Chiesa e poi – a cascata – aprendo la strada all'abolizione dell'indissolubilità del matrimonio. E infine alla cancellazione del peccato stesso, come annunciava trionfalmente Eugenio Scalfari.

Visto il ruolo chiave dei tedeschi rahneriani in questo Pontificato è bene capire chi sono. Con buona pace della proclamata «Chiesa dei poveri», la Chiesa tedesca è una vera potenza economica perché usufruisce di colossali entrate statali, dovute alla Kirchensteuer, la tassa ecclesiastica che nell'anno 2012 ha convogliato 5,9 miliardi di euro nelle sue casse.[2]

Per capirci, è una cifra sei volte superiore all'otto per mille della Chiesa italiana, sebbene la Chiesa tedesca sia composta solo da 24,3 milioni di cattolici (meno della metà rispetto all'Italia).

Anche il meccanismo è diverso. In Germania – con buona pace della separazione fra Chiesa e Stato tanto decantata dai progressisti – è una vera e propria tassa che viene imposta a chi all'anagrafe risulta cattolico (come accade anche ai protestanti a vantaggio della Chiesa evangelica).

Giustizia e rispetto della libertà vorrebbero che si trattasse di una tassa a cui liberamente ci si sottopone, invece è diventata praticamente una sorta di «supersacramento», superiore al battesimo, perché la tassa e l'appartenenza alla Chiesa coincidono e ci si può sottrarre alla tassa solo se si esce dalla Chiesa con la gravissima conseguenza di essere considerati apostati ed essere esclusi dai sacramenti (compreso il funerale in chiesa).

«Un decreto della Conferenza episcopale tedesca ha stabilito che il rifiuto del contributo implica il venir meno, per il fedele, dell'appartenenza alla Chiesa.»[3]

Questa posizione inaudita è contestata dalla Santa Sede (almeno nell'epoca Ratzinger) ed è particolarmente sconcertante perché «allo stesso tempo la maggioranza dell'episcopato tedesco spinge per una Chiesa "misericordiosa" e "vicina al mondo", con la richiesta di comunione ai divorziati risposati, superamento del celibato sacerdotale, allentamento dei "vincoli" in materia di etica sessuale ecc.».[4]

Il filosofo Robert Spaemann, amico di Joseph Ratzinger, ha osservato che in Germania «uomini che negano la resurrezione di Cristo rimangono professori di teologia cattolica e possono predicare in quanto cattolici durante le Messe. Fedeli invece che non vogliono pagare la tassa per il culto vengono cacciati dalla Chiesa. C'è qualcosa che non va».[5]

Alla potenza economica e burocratica di questa Chiesa non corrisponde affatto la capacità di attrazione evangelica.

Scrive «Il Timone»: «La sola Caritas tedesca impiega circa 500mila persone a tempo pieno, più dei dipendenti del gruppo Volkswagen (389mila). Tanto per dare un'idea dell'enormità dell'apparato burocratico ecclesiale, inversamente proporzionale al numero di cattolici praticanti, che continua a restringersi. E apparato che, fosse lasciato alla libera contribuzione dei fedeli o a forme meno stringenti e "coercitive", crollerebbe in un istante».

In effetti ecco una notizia dell'8 agosto 2014. Titolo: *Niente "effetto Francesco" in Germania: nel dopo Ratzinger è fuga di fedeli dalla Chiesa cattolica.*

Sottotitolo: «Nel solo 2013 i cattolici sono scesi di 179mila unità, mentre l'anno prima avevano lasciato la chiesa cattolica 118mila persone. Il calo si era molto attenuato negli anni del pontificato del tedesco Joseph Ratzinger. I vescovi: "Colpa degli scandali". In realtà, molte persone lasciano perché non vogliono più pagare l'esosa tassa ecclesiastica».[6]

Tuttavia le enormi disponibilità finanziarie della Chiesa tedesca sono importanti anche perché aumentano molto il suo peso nella Chiesa cattolica (specie nel Terzo Mondo), dove è già grande l'influenza della sua teologia.

Ed eccoci alla Chiesa latinoamericana che è stata la seconda componente del «partito vincente» e che ha – per così dire – portato il candidato.

In questo caso siamo di fronte a una Chiesa davvero disastrata, forse è il più grave fallimento pastorale degli ultimi cinquant'anni in tutto l'orbe cattolico.

Ecco qualche semplice dato relativo alla diminuzione percentuale dei cattolici sull'intera popolazione fra il 1995 e il 2013.[7]

In Argentina, in questi ultimi diciotto anni, i cattolici sono diminuiti del 10 per cento e il periodo è significativo perché coincide con l'episcopato di Bergoglio e la sua leadership della Chiesa argentina.

Se consideriamo i paesi dei cardinali Hummes e Maradiaga, i due grandi elettori di Bergoglio, i dati sono ancor più disastrosi.

Infatti in Brasile il crollo dei cattolici in quello stesso lasso temporale è stato del 15 per cento, dal 78 al 63 per cento (nel 1991 erano l'83 per cento).

Hummes (uno dei tanti vescovi brasiliani d'origine tedesca) è stato arcivescovo di San Paolo dal 1998, in Conclave è stato uno dei maggiori sostenitori di Bergoglio. È il simbolo perfetto dell'episcopato brasiliano. Negli anni Settanta aderì alla Teologia della liberazione, chiamato recentemente alla Congregazione per il clero iniziò la nuova attività aprendo alla possibilità di abolire il celibato sacerdotale. E di recente ha fatto parlare di sé perché alla domanda di un giornalista del quotidiano brasiliano «Zero Hora» su come Gesù giudicherebbe le nozze gay ha risposto: «Non lo so, non faccio ipotesi. Chi deve rispondere è la Chiesa nel suo insieme».

L'altro esponente della Chiesa latinoamericana che ha avuto un ruolo di rilievo nel Conclave è il cardinale Maradiaga, vescovo di Tegucigalpa, capitale dell'Honduras, dal 1993.

L'Honduras negli ultimi diciotto anni ha visto precipitare la percentuale di cattolici dal 76 per cento del 1995 al 47 per cento del 2013, ovvero un crollo di circa il trenta per cento. Maradiaga nell'aprile 2013 è stato subito nominato da papa Francesco coordinatore del gruppo di cardinali che sono stati chiamati a consigliarlo nella riforma della Curia, quindi praticamente «vicepapa» (come è stato definito).

Un ruolo importantissimo, che di sicuro non è stato ottenuto per i successi pastorali della Chiesa honduregna, ma con tutta probabilità per il ruolo avuto da Maradiaga in Conclave nell'elezione di Bergoglio.

Maradiaga ha interpretato subito questo ruolo con grande loquacità e, molto sicuro di sé, ha rilasciato interviste sui temi del Sinodo arrivando a bacchettare il prefetto della Congregazione per la dottrina della fede Müller, che era già stato attaccato personalmente da Hans Küng e che sarebbe reo di aver ricordato a tutti gli innovatori il magistero costante e irreformabile della Chiesa, dai tempi apostolici fino a Benedetto XVI, sull'accesso alla Comunione sacramentale.

Maradiaga, dopo aver definito Müller «professore di teologia tedesco», parole in cui qualcuno ha visto un riferimento critico a Ratzinger, lo ha attaccato con argomenti di questo genere: «Nella sua mentalità c'è solo il vero e il falso. Basta. Io però rispondo: fratello mio, il mondo non è così, tu dovresti essere un po' flessibile».

Questa è la Chiesa latinoamericana che oggi è salita in cattedra, forte dei suoi «formidabili» successi pastorali.

Ed è molto spiccata la pretesa di questi innovatori di insegnare come si è cristiani anche a quei paesi dove il cattolicesimo è ancora di popolo, come l'Italia, o dove – con l'episcopato sulla linea ratzingeriana come quello degli Usa – si assiste a una rinascita cattolica e a tante vocazioni.

Questa pretesa di indicare la strada progressista passa anche attraverso decisioni punitive durissime, come quella che è stata inflitta ai Francescani dell'Immacolata, rei di raccogliere un grande successo pastorale rimanendo sulla strada dell'ortodossia che ha insegnato per ultimo Benedetto XVI.

Per inciso aggiungo che uno dei problemi specifici della Chiesa argentina era proprio la sequela al Papa. Al punto che il Nunzio apostolico in Argentina, monsignor Adriano Bernardini, per la festa della Cattedra di San Pietro del 22 febbraio 2011, pronunciò un'omelia di fuoco.

Cinque giorni dopo la pubblicò Sandro Magister nel suo famoso blog col titolo: *Il nunzio in Argentina difende il Papa dagli antipapi. Senza un briciolo di diplomazia.*[8]

In effetti non le mandò a dire. Lì a Buenos Aires, dove Bergoglio era arcivescovo e dove era presidente della Conferenza episcopale argentina dal 2005, il Nunzio tuonò all'indirizzo di sacerdoti, religiosi e vescovi che remavano contro il Papa.

Accadde con Paolo VI quando con la *Humanae Vitae* confermò la dottrina tradizionale. Si è ripetuto con Giovanni Paolo II osteggiato dalle «élites culturali occidentali» ammaliate dal marxismo perché «Giovanni Paolo II non si adatta a questo conformismo culturale imbarazzante» e anche per il suo forte insegnamento sulla bioetica, la vita e la morte. E ora, sempre per amore della «Verità vera ed evangelica», il bersaglio è diventato Benedetto XVI. Già marcato con disprezzo negli anni precedenti come il «guardiano della fede, appena eletto» tuona Bernardini, «immediatamente è stato accolto da commentatori da tutto il mondo con una miscela di sentimenti, che vanno dalla rabbia alla paura, al vero e proprio terrore. Ora, una cosa è certa: papa Benedetto XVI ha impresso al suo Pontificato il sigillo della continuità con la tradizione millenaria della Chiesa e soprattutto della purificazione. Sì, perché all'insicurezza della fede segue sempre l'offuscamento della morale. Infatti, se vogliamo essere onesti, dobbiamo riconoscere che è aumentato anno dopo anno, tra teologi e religiosi, tra suore e vescovi, il gruppo di quanti sono convinti che l'appartenenza alla Chiesa non comporta il riconoscimento e l'adesione a una dottrina oggettiva».

Quindi il Nunzio sottolinea la battaglia di Benedetto XVI contro la «dittatura del relativismo» e conclude:

> *Ecco qui, pertanto, la Verità come la principale causa di questa avversione e direi quasi persecuzione al Santo Padre. Un'avversione che ha come conseguenza pratica il suo sentirsi solo, un po' abbandonato. Abbandonato da chi? Ecco la grande contrad-*

dizione! Abbandonato dagli oppositori alla Verità, ma soprattutto da certi sacerdoti e religiosi, non solo dai vescovi; però non dai fedeli. Il clero sta vivendo una certa crisi, prevale nell'episcopato un basso profilo, ma i fedeli di Cristo sono ancora con tutto il loro entusiasmo. Accanitamente continuano a pregare e ad andare a messa, frequentano i sacramenti e dicono il rosario. E soprattutto, sperano nel Papa.

Come Benedetto XVI e Giovanni Paolo II, paladini coraggiosi della verità, mentre gli oppositori sono «convinti che l'appartenenza alla Chiesa non comporta il riconoscimento e l'adesione a una dottrina oggettiva».

Il nunzio sosteneva che la speranza erano tutti quei semplici fedeli che «continuano a pregare e ad andare a messa, frequentano i sacramenti e dicono il rosario. E soprattutto, sperano nel Papa».

Il papocchio

> Così tutti coloro che sono *legittimamente* eletti Vescovi di Roma sono di diritto i veri successori di san Pietro in quanto rappresentante di Cristo sulla terra.[1]
>
> SUOR LUCIA DOS SANTOS

Quel pomeriggio del 13 marzo 2013 a Roma pioveva. Non tanti si aspettavano una fumata bianca dal comignolo della Cappella Sistina perché il Conclave era solo al secondo giorno. Invece fu annunciato l'«Habemus papam».

Era stato eletto il cardinale argentino Jorge Mario Bergoglio. Alla quinta votazione, si disse. Ma dopo qualche tempo si è saputo che in realtà fu eletto alla sesta, che non doveva essere fatta in quel pomeriggio (si trattava della quinta votazione di quel giorno, ma la sesta in assoluto in quanto la prima c'era stata il primo giorno).

Cosa era accaduto?

Elisabetta Piqué è una brava giornalista argentina, lavora per il quotidiano «La Nación» di Buenos Aires occupandosi del Vaticano (e dell'Italia) ed è collaboratrice della Cnn in lingua spagnola e di Deutsche Welle.

È molto amica, da anni, di Bergoglio, è addirittura la sua biografa. Anzi, a leggere il libro *Francesco. Vita e rivoluzione* si nota un tono decisamente apologetico.

Nelle pagine dedicate alle fatali ore del Conclave, la Piqué descrive l'andamento delle votazioni, delle diverse candidature, le reazioni e alle pagine 39 e 40 – fra l'altro – riferisce in poche righe un fatterello curioso relativo proprio alla quinta votazione:

Dopo la votazione e prima della lettura dei foglietti, il cardinale scrutatore, che per prima cosa mescola i foglietti deposti nell'urna, si accorge che ce n'è uno in più: sono 116 e non 115 come dovrebbero essere. Sembra che, per errore, un porporato abbia deposto due foglietti nell'urna: uno con il nome del suo prescelto e uno in bianco, che era rimasto attaccato al primo. Cose che succedono. Niente da fare, questa votazione viene subito annullata, i foglietti verranno bruciati più tardi senza essere stati visti, e si procede a una sesta votazione.

È precisamente da questa sesta votazione che uscirà eletto Bergoglio. Il fatterello è una semplice curiosità, a prima vista sembra far parte dell'aneddotica.

Un vaticanista amico della giornalista argentina e molto vicino, anch'egli, a papa Bergoglio, alle cui stanze ha accesso, Andrea Tornielli, su «Vatican Insider», il 16 novembre 2013, all'uscita del libro della Piqué, firma un'anticipazione dove illustra tutti i pregi del volume e fra l'altro riporta (come un piccolo scoop) l'episodio inedito rivelato dall'autrice.[2]

Il libro ha un «lancio» in pompa magna sui media vaticani, quasi da biografia ufficiale. Infatti il 19 novembre 2013 la Piqué viene intervistata dalla Radio Vaticana,[3] diretta da padre Federico Lombardi. Mentre il 16 novembre già «L'Osservatore Romano» aveva esaltato il volume lasciando pensare che lo stesso Bergoglio ne fosse la fonte privilegiata:

È un Bergoglio raccontato di prima mano, diretto e vero, quello che esce dalle pagine di Elisabetta Piqué, nel libro Francisco, vida y revolución *(in libreria in Italia dal 21 novembre per le edizioni Lindau con il titolo* Francesco. Vita e rivoluzione*). Sette mesi d'inchiesta «vecchio stile», cercando conferme e incrociando fonti in 373 pagine ricche di dettagli inediti sul Conclave e sulla vita di Jorge Bergoglio. Pagine per capire Francesco, il Papa che telefona, scrive e parla chiaro.*[4]

È un po' curioso l'elogio dei dettagli inediti sul Conclave fatto dall'«Osservatore» (dal momento che vigerebbe il segreto pontificio e sarebbe peccato grave, anche da scomunica, il divulgarli all'esterno della Sistina), ma se davvero, come si lascia immaginare nelle righe precedenti, a svelarli è stato proprio Bergoglio non c'è violazione perché lui, in quanto Papa, non ha bisogno di autorizzazioni per parlarne.

In ogni caso nessuno ha avuto nulla da ridire su quei dettagli del Conclave, che anzi sono stati tutti accreditati da queste incontestabili fonti.

C'è solo un – per così dire – «piccolo» problema di cui nessuno finora sembra essersi accorto: stando ai fatti riferiti dalla Piqué – e così autorevolmente confermati – l'elezione di Bergoglio è nulla.

Infatti l'articolo 69 della Costituzione apostolica *Universi Dominici Gregis* che regola il Conclave recita testualmente: «Qualora nello spoglio dei voti gli Scrutatori trovassero due schede piegate in modo da sembrare compilate da un solo elettore, se esse portano lo stesso nome vanno conteggiate per un solo voto, se invece portano due nomi diversi, nessuno dei due voti sarà valido; tuttavia, in nessuno dei due casi viene annullata la votazione».

La prima violazione delle norme che si può intravedere è quindi l'aver annullato una votazione che doveva essere ritenuta valida e scrutinata.

Ma come se non bastasse si può ravvisare una seconda violazione, perché si è proceduto con una nuova votazione – la quinta di quel giorno (proprio quella che ha eletto Bergoglio) – laddove la stessa Costituzione apostolica prescrive invece che si debbano fare quattro votazioni al giorno, due al mattino e due al pomeriggio (articolo 63).

Perché si tratterebbe di violazioni che comportano la nullità dell'elezione?

Perché l'articolo 76 della *Universi Dominici Gregis* afferma: «Se l'elezione fosse avvenuta altrimenti da come è prescritto nella presente Costituzione o non fossero state osservate le condizioni qui stabilite, l'elezione è per ciò stesso nulla e invalida, senza che intervenga alcuna dichiarazione in proposito e, quindi, essa non conferisce alcun diritto alla persona eletta».

Né è possibile che il Conclave abbia potuto cambiare «in corsa» quelle norme perché Giovanni Paolo II, in quella Costituzione apostolica, ricorda più volte che il Conclave non ha assolutamente il potere di modificare le regole. Nemmeno votando all'unanimità.[5]

Quindi – se così si sono svolti i fatti – mi pare si possa concludere che l'elezione al Papato di Bergoglio semplicemente non è mai esistita. Non è nemmeno un problema sanabile a posteriori perché non si può sanare ciò che non è mai esistito.

Che la regolarità canonica dell'elezione sia «conditio sine qua non» della sua validità, del resto lo dice la stessa formula rituale dell'«accettazione e proclamazione» dell'eletto.

Infatti l'articolo 87 della *Universi Dominici Gregis* recita testualmente:

> *Avvenuta* canonicamente [sic] *l'elezione, l'ultimo dei Cardinali Diaconi chiama nell'aula dell'elezione il Segretario del Collegio dei Cardinali e il Maestro delle Celebrazioni Liturgiche Pontificie; quindi, il Cardinale Decano, o il primo dei Cardinali per Ordine e anzianità, a nome di tutto il Collegio degli elettori chiede il consenso dell'eletto con le seguenti parole:* Accetti la tua elezione canonica [sic] a Sommo Pontefice? *E appena ricevuto il consenso, gli chiede:* Come vuoi essere chiamato? *Allora il Maestro delle Celebrazioni Liturgiche Pontificie, con funzione di notaio e avendo per testimoni due Cerimonieri che saranno chiamati in quel momento, redige un documento circa l'accettazione del nuovo Pontefice e il nome da lui assunto.*

Se non c'è la regolarità canonica non c'è stata nessuna elezione.

Come già ho precisato, l'invalidità delle procedure seguite al Conclave e della conseguente elezione non implica nessuna colpa da parte di Bergoglio. E la nullità dell'elezione non rappresenta assolutamente un giudizio di valore sulla persona.

Il «cavillo» di Troia

Qualcuno potrà obiettare che si tratta di un cavillo e che non si può annullare l'elezione di un Papa per un cavillo. «Il mio regno per un cavillo!», potrebbe dire Bergoglio, parafrasando il Riccardo III di Shakespeare…

Ma è davvero un cavillo?

A parte il fatto che la giurisprudenza è fatta anche di cavilli che decidono talora i destini umani. Tanto più certi apparenti cavilli sono importanti nella storia della Chiesa.

Basti pensare alle conseguenze gigantesche della disputa sul «Filioque»[6] che contribuì a provocare lo scisma con la Chiesa d'Oriente. O a quella «i» che – durante la crisi ariana – oppose chi sosteneva che Cristo era *homoiousios* e chi lo definiva *homoousios* (la vedete quella «i»?), cioè «di sostanza simile al Padre» o «della stessa sostanza».

La differenza, a dispetto della piccolezza della «i», era abissale. Il destino della stessa fede cristiana si giocò su quella letterina.

In questo caso poi, ciò che potrebbe essere squalificato come «cavillo» in realtà è parte fondamentale delle norme stabilite da papa san Giovanni Paolo II e vigenti al momento del Conclave, il 13 marzo 2013, quindi le stesse norme in base alle quali si è dichiarato eletto Bergoglio.

Perciò non si può considerare l'*Universi Dominici Gregis* come la venerabile, sacrosanta e intoccabile regola stabilita dal Papa se porta a un esito e invece considerarla «un cavillo» irrilevante se porta a un altro esito. L'inosservanza delle norme invalida tutto.

Anche perché tutti i cardinali sono entrati in Conclave facendo il seguente giuramento a norma dell'articolo 53 della vigente Costituzione apostolica: «Noi tutti e singoli Cardinali elettori presenti in quest'elezione del Sommo Pontefice promettiamo, ci obblighiamo e giuriamo di osservare fedelmente e scrupolosamente tutte le prescrizioni contenute nella Costituzione apostolica del Sommo Pontefice Giovanni Paolo II, *Universi Dominici Gregis*, emanata il 22 febbraio 1996».

Non si può, subito dopo, tranquillamente dimenticare un così solenne giuramento e procedere a spanne in violazione delle procedure stabilite dal Pontefice, né poi si può fare spallucce quando emerge ciò che è accaduto nel Conclave.[7]

Anche perché bisogna tenere presente che l'elezione di un Papa non è un «papocchio» terreno, umano, che si può «aggiustare» all'italiana, a tarallucci e vino, accettandone pacificamente a posteriori le irregolarità come se fosse l'elezione del «capo condominio». In quanto la convalida dell'elezione di un nuovo Vicario di Cristo coinvolge e impegna Dio stesso che «segue» le regole stabilite dal suo Vicario, cioè in questo caso da Giovanni Paolo II.

Per la divina costituzione della Chiesa a Pietro sono stati conferiti i poteri delle chiavi e se non si rispettano le norme stabilite da Pietro, non si ha un'elezione del suo successore che possa essere riconosciuta valida da Dio stesso con il conferimento dall'alto del potere petrino.

Anche se arbitrariamente la giudicassero valida gli uomini, è Dio che deve riconoscerla tale. Se dunque il 13 marzo 2013 si è verificata la violazione delle norme stabilite da Giovanni Paolo II, non c'è stato sul cardinale Bergoglio nessun conferimento soprannaturale di quei poteri che – secondo la dottrina cattolica – scaturiscono da una legittima elezione.

Il fatto che manchi la grazia di stato – oltre all'assistenza straordinaria dello Spirito Santo assicurata ai Papi legittimamente eletti – spiegherebbe peraltro tante affermazioni «imprudenti» che sono state fatte da Bergoglio in questi mesi. Ma questo lo vedremo più avanti.

Quelle norme dell'*Universi Dominici Gregis*, inoltre, non sono solo norme intangibili, ma hanno anche una stringente logica razionale, frutto di una secolare esperienza e di un'antica saggezza: non sono banali cavilli, nemmeno dal punto di vista pratico.

Infatti stiamo parlando dell'arbitrario annullamento (senza scrutinio) di una votazione che avrebbe potuto contenere il nome del Papa eletto, anche un nome diverso da quello poi emerso successivamente. Quindi stiamo parlando di qualcosa di molto serio e delicato.

Si dirà che a quel punto era improbabile che in quelle schede bruciate fosse contenuta la vittoria di un altro perché Bergoglio era già primo nel precedente scrutinio. Ma nessuno può escluderlo in assoluto, in via di principio.

Non si sa se Bergoglio, nel precedente scrutinio, fosse davvero primo né se fosse vicino al traguardo, ma in ogni caso, anche se fosse andato in testa al mattino e l'antagonista fosse stato ormai fermo a 40 voti, questo di per sé non implicherebbe nulla e non cambierebbe la sostanza del problema.

Del resto, secondo qualche altro vaticanista, nel terzo scrutinio (il secondo della mattinata del 13 marzo) era ancora in testa Scola e aveva raggiunto circa una cinquantina di voti, una quantità molto importante perché permette di per sé di bloccare la candidatura alternativa.

Quindi anche se alla successiva votazione – la prima del pomeriggio (la quarta del Conclave) – Bergoglio ha fatto il sorpasso, non è detto che fosse avviato a un'elezione certa. Perché la meta dei 77 voti poteva essergli aritmeticamente preclusa dal blocco dei voti su Scola.

Perciò è assai probabile che Bergoglio nella votazione successiva (quella che è stata annullata) non abbia superato il traguardo dei 77 voti. Cosicché nel pomeriggio del 13 marzo non sarebbe stato eletto.

A quel punto, se la votazione annullata fosse stata scrutinata, come doveva essere, la sera del 13 marzo la situazione sarebbe stata di stallo e la candidatura di Bergoglio avrebbe potuto essere molto logorata.

Avrebbe dovuto «resistere» all'intervallo della cena, della notte e del mattino seguente. Un tempo molto lungo, in un Conclave, che a volte fa spuntare altri candidati.

Forse, tra la serata e la nottata si sarebbe dovuta trovare una terza candidatura, di mediazione e di unità, per superare lo stallo.

Anche perché si è saputo che in quelle ore, mentre dal voto emergeva sempre più il nome di Bergoglio, diversi cardinali – prima di convergere su di lui – cercavano di avere notizie attendibili su quel prelato argentino, sconosciuto ai più.

Un cardinale del Sud del mondo ha confidato a Nicolas Diat: «Molti membri del Sacro Collegio volevano in particolare essere rassicurati sulle convinzioni dottrinali dell'arcivescovo di Buenos Aires. Per tutti coloro che non lo conoscevano, era importante essere certi che si sarebbe collocato in continuità con i Papi Giovanni Paolo II e Benedetto XVI».[8]

Se si fosse proceduto osservando le norme, nella serata ci sarebbe stato il tempo di conoscere meglio il candidato Bergoglio e di scoprire che quella continuità con i precedenti pontefici non c'era affatto. Anzi, c'era profonda discontinuità. Perciò, conoscendo finalmente le sue posizioni, diversi cardinali avrebbero probabilmente evitato di votarlo.

Invece non c'è stata la possibilità di conoscerlo. Quel pomeriggio del 13 marzo si sono forzati i tempi e si è proceduto con una sesta e decisiva votazione, ovvero la quinta di quel giorno che – stando alla Costituzione apostolica vigente – sembra rappresentare anch'essa una forzatura e una violazione dell'articolo 63 (esso recita infatti: «Si dovranno tenere due votazioni sia al mattino sia al pomeriggio»).

Sarebbe la seconda violazione delle norme.

Il cuore del problema

Anche in questo caso non è solo una questione formale, cioè di regole (la cui violazione è comunque decisiva). Perché queste norme, dettate dall'esperienza di secoli, hanno una ragione molto seria e pratica, con delle conseguenze assai rilevanti.

Nell'ampia letteratura circa le dinamiche umane dei Conclavi, infatti, si capisce che questo consesso di persone anziane e in stato di autoreclusione, arriva stremato alla quarta e ultima votazione del giorno.

E se gli attempati prelati si trovano costretti a fare una quinta votazione (nello stesso giorno), almeno per alcuni di essi possono prodursi decisioni (per esempio una convergenza opportunistica sul più votato) che non si produrrebbero ove si votasse l'indomani mattina, riposati, sereni e lucidi.

E i suddetti «pochi cardinali» di fatto possono essere quelli decisivi giacché è spesso sul filo di pochissimi voti che si gioca l'elezione al Papato.

In effetti le dinamiche di un Conclave sono anche molto terra terra. L'autorevole cardinale Siri, assai esperto di Conclavi, anni fa spiegò sarcasticamente che talvolta i prelati arrivano alla sera così stressati dal caldo che se si fosse posta una sedia al centro della Cappella Sistina sarebbe stata eletta Papa anch'essa, pur di mettere fine alla defatigante situazione.

Per questo motivo la *Universi Dominici Gregis* ha indicato quattro votazioni al giorno come limite massimo. Proprio per evitare un'elezione avventata, determinata e inquinata da circostanze esterne, anziché dalla piena consapevolezza dei cardinali.

Invece il pomeriggio del 13 marzo, con quella ulteriore votazione, di fatto si è forzato il regolamento e si sono sottoposti gli anziani cardinali a uno stress non previsto facendoli votare ancora.

Oltretutto si è evitato di affrontare la serata, la cena e la notte. Un periodo durante il quale – come ho detto – tutti avrebbero potuto approfondire la conoscenza delle posizioni e della storia di Bergoglio e valutarne la continuità con i predecessori. Non è detto che in questo caso avrebbe raccolto il consenso maggioritario dei cardinali, che quel pomeriggio si sono trovati a votarlo, praticamente, a scatola chiusa, sulla base di rassicurazioni frettolose e superficiali.

A questo punto però ci si può (e ci si deve) chiedere come sia stato possibile che, in un simile, solenne contesto, nessuno si sia reso conto della violazione della procedura.

Volendo escludere pregiudizialmente la malafede o colpi di mano di cui non ci sono prove, la spiegazione più plausibile è che si sia ritenuto erroneamente – e con superficialità e approssimazione – di applicare al caso della scheda in più l'articolo 68.

Dove si legge che – finito il deposito delle schede nell'urna – «lo scrutatore procede al conteggio di esse, prendendole in maniera visibile una a una dall'urna e riponendole in un altro recipiente vuoto, già preparato a tale scopo. Se il numero delle schede non corrisponde al numero degli elettori, bisogna bruciarle tutte e procedere subito a una seconda votazione».

In effetti si era nella fase della conta delle schede e l'articolo 68 riguarda proprio il caso in cui, alla fine della conta, si scopre che il numero delle schede non coincide con quello dei votanti.

Tuttavia non è questo l'articolo da applicare all'episodio del 13 marzo. Perché quel giorno – stando al resoconto della Piqué – non si è verificato semplicemente che si siano contate 116 schede mentre i votanti erano 115.

È accaduta una cosa diversa: durante l'estrazione delle schede dall'urna per la conta, lo scrutatore che prende una scheda alla volta e la mostra a tutti, prima di deporla nell'altra urna si è accorto che una di queste ne conteneva un'altra, per errore un porporato aveva «deposto due foglietti nell'urna, uno con il nome del suo prescelto e uno in bianco, che era rimasto attaccato al primo» (Piqué).

È proprio la fattispecie prevista dall'articolo 69 («due schede piegate in modo da sembrare compilate da un solo elettore»), anche se si era in fase di conteggio e non di scrutinio. E l'articolo 69 prescrive che si completi lo scrutinio e non si annulli affatto la votazione (né si rivoti).

Con le due schede immesse nell'urna dallo stesso cardinale, secondo l'articolo 69, ci si deve regolare così: «Se esse portano lo stesso nome vanno conteggiate per un solo voto, se invece portano due nomi diversi, nessuno dei due voti sarà valido; tuttavia, in nessuno dei due casi viene annullata la votazione» (nel caso del 13 marzo, ovviamente, essendoci un solo nome, si doveva semplicemente calcolare il voto espresso).

A chi sostenesse che è stato giusto applicare l'articolo 68 perché si era nella fase del conteggio delle schede, di cui si parla proprio in quell'articolo, rispondo che le cose stanno diversamente: gli articoli 68 e 69 infatti assumono come criterio di giudizio non il «quando» si è trovata la scheda in più, ma il «come».

Se infatti assumessero il «quando» (se cioè automaticamente e letteralmente il 68 regolasse la fase del conteggio e il 69 quella dello scrutinio) avremmo due articoli che danno due soluzioni opposte per il medesimo problema (una scheda in più).

Sarebbero dunque in totale contraddizione. Come se per un incomprensibile capriccio di Giovanni Paolo II (e dei predecessori) si ordinasse di non fare lo scrutinio (e annullare il voto) all'articolo 68 e di farlo all'articolo 69. Senza ragioni.

Al contrario c'è una precisa «ratio» nei due articoli: le loro indicazioni – apparentemente opposte – sono invece perfettamente complementari, razionali e giuste perché in essi non si dice che trovando la scheda in più durante il conteggio preventivo si annulla tutto e trovandola durante lo scrutinio si va avanti regolarmente. Nient'affatto.

Ciò che è dirimente, per la *Universi Dominici Gregis*, non è il momento in cui si scopre la scheda in più, ma «come» la si trova: è determinante sapere se si sono trovate «due schede piegate in modo da sembrare compilate da un solo elettore» (art. 69), oppure se tutte le schede sono separate e non è possibile ricondurre la scheda «in più» all'altra e quindi a uno stesso cardinale (è evidente che il caso del 13 marzo è normato dall'articolo 69).

Perché la Costituzione apostolica ha la preoccupazione di capire «come» è stata trovata la scheda in più (mentre è irrilevante il quando)?

Perché solo così riesce a salvaguardare la regolarità del voto da due possibili rischi.

Primo. Si intende impedire che un elettore possa votare due volte con due voti alla stessa persona o a due persone diverse, perché l'elezione sarebbe evidentemente viziata da irregolarità:[9] per questo si deve annullare lo scrutinio (art. 68) se non è possibile risalire alla coppia di schede gemelle, cioè al singolo cardinale, mentre si deve considerare valido lo scrutinio (art. 69) se le due schede sono attaccate. E in questo caso si conteggia come si è detto sopra.

Secondo. La Costituzione apostolica, però, intende anche salvaguardare il più possibile la validità di ogni votazione impedendo (eventuali) azioni di «sabotaggio»: se infatti bastasse la mera presenza di una scheda in più per annullare automaticamente lo scrutinio, qualunque cardinale – volendo impedire la vittoria di un certo candidato che ritiene prossima – potrebbe usare questo mezzo (votare due schede e ripiegarle insieme) per ottenere l'annullamento della stessa votazione (e magari delle seguenti).

Invece l'articolo 69 garantisce che questo escamotage non porti affatto all'annullamento dello scrutinio.

Come si vede dunque gli articoli 68 e 69, in apparenza contraddittori, non lo sono affatto, sono perfettamente complementari e mirano entrambi a garantire la stessa regolarità del voto. Con indicazioni del tutto logiche per due tipi di schede diverse (non per due momenti diversi).

Se le norme della *Universi Dominici Gregis* fossero quelle che sono state applicate concretamente nel Conclave del 2013 vorrebbe dire che essa dà a qualunque cardinale – in via teorica – il potere di invalidare all'infinito le votazioni per impedire l'elezione di un candidato non gradito o anche solo per prendere tempo, così conferendo in pratica a ogni cardinale un potere di veto illimitato. Anche un solo cardinale potrebbe bloccare il Conclave impedendo di arrivare all'elezione del Papa. E così bloccare e mettere in crisi la Chiesa stessa.

Questo esporrebbe anche la Chiesa a pericolosissimi condizionamenti, in teoria potrebbe porla perfino sotto controllo esterno.

Infatti basterebbe un cardinale (ma anche un gruppetto) che fosse in combutta con lobby esterne (o anche interne alla Chiesa) che, per i loro oscuri interessi, vogliono bloccare l'elezione di un certo cardinale o vogliono mettere in crisi la Chiesa privandola a lungo del Papa, e tutto questo sarebbe possibile.

Ma le norme non sono quelle erroneamente applicate il 13 marzo 2013. L'articolo 69 della Costituzione apostolica impedisce questo tipo di arbitrio dagli effetti potenzialmente devastanti. Ecco perché la violazione di quelle norme (in questo caso dell'articolo 69) non è affatto un cavillo irrilevante.

Ed è importantissimo che venga subito riconosciuto e riparato l'errore, anche con un nuovo Conclave regolare, altrimenti, se nulla accade, quell'erronea applicazione delle norme viene legittimata come «giusta», diventa un precedente a cui chiunque si può appellare, pretendendo che – al ripetersi della doppia scheda – si proceda allo stesso modo, annullando lo scrutinio.

Così nei prossimi Conclavi ci troveremmo con una «Costituzione materiale» che, su questo punto, ha soppiantato arbitrariamente la *Universi Dominici Gregis* e dunque – in via di principio – potrebbe verificarsi ciò che si è detto e che l'*Universi Dominici Gregis* voleva impedire, ovvero che un cardinale (in rapporto con lobby esterne oppure no) possa invalidare all'infinito le votazioni o per bloccare un certo candidato favorito o per mettere in crisi la Chiesa lasciandola senza Papa.

Come si vede, su questa via è la stessa «libertas Ecclesiae» che finisce per essere minacciata e forse addirittura l'esistenza stessa della Chiesa, non potendo essa sussistere senza il Papa.

Ecco l'enormità delle questioni che – a valanga – ci precipitano addosso per quel presunto «cavillo».

Considerato tutto ciò, proprio per garantire la regolarità del voto, cosa si doveva fare? Semplice. La quarta votazione del 13 marzo non doveva essere annullata e si doveva svolgere regolarmente lo scrutinio, inoltre, a errore fatto, non si doveva rivotare quel giorno per la quinta volta.

Infatti quando nel pomeriggio, durante le fasi di conteggio, si è estratta una scheda e si è scoperto che un secondo foglio «era rimasto attaccato al primo» (come scrive la Piqué), era evidente che quelle due schede si dovevano – rileva ancora la giornalista argentina – a uno stesso porporato che «per errore aveva deposto due foglietti nell'urna».

Inoltre sappiamo dalla Piqué che una delle due schede conteneva il nome del prescelto e l'altra era in bianco.

Questo «dettaglio» ci dà la certezza che la doppia scheda è stata individuata mentre venivano estratte una per una dall'urna e non alla fine del conteggio. Quindi le due schede erano sicuramente attribuibili a uno stesso cardinale (e si doveva perciò applicare l'articolo 69).

Peraltro la cronaca della Piqué (in seguito confermata autorevolmente) fa sorgere una domanda: come è stato possibile constatare che nei due fogli c'era un voto espresso e una scheda bianca se non aprendo le schede medesime?

Secondo le norme, durante la fase del conteggio non si possono aprire le schede, che invece vanno aperte successivamente, nello scrutinio.[10] Se lo si è fatto si è commessa un'ulteriore irregolarità.

Oppure si sono aperte perché si era già nella fase dello scrutinio e allora – a maggior ragione – si doveva applicare l'articolo 69 e concludere validamente quello stesso scrutinio, senza fare una nuova votazione subito dopo.

Tutti questi fatti, anche se non compresi nella loro importanza al momento in cui accadevano, avrebbero dovuto comunque essere rilevati successivamente, quando – secondo l'articolo 70 – «i Revisori devono procedere al controllo sia delle schede sia delle annotazioni fatte dagli Scrutatori, per accertare che questi abbiano eseguito esattamente e fedelmente il loro compito».

Ma durante questo accertamento pare non ci si sia accorti delle violazioni. Eppure – come si è visto – è impressionante la quantità di atti che quel 13 marzo in Conclave hanno deragliato rispetto alle norme definite dalla Costituzione apostolica vigente.

Dobbiamo constatare che si è trattato di un Conclave condotto male, considerata la delicatezza e l'altezza del compito e i richiami alla scrupolosa osservanza delle direttive di cui è piena la *Universi Dominici Gregis*.

Se solo ci fossero sospetti o prove di una deliberata volontà, dietro alla violazione delle norme, si dovrebbe parlare di una sorta di golpe in Vaticano. Invece in questo caso le trasgressioni sono tutte ascrivibili ad approssimazione, superficialità, distrazione o imperizia. Che certo sono inammissibili, ma che non fanno intravedere il dolo da parte di nessuno.

In ogni caso a indicare la strada da prendere in queste situazioni provvede l'articolo 76 che afferma: «Se l'elezione fosse avvenuta altrimenti da come è prescritto nella presente Costituzione o non fossero state osservate le condizioni qui stabilite, l'elezione è per ciò stesso nulla e invalida, senza che intervenga alcuna dichiarazione in proposito e, quindi, essa non conferisce alcun diritto alla persona eletta».

Bisogna perciò constatare la nullità dell'elezione avvenuta al quinto scrutinio di quel giorno. E bisogna subito archiviare e dimenticare questo confuso Conclave, facendone immediatamente un altro che rispetti con precisione tutte le norme.

Forse qualcuno riterrà che la nostra ricostruzione sia da discutere e che la nullità dell'elezione sia almeno dubbia. In questo caso va tenuto presente quello che dice la letteratura canonistica.

Se consultiamo il *Nuovo Dizionario di diritto canonico*, alla voce «Romano Pontefice» si legge testualmente: «In dottrina, infine, si afferma che in caso di dubbio positivo e insolubile circa la legittima elezione, l'eletto si ritiene non avere potestà».[11]

Già san Roberto Bellarmino nel trattato *De Conciliis et ecclesia militante* aveva formulato chiaramente questo principio: «Nam dubius Papa habetur pro non Papa» (infatti un Papa dubbio si considera come non Papa).

Perché? Semplice. Perché la delicatezza e l'enorme importanza della figura che i cardinali devono eleggere, che – in quanto Vicario di Cristo – ha un potere immenso che non può essere sindacato nemmeno da un Concilio,[12] impone l'obbligo di una assoluta regolarità e di un'indiscutibile trasparenza delle procedure seguite nell'elezione stessa. La roccia su cui Cristo fonda la sua Chiesa non può essere di cartone.

Non è accettabile neppure il minimo dubbio sull'elezione di un Pontefice, perché è in gioco un tale tesoro soprannaturale e con tali conseguenze (riguardanti la vita della Chiesa, la validità degli atti magisteriali e giurisdizionali e la salvezza delle anime) per cui è ben giusto e doveroso rifare un altro Conclave che dia finalmente un esito canonicamente valido.

Obiezioni

La nullità dell'elezione avvenuta al sesto scrutinio del Conclave mi pare evidente. Ma si tratta di un fatto così importante da richiedere ogni possibile approfondimento.

Ho cercato io stesso di fare l'avvocato del diavolo ponendo tutte le obiezioni possibili. Per esempio si potrebbe controdedurre: «È stata semplicemente trovata una scheda bianca che era in sovrannumero, dunque non riconducibile a un'altra votata. Perciò si doveva annullare lo scrutinio. Che essa sia rimasta attaccata inavvertitamente a una votata è solo un'ipotesi della Piqué».

Tuttavia bisogna ammettere che questa obiezione è irricevibile perché nel conteggio che si fa alla fine delle operazioni di voto, se si scopre che le schede sono 116 mentre i votanti sono 115, non si può dire che la scheda «abusiva», la scheda in più, sia quella bianca, in quanto si contano le schede chiuse, non aperte e ogni scheda potrebbe essere quella «in più».

Se di fatto si è individuata la scheda bianca come la scheda «in più» è solo perché – come riferisce la Piqué – si è visto, prelevandole una a una dall'urna per il conteggio, che c'erano due schede attaccate e poi, sbagliando, si sono pure aperte constatando che una era votata e l'altra no. Era evidente la volontà del cardinale, perciò lo scrutinio non poteva essere annullato.

Si può forse dubitare che il fatto della scheda bianca riferito dalla Piqué sia autentico?

No. Che la quinta votazione è stata annullata perché c'era una scheda in più e che Bergoglio è stato eletto alla sesta è un fatto certo e acclarato. E che la quinta votazione sia stata annullata perché c'erano due schede attaccate, di cui una bianca, è una notizia che ha avuto solo conferme e nessuna smentita.

Se tale notizia venisse messa in dubbio un anno dopo, perché qualcuno ha fatto notare che tutto questo rende nulla l'elezione di Bergoglio, sembrerebbe palesemente strumentale e poco credibile.

Del resto la Piqué è una giornalista molto seria, una professionista attendibile. Infatti la notizia delle due schede attaccate è stata rilanciata e quindi confermata da un vaticanista vicinissimo a Bergoglio come Tornielli e, implicitamente, dai significativi elogi dell'«Osservatore Romano» (anche per i dettagli inediti sul Conclave) e della Radio Vaticana.

È mai possibile che queste tre autorevoli «istituzioni» abbiano avallato e lodato (se fosse stata fasulla) una tale ricostruzione che di fatto porta alla delegittimazione dell'elezione del Papa?

Ma c'è di più. A blindare la «versione Piqué» è soprattutto l'esplicita e autorevole conferma di «alcuni cardinali» raccolta dal «Corriere della Sera» il 9 marzo 2014. Quindi si parla di testimoni presenti al Conclave.

Senza conoscere le conseguenze di quel «fatterello» delle due schede attaccate l'una all'altra, Gian Guido Vecchi, in un articolo per il primo anniversario dell'elezione di Bergoglio, scriveva:

> *Un anno dopo, a sentire alcuni cardinali, si conferma ciò che la giornalista argentina Elisabetta Piqué ha scritto nel libro* Francesco, vita e rivoluzione, *l'elezione è avvenuta in realtà alla sesta votazione perché la quinta, dopo il primo scrutinio pomeridiano che già aveva visto Bergoglio sfiorare il quorum, è stata annullata: le schede sono dei semplici fogli di 20 centimetri per 14, in alto è stampato* Eligo in Summum Pontificem *e sotto c'è una riga sulla quale scrivere il nome; nella conta prima dello spoglio ci si è accorti che ce n'era una in più, 116 anziché 115, a un cardinale è rimasto attaccato un secondo foglio bianco dietro a quello sul quale ha votato. Così, «per sicurezza» e «fare le cose per bene», si decide di ripetere il voto del quale ormai tutti immaginano l'esito.*[13]

Del resto la fonte da cui la Piqué ha attinto questa notizia deve essere indiscutibile, considerato il tono categorico con cui l'ha riportata.

Chi potrebbe essere questa fonte così indiscutibile?

La Piqué – come si diceva – è molto vicina a Bergoglio, tanto che nel suo libro riferisce una serie di dettagli sulle ore del Conclave che riguardano personalmente Bergoglio e che può averle raccontato solo lui.

Ne elenco qualcuno: i consigli che Bergoglio dà sul dosaggio dei farmaci a un confratello cardinale durante il Conclave, il fatto che diversi porporati lo hanno avvicinato per dirgli: «Attento, ora tocca a te», la cena con il cardinale Sandri, il pranzo con Maradiaga, il fatto che «quella notte, l'ultima notte, Bergoglio dorme poco»…

Chi poteva sapere e riferire tutti questi fatti accaduti durante la clausura del Conclave se non il diretto interessato?

Il rapporto di amicizia personale fra Bergoglio e la Piqué emerge anche dal racconto che la giornalista argentina fa delle ore immediatamente successive al Conclave. Infatti l'indomani mattina, alle 9.55, riceve una chiamata sul cellulare da un «numero privato», risponde e si sente dire: «Pronto, Elisabetta?».

Il suo commento: «La voce è inconfondibile. Non posso crederci, eppure è lui, padre Jorge, il Papa. Sapevo che prima o poi mi avrebbe chiamata».[14]

È il tono di chi ha un rapporto di grande amicizia. Del resto il volume è pieno di dettagli di prima mano sulla vita dell'ecclesiastico argentino.

Ma vorrei tornare a sottolineare il modo stesso in cui la Piqué riferisce quell'aneddoto della quinta votazione annullata.

È noto che i partecipanti a un Conclave giurano (perfino sotto minaccia di colpa grave o scomunica per i non cardinali) di non rivelare nulla di quel che accade nella Cappella Sistina.

Infatti tutti i giornalisti che vengono a conoscere qualche piccolo dettaglio sui retroscena citano necessariamente, come fonti, dei cardinali che vogliono e devono restare anonimi.

Invece la Piqué riferisce con certezza i dettagli del Conclave e senza far riferimento a nessun cardinale, a nessuna fonte che deve restare anonima. Dove può avere appreso tali notizie senza tema di smentita?

Chi è l'unico partecipante al Conclave che può parlare di quel che è accaduto senza alcuna autorizzazione e senza violare nulla? Il Papa eletto, il suo amico, «padre Jorge Bergoglio».[15]

Acquisiamo dunque (raccolta dal «Corriere della Sera») la conferma di più cardinali che rende blindatissima la «versione Piqué». Ma si resta davvero stupefatti leggendo che, secondo quei cardinali, si decise di seguire quella procedura «per sicurezza» e «fare le cose per bene» (così il «Corriere» riferisce la spiegazione dei prelati che ha interpellato).

Nessuno di loro si è accorto o ha pensato che in tal modo si trasgredivano le rigidissime norme del Conclave, che non potevano essere sostituite da improvvisazioni e trovate facilone?

Possibile condurre un'operazione tanto importante e delicata con questa superficiale approssimazione, «alla buona», come si suol dire?

Questa non è una questione mondana, fra uomini, ma – per i credenti, per la Chiesa – riguarda Dio stesso, impegna Dio.

La *Universi Dominici Gregis* è così rigorosa nel definire le procedure e così chiara nel comminare la nullità e l'invalidità per un'elezione che non segue le norme, perché Giovanni Paolo II voleva chiarire bene a tutti di cosa si tratta: la scelta del Vicario di Cristo. E se un Papa non è legittimamente eletto non ha l'investitura dal Cielo, non c'è il conferimento di quei poteri che Gesù Cristo ha promesso a Pietro e ai suoi successori.

Qui veniamo all'ultima possibile obiezione prevedibile che potrebbe consistere nel dire – con grossolanità degna dell'elezione di un capocondominio – «tutto sommato cosa fatta capo ha».

In questo caso verrebbe da rispondere con la nota battuta: «cosa fatta kappaò». Perché quell'espressione («cosa fatta capo ha») non è un argomento giuridico o canonistico, né un argomento teologico, tantomeno è una considerazione degna della gravità della materia che stiamo trattando.

Soprattutto – a voler analizzare seriamente quella frase – non è affatto vero che abbiamo una «cosa fatta». Il 13 marzo, stando alla *Universi Dominici Gregis*, non è stato fatto nulla, perché la presunta elezione non è mai avvenuta, essendo «nulla e invalida» in base alle norme, quindi nulla per il Cielo.

È «nulla» di per sé, «senza che intervenga alcuna dichiarazione in proposito», quindi «non conferisce alcun diritto alla persona eletta» (articolo 76).

È come se non fosse mai esistita, quindi non essendo «cosa fatta» non ha «capo» (né coda). Non può essere sanata dal consenso o dal tempo, perché non si può sanare il nulla.

Infatti non è il consenso umano che, in questo caso, conferisce quei diritti e quell'investitura, ma il consenso divino. Non è il *placet* di Eugenio Scalfari o di Marco Pannella che conta, ma quello di Dio. E la convalida del Cielo non può esserci se non sono state rispettate le norme decise nel pieno dei suoi poteri da Giovanni Paolo II.

Era lui che aveva il potere delle chiavi e che ha dichiarato «nulla e invalida» quella votazione.

Infine la tesi per cui «cosa fatta capo ha» è insostenibile anche per le micidiali conseguenze che – come ho dimostrato sopra – l'accettazione dell'accaduto avrebbe sul prossimo Conclave e sulla stessa vita e la libertà della Chiesa.

Interessante sarebbe interrogarsi sul perché si sia verificato questo incidente di cui nessuno si è avveduto. È un caso? Sappiamo che «Caso» – come dice il cardinal Biffi – è lo pseudonimo che Dio usa quando vuole viaggiare in incognito. Dunque perché Dio ha permesso che avvenisse?

Forse si può scorgere dietro questa vicenda un disegno provvidenziale, in quanto così, con l'avvio del Pontificato di Francesco, si è poi disvelato qualcosa che prima non era immaginabile, sono venuti alla luce i pensieri e i progetti di molti. E ora questi progetti possono andare a carte quarantotto.

«Per così poco?», si obietterà. Ho già dimostrato che non si tratta affatto di una violazione delle norme di piccola entità. Banale semmai è la causa, la distrazione, la superficialità, l'approssimazione.

Ma nel 450 d.C. fu proprio un «banale» incidente, il disarcionamento di Teodosio II da cavallo, che – provocando la morte dell'imperatore – permise la convocazione del Concilio di Calcedonia nel 451 e la condanna del monofisismo. Grazie al movimento imprevisto di quel cavallo la fede e la Chiesa furono salve. Un cavallo di sentimenti ortodossi...

La Provvidenza divina si serve spesso di apparenti «inezie», per «abbattere i potenti dai troni» e per svelare i piani di molti. Anzi, sembra quasi che questo sia precisamente il suo metodo.

Celebre è questo «pensiero» del grande Pascal: «Cromwell stava per sconvolgere l'intera cristianità; la famiglia reale era perduta, mentre la sua era più potente che mai, se non fosse stato per un granello di sabbia che si era messo nel suo uretere. Roma stessa avrebbe tremato sotto di lui. Ma c'era quel sassolino, ed egli è morto, la sua famiglia è decaduta, è tornata la pace».

La Provvidenza divina salvò tutto con un minuscolo granello di sabbia. Anche al Conclave del 2013 un granello di sabbia è entrato negli ingranaggi. E ha fatto saltare il meccanismo.

Ex voto

E allora, perché non andare in Argentina?
Mollare tutto e andare in Argentina,
... perché io ci ho già vissuto in Argentina.

FRANCESCO GUCCINI, *Argentina*

Se dunque così stanno i fatti, se cioè l'elezione di Bergoglio è nulla, non è mai esistita, cosa può accadere adesso? Cosa fare? Tornare nella pampa è già una «tentazione» di Bergoglio (se n'è parlato anche quando ha inopinatamente rinnovato il passaporto argentino).

Una «tentazione» forse cresciuta davanti agli enormi problemi di governo della Chiesa per i quali l'ex arcivescovo di Buenos Aires si scopre inadeguato, inadatto. E forse anche per gli acciacchi e per l'età.

Infine la questione della validità del voto del Conclave potrebbe essere la goccia che fa traboccare il vaso.

Certo, quest'ultimo problema non riguarda solo e personalmente Bergoglio, ma tutta la Chiesa. A partire dagli stessi cardinali. Che dunque potrebbero (e dovrebbero) attivarsi per un chiarimento.

I precedenti storici ci sono. Al tempo del grande scisma d'Occidente, che lacerò a lungo la Chiesa fra il XIV e il XV secolo, contrapponendo tre Papi e tre schieramenti cardinalizi, a ricomporre la situazione fu proprio l'iniziativa dei cardinali, col Concilio di Costanza. Nel 1415 persuasero Gregorio XII, il Papa legittimamente eletto nel 1406, a fare un passo indietro, per il bene della Chiesa, così da indurre anche gli altri a ritirarsi e guarire la drammatica frattura.

Gregorio XII poteva rifiutarsi di farlo e conservare legittimamente il Papato, ma per il bene della Chiesa accettò l'invito dei cardinali a ritirarsi.

Non so se e come questo possa oggi ripetersi. Oltretutto nel caso di Bergoglio si tratterebbe di un'elezione mai avvenuta.

Penso che ci si possa aspettare dallo stesso gesuita argentino un'iniziativa chiarificatrice. È ben nota la sua umiltà[1] e il suo distacco interiore dal potere terreno, dunque di fronte a una situazione che – una volta conosciuta – provocherà in molti fedeli fondati dubbi di coscienza sulla legittimità della sua elezione e su chi sia il vero Papa, è lecito aspettarsi che egli faccia di sua iniziativa un passo indietro.

Credo che nessuno voglia accollarsi la terribile responsabilità di una frattura nella Chiesa che potrebbe avere conseguenze catastrofiche.

Bergoglio, venendo a sapere dell'irregolarità delle procedure del Conclave e quindi scoprendo la nullità della sua elezione, non è uomo da far finta di nulla per tenersi la poltrona. Non è da lui.

Egli per primo potrebbe fare un passo indietro, come Celestino V che tanto ha detto di ammirare e come Benedetto XVI la cui rinuncia Bergoglio ha elogiato come un gesto di grande umiltà e coraggio (e in entrambi i casi si trattava di Papi effettivi, legittimamente eletti).

Magari così – dopo questa iniziativa chiarificatrice – potrà lui stesso essere legittimamente eletto da un nuovo Conclave, stavolta seguendo tutte le procedure. In questo caso avremmo il ritorno di papa Francesco, ma finalmente con tutti i poteri effettivi conferiti dal Signore a san Pietro e la grazia di stato portatrice della necessaria prudenza.

Oppure no. Potrebbe non sentirsela più per l'età. O anche per un problema che c'era già al tempo del Conclave del 2013, ma nessuno se n'è ricordato, nemmeno il diretto interessato.

L'hanno poi evocato, curiosamente, dopo il 13 marzo 2013, due suoi confratelli, peraltro molto vicini a lui.

Il primo è padre Antonio Spadaro sj, attuale direttore di «Civiltà Cattolica», a cui papa Bergoglio ha rilasciato una lunga intervista.

Interrogato dopo il Conclave, padre Spadaro ha dichiarato:

> *Per noi è stato un grande stupore. Io stesso, all'inizio, ero alquanto incredulo. Per noi, infatti, è un qualcosa di strano dato che il gesuita si è sempre pensato al servizio del Papa. Per me era un qualcosa fuori dalla logica stessa delle cose dal momento che noi facciamo anche un voto di non accettare cariche ecclesiastiche quali, per esempio, l'episcopato, che resta per noi un qualcosa di straordinario.*[2]

Padre Bartolomeo Sorge sj, anche lui già direttore di «Civiltà Cattolica», poi di «Aggiornamenti Sociali», ha ulteriormente precisato:

> *Noi gesuiti non possiamo diventare né monsignori, né vescovi, infatti facciamo voto di rifiutare ogni dignità ecclesiastica. Tanto meno, dunque, era prevedibile che un gesuita divenisse Papa. Ovviamente, capita ogni tanto che i Papi facciano vescovo o cardinale qualche gesuita, com'è avvenuto, per esempio, con il card. Martini. Ma, in questi casi, il Sommo Pontefice deve sospendere le nostre Costituzioni. E il Papa certamente lo può fare.*[3]

Ecco, il Papa sì, ma il Conclave no, non poteva sospendere le Costituzioni dei gesuiti. Infatti nessun gesuita finora era mai diventato Papa. Non a caso…

Ora, padre Sorge sembra dare per assodato che padre Bergoglio avesse fatto quei voti (o «piccoli voti» o promesse). Dunque cosa può essere accaduto?

Evidentemente quando gli hanno chiesto se accettava l'elezione al Papato e ha risposto positivamente, non ricordava che si era impegnato a rifiutare ogni carica ecclesiastica. Certo, è una curiosa dimenticanza.

Peraltro il problema avrebbe dovuto essere posto ben prima del sesto e ultimo scrutinio. Bergoglio avrebbe dovuto far presente quei voti, che gli impedivano di accettare l'elezione a Papa, prima della sesta votazione, a mano a mano che i consensi per lui crescevano.

Oppure ancor prima, durante le congregazioni, quando i suoi supporter «costruivano» la candidatura. O quando, arrivato a Roma il 27 febbraio, s'incontrava con importanti personalità ecclesiastiche che predisponevano i piani della sua elezione.

Ma si sa che a volte si resta galvanizzati da un certo clima, ci si trova col Papato a portata di mano e una strana amnesia finisce per cancellare le cose importanti.

Così durante le fasi preliminari del Conclave il gesuita argentino ha provveduto a rassicurare i cardinali che non aveva i problemi polmonari che certe malelingue insinuavano. Infatti Bergoglio – tramite Maradiaga, suo grande elettore – tranquillizzò i porporati facendo loro capire che lo potevano eleggere senza il rischio di ritrovarsi un Pontefice malato.[4]

Se Nicolas Diat ha potuto intitolare il suo libro su Ratzinger *L'homme qui ne voulait pas être pape,* nel caso di Bergoglio si dovrebbe scegliere un titolo così: «L'uomo che si è dimenticato di non poter essere Papa».

È una vera stranezza perché poi, una volta eletto Papa, ha ricordato energicamente ai religiosi che dovevano essere fedeli ai propri voti. Per esempio, durante il viaggio in Corea, il 17 agosto 2014, parlando appunto a loro, ha tuonato: «L'ipocrisia di quegli uomini e donne consacrate che professano il voto di povertà e tuttavia vivono da ricchi, ferisce le anime dei fedeli e danneggia la Chiesa».[5]

Ha ragione, ma che dire allora di chi ha promesso a Dio di non accettare cariche ecclesiastiche e poi accetta addirittura di essere eletto Papa?

Questa curiosa contraddizione fra ciò che si insegna agli altri e ciò che si pratica in prima persona talora caratterizza l'epoca Bergoglio. Si predica ai quattro venti mitezza e misericordia e poi si governa con pugno di ferro e senza pietà umana (vedi il caso dei Francescani dell'Immacolata); si teorizza collegialità e poi si accentra tutto su se stessi (chiedere in Curia); si ripete di continuo che la Chiesa è per i poveri delle più sperdute periferie e poi si snobbano, con un certo fastidio, i più poveri fra i poveri preferendo i salotti radical-chic.

In effetti, malgrado le speranze di tanti (me compreso), il «Pontificato di Bergoglio», dopo un anno e mezzo, presenta risultati disastrosi e dirompenti per la Chiesa, che si trova esposta a fratture drammatiche.

Se si comincerà a discutere dell'invalidità della sua elezione, Bergoglio potrebbe (e dovrebbe) afferrare al volo questa scialuppa di salvataggio che la Provvidenza gli offre come occasione per fare un passo indietro e tornare in Argentina.

Sarebbe tutto sommato un'uscita di scena onorevole, e pure molto accorta, che gli eviterebbe seri travagli di coscienza (perché non porterebbe a termine l'idea pazzesca che è stata lanciata per il Sinodo e tanti altri progetti discutibili) e gli permetterebbe di mantenere la sua immagine pubblica sui media laici, come grande rivoluzionario che romanticamente lascia tutti i Palazzi del potere e si ritira nella periferia esistenziale di Buenos Aires.

Parte terza

IL CASO BERGOGLIO

Il modernismo pretende di distinguere il contenuto reale del dogma dalle sue espressioni metafisiche che egli considera come cosa del tutto accidentale, allo stesso modo che sono accidentali le varie espressioni del linguaggio in cui può venire tradotto un medesimo pensiero. E questo paragone è il primo e sommo sofisma dei modernisti ... Liberissimi i modernisti di trasformare i dogmi secondo le loro idee. Anch'io uso di questa libertà. Soltanto io ho coscienza, facendo questo, di essere fuori della Chiesa, anzi fuori di ogni religione; laddove i modernisti si ostinano a professarsi non solo religiosi, ma cattolici.[1]

BENEDETTO CROCE

Il Papa di successo

> Guai quando tutti gli uomini diranno bene di voi. Allo stesso modo infatti facevano i loro padri con i falsi profeti.
>
> (*Lc* 6,26)

La scelta di Jorge Mario Bergoglio come candidato per il Papato resta un vero mistero. Inspiegabile per tutti i canoni ecclesiastici, ma anche semplicemente per quella che nel mondo chiamano «la selezione della classe dirigente».

Il problema è la sua carenza di requisiti che – nella dilagante «francescomania» dei media – è passata finora del tutto sotto silenzio.

Eppure basta confrontare il suo curriculum con quello dei suoi predecessori degli ultimi quarant'anni (prima dei loro pontificati) per verificarlo.

Quello di Ratzinger farebbe impallidire chiunque. È un vero dottore della Chiesa, un uomo che dalla preziosa partecipazione al Concilio alla sua brillantissima attività accademica e alla sua produzione teologica, dal suo episcopato a Monaco alla memorabile missione come custode della fede accanto a Wojtyła, suo vero pilastro, ha giganteggiato negli ultimi cinquant'anni (anche nel dibattito con la cultura laica). E tutto questo associato a doti di umanità, semplicità, coraggio morale, umiltà davvero straordinarie.

Karol Wojtyła è una vera e propria leggenda. La sua vita epica di operaio, studente, poeta e mistico sotto l'occupazione nazista, la sua partecipazione alla resistenza per mettere in salvo gli ebrei, il seminario clandestino, poi la resistenza come prete sotto lo stalinismo, il dottorato all'Angelicum, quindi vescovo indomito sotto il regime comunista, con la tempra del condottiero, i viaggi, la partecipazione al Concilio, la docenza universitaria e l'originale profondità teologica, sui temi della morale e del personalismo, che ne fece l'aiuto prezioso di Paolo VI nella battaglia della *Humanae Vitae*. E anche nel suo caso, il tutto unito a straordinarie doti umane che lo hanno reso un vero ciclone per il mondo.

E poi, per entrambi, la conoscenza diretta e approfondita del mondo, delle diverse culture e della Chiesa in tutto il pianeta, la familiarità con le lingue straniere, che non è cosa secondaria…

Si potrebbe proseguire con Montini, tre lauree, prezioso collaboratore di Pio XII alla Segreteria di Stato, quindi al governo della Chiesa universale, in anni cruciali; grande preparazione teologica, amico di pensatori importanti per la cristianità come Jacques Maritain, poi vescovo di Milano capace di imprimere una vigorosa spinta missionaria alla metropoli, quindi protagonista del Concilio.

Ognuno dei tre con un curriculum che lo candidava naturalmente al Papato.

Purtroppo il curriculum di padre Bergoglio è imparagonabile. Perito chimico, entra in seminario a 22 anni, compie gli studi filosofici e teologici previsti dalla formazione della Compagnia di Gesù. Non parla le lingue (oltre al suo spagnolo, solo l'italiano), non conosce granché il mondo perché non ha viaggiato fuori dall'America Latina, non riesce a conseguire il dottorato in teologia in Germania.

Diventa superiore provinciale dei gesuiti in Argentina, ma sarà un'esperienza non positiva che lo isolerà anche all'interno della Compagnia.

Parlandone da Papa col direttore della «Civiltà cattolica», Bergoglio ha fatto delle considerazioni autocritiche che gli fanno onore:

> *Il mio governo come gesuita all'inizio aveva molti difetti. Avevo 36 anni: una pazzia. Bisognava affrontare situazioni difficili, e io prendevo le mie decisioni in maniera brusca e personalista. Il mio modo autoritario e rapido di prendere le decisioni mi ha portato ad avere seri problemi e a essere accusato di essere ultraconservatore. Non sono stato certo come la beata Imelda, ma non sono mai stato di destra. È stato il mio modo autoritario di prendere le decisioni a creare problemi.*[1]

Invece Ángel Miguel Centeno dice: «Fu un periodo molto difficile per la Compagnia di Gesù, ma se non ci fosse stato lui alla guida, le difficoltà sarebbero state maggiori».[2]

Eppure, non tutti sono d'accordo. La Piqué scrive che «Bergoglio non era molto amato dai gesuiti» e riferisce che un anziano gesuita commentò così il suo incarico episcopale: «Magari un cattivo gesuita può diventare un buon vescovo».[3]

Come vescovo pare sia stato molto disponibile per la gente e per i suoi preti: «Istituì una linea telefonica diretta perché i sacerdoti potessero chiamarlo per qualsiasi problema e in ogni momento».[4]

Si dette da fare soprattutto per radicare una cura pastorale nelle baraccopoli delle periferie. Ma non si può dire che Buenos Aires abbia vissuto col suo episcopato una rinascita cristiana.

In tutta l'Argentina i dati non sono per nulla entusiasmanti (abbiamo visto le statistiche). Non ha scritto libri significativi di teologia o di spiritualità o su temi d'attualità o nel dibattito delle idee (perlopiù qualche libro intervista).

Negli anni di Buenos Aires è descritto da tutti come introverso,[5] alcuni lo trovano nervoso, scostante, solitario, altri dicono: «È un grande maestro di spirito, un asceta, un pastore noto per la serenità, la semplicità di vita, l'altezza del magistero».[6]

Sergio Rubin e Francesca Ambrogetti, che con lui hanno fatto un libro intervista, scrivono: «Chiunque abbia conosciuto Bergoglio sa che non si tratta di un personaggio appariscente, di quelli che hanno successo nei programmi televisivi. E neppure di un oratore magniloquente, con un talento istrionesco. Al contrario il suo tono è basso, ma il contenuto è profondo».[7]

I critici traducono che è senza carisma, ha un argomentare per piccoli slogan, poco amante della teologia che non ha studiato a livelli accademici. È considerato da tutti indecifrabile, anche nella geografia delle diverse correnti ecclesiali.

Infatti si oppose come superiore dei gesuiti alla teologia della liberazione negli anni Settanta (ed è per questo forse che fu chiamato all'episcopato), ma enfatizza il tema della scelta preferenziale per i poveri e da vescovo non segue la Santa Sede nelle sue battaglie etiche.

Il tratto che però arriva sui giornali è il suo stile di vita, in particolare il fatto che si muove per la città con i mezzi pubblici, frequenta i quartieri poveri della capitale argentina e ha rifiutato di andare a vivere nella residenza arcivescovile di Olivos restando in un modesto appartamento della Curia.

Uno stile di vita suggestivo, che certamente ha permesso di vedere in lui il pastore che avrebbe aiutato il Vaticano a tornare alla semplicità evangelica (quando fu creato cardinale nel 2001 impose ai suoi compatrioti che volevano festeggiarlo a Roma di restare a casa e devolvere i soldi che avrebbero speso ai poveri).

Nell'insieme la sua è stata una vita da mediano. Negli anni della dittatura non si espone né da una parte né dall'altra. Certamente non è stato complice dei militari torturatori come hanno sostenuto certi intellettuali, ma non si può neanche dire che abbia manifestato atteggiamenti da eroico oppositore.

Però, come ha documentato Nello Scavo con una sua bella inchiesta giornalistica diventata un libro, *La lista di Bergoglio* (Emi), padre Bergoglio si adoperò per far liberare e salvare diversi perseguitati, sacerdoti e laici, credenti e non credenti.

Bisogna tener presente cosa fu la dittatura. Scrive Scavo: «30mila desaparecidos, oltre i 15mila giustiziati sommariamente, decine di neonati sottratti ai genitori condannati a morte e almeno due milioni di esiliati».[8]

Tornata la democrazia e diventato vescovo, Bergoglio, «nell'anno santo del 2000 fece "indossare" all'intera Chiesa argentina le vesti della pubblica penitenza, per le colpe commesse negli anni della dittatura».[9]

Oltreché mediano Bergoglio è stato anche un buon mediatore all'importante Conferenza di Aparecida. Ma sempre con la caratteristica del mediano, di uno che non dà nell'occhio, non si espone e non emerge.

Appena uscito eletto dal Conclave, qualcuno ha provveduto a scrivere una biografia ufficiale del nuovo Papa sul sito vaticano dove fra l'altro si legge: «Nel marzo 1986 va in Germania per ultimare la tesi dottorale...».

In effetti a un Papa forse servirebbe almeno un titolo accademico di teologia e questa espressione fa pensare a un dottorato conseguito. Ma la verità è venuta fuori l'indomani, 14 marzo, dalla facoltà Sankt Georgen di Francoforte.

Tale istituzione ha salutato l'elezione del nuovo Papa con un comunicato sul sito della facoltà scrivendo che «a metà degli anni Ottanta [Bergoglio] ha passato alcuni mesi presso la nostra facoltà, per consigliarsi con alcuni professori su un progetto di dottorato (Dissertation) che non è arrivato a conclusione».

Come ha osservato Sandro Magister, «Bergoglio né scrisse quella tesi né conseguì il dottorato». Tuttavia, nella biografia ufficiale di papa Francesco del sito vaticano rimane scritto: «Nel marzo 1986 va in Germania per ultimare la tesi dottorale; quindi i superiori lo inviano...».

Solo un'«imprecisione»[10] o un eccesso di zelo? Non è inopportuno che si pubblichi sul sito ufficiale una nota biografica simile mantenendola, imperterriti, anche quando si è saputo come sono andate le cose?

Non aver studiato teologia a livelli accademici può essere problematico se poi ci si ritrova a fare il Papa. E non è bello, poi, da Papa, usare espressioni un po' sprezzanti verso chi coltiva lo studio della dottrina e della teologia (per esempio, nell'omelia del 2 settembre 2014).

Del resto c'è perfino qualche zelante ecclesiastico che è arrivato a esaltare Bergoglio per la sua «immane cultura»...

Il fenomeno adulatorio verso papa Bergoglio nel mondo ecclesiastico ha raggiunto livelli inediti. A volte è entusiasmo, a volte sfiora il culto della personalità.

A dire il vero papa Francesco ha tuonato diverse volte contro quella «mondanità spirituale» pericolosissima che consiste nel «darsi gloria gli uni con gli altri». Ma ammoniva i suoi ascoltatori. Ed è cosa sacrosanta.

Sarebbe interessante cogliere il fenomeno che si sta verificando attorno all'attuale Papa. Per esempio, sul settimanale «Il mio Papa», tutto dedicato a Bergoglio, nel numero del 15 agosto 2014 è uscita un'intervista a monsignor Guillermo Javier Karcher, cerimoniere pontificio, «l'uomo che teneva il microfono al Papa» la sera dell'elezione, dalla loggia di San Pietro.

«Racconta, don Guglielmo, di avere avuto anche una visione» dice il giornalista. Ed ecco che il monsignore la riferisce: «Una Madonna sul carro, con magnifici ornamenti. Ho capito subito che attorno a Francesco c'è un'aura divina che m'impone il massimo rispetto, m'impedisce quasi di avvicinarmi, devo tenermi a distanza».

Non è leggermente esagerato per un sacerdote che dovrebbe essere abituato a tenere nelle sue mani ogni giorno il corpo e il sangue di Cristo?

Ma la mitizzazione della figura di Jorge Mario Bergoglio ha assunto fin dall'inizio dimensioni inaudite anche e soprattutto sulla stampa laica. Mai visto prima un fatto simile per un Papa e oltretutto senza che se ne capiscano i motivi concreti.

Infatti a fronte di una vita da mediano, che dunque non dà spunti per la mitizzazione, sono fioriti subito progetti di film, sceneggiati tv, un fiume di libri biografici, sono uscite perfino riviste monotematiche dedicate a lui, come si è detto, e gadget surreali, tanto che lo stesso Bergoglio ha parlato, con imbarazzo, di una vera e propria «francescomania».

Naturalmente in questa esaltazione collettiva non manca il confronto sprezzante col predecessore da parte di qualcuno.

Per esempio, per restare alle «periferie» del mondo, fra i diseredati, ecco cosa dice il ricco e potente stilista Karl Lagerfeld: «L'altro (papa Benedetto) mi era antipatico, questo mi pare meglio, lo chiamerei il Papa dei poveri. Ma io sono completamente agnostico».

La spropositata mitizzazione da parte della stampa laicista ha avuto aspetti davvero incredibili.

Già si resta perplessi nel vedere giornali di banche, gruppi finanziari e industriali che acclamano il «Papa dei poveri» che tuona contro «il Nord ricco» a cui «più volte in quest'anno ha gridato "vergogna" mettendolo sotto accusa».

E giornali di multinazionali che suonano la fanfara per la riabilitazione in Vaticano di Gustavo Gutiérrez, il padre della Teologia della liberazione.

Ma che dire dei magazine internazionali come «Fortune», la rivista del business e della finanza, nota per stilare ogni anno la classifica degli uomini più ricchi del pianeta?

Proprio questa rivista ha dedicato a Bergoglio la copertina di agosto-settembre 2014 con una sua foto ritratto e il titolo: *Holy Reformer*, cioè «Santo riformatore».

Vi si legge che «il popolarissimo Francesco è più di un Pontefice» perché «lui è un manager di primo livello che sta riformando le finanze in difficoltà del Vaticano».

In cosa si sostanzi tale presunta riforma a oggi non è dato sapere poiché nessuno l'ha vista. Sconcertante poi il titolo dei servizi interni, *This Pope means business*, un gioco di parole che ognuno può valutare.

Ma «Fortune» è solo l'ultima della serie. Bergoglio era stato proclamato «Uomo dell'anno» dall'edizione italiana di «Vanity Fair» e anche da «Time» che lo ha celebrato con una copertina intitolata: *Il Papa del popolo*.

Memorabili le dichiarazioni raccolte da «Vanity Fair». Ecco quella di Elton John: «Pope Francis: The times they are a-changin'», evocativa di vecchie stagioni sessantottine. Chiunque, nel mondo cristiano, davanti a una tanto corale esaltazione planetaria, sentirebbe puzza di bruciato, perché Gesù nel Vangelo aveva esplicitamente messo in guardia: «Guai quando tutti gli uomini diranno bene di voi. Allo stesso modo infatti facevano i loro padri con i falsi profeti» (*Lc* 6,26).

Aveva anche insistito spiegando cosa sarebbe accaduto ai suoi apostoli: «Se foste del mondo, il mondo amerebbe ciò che è suo; poiché invece non siete del mondo, ma io vi ho scelti dal mondo, per questo il mondo vi odia. Se hanno perseguitato me, perseguiteranno anche voi» (*Gv* 16,18-20).

Dunque, Gesù indicò ai suoi discepoli questa beatitudine: «Beati voi quando gli uomini vi odieranno e quando vi metteranno al bando e v'insulteranno e respingeranno il vostro nome come scellerato, a causa del Figlio dell'uomo. Rallegratevi in quel giorno ed esultate, perché, ecco, la vostra ricompensa è grande nei cieli» (*Lc* 6,20-23).

Di sicuro questa è stata la sorte di Benedetto XVI. Ma tutt'altra pare quella di papa Bergoglio.

Bisogna certo spezzare una lancia a favore di Francesco. Uscire di colpo dall'anonimato e assurgere a questa gloria planetaria naturalmente può sedurre e, confondendosi, si può perfino credere che di colpo il mondo si sia convertito al Vangelo.

Ma così non è. Infatti lo stesso papa Bergoglio ha intuito, con allarme, il rischio insito in questa adulazione mondana di cui si stenta a capire le motivazioni.

A Ferruccio De Bortoli del «Corriere della Sera» ha detto:

> *Mi piace stare tra la gente, insieme a chi soffre, andare nelle parrocchie. Non mi piacciono le interpretazioni ideologiche, una certa mitologia di papa Francesco. Quando si dice per esempio che esce di notte dal Vaticano per andare a dar da mangiare ai barboni in via Ottaviano. Non mi è mai venuto in mente. Sigmund Freud diceva, se non sbaglio, che in ogni idealizzazione c'è un'aggressione. Dipingere il Papa come una sorta di superman, una specie di star, mi pare offensivo. Il Papa è un uomo che ride, piange, dorme tranquillo e ha amici come tutti. Una persona normale.*[11]

Sono parole sincere e comprensibili. Il problema però non è solo il possibile rovesciamento di atteggiamento dei poteri mondani, come accadde in passato per Pio IX e in parte per Paolo VI, dall'adulazione all'aggressione.

Il punto è capire dove i media vogliono trascinare un Papa, quando lo esaltano così, e sottrarsi alla loro «seduzione». Come fecero appunto Pio IX e Paolo VI.

Già don Giussani avvertiva, anni fa, che l'interesse dei media per la Chiesa «rientra perlopiù in un progetto di strumentalizzazione attraverso un'interpretazione di tali fatti in termini compiacenti rispetto alla cultura dominante. La Chiesa, e ogni sua espressione sia diretta che indiretta, sono dunque oggetto di manipolazione, di "rilettura" secondo criteri estranei».

Per questo un Papa non dovrebbe lasciare margini di ambiguità o possibilità di strumentalizzazioni o di uso illegittimo di quello che dice o che fa. Perché i poteri di questo mondo hanno un preciso obiettivo: demolire la fede della Chiesa e quindi la Chiesa stessa.

Per esempio, aggiungeva Giussani, questa «manipolazione» dei media «laici» è evidente nel modo in cui trattano le varie «eresie» che sorgono e pullulano nella cristianità.

Per i media laici «l'esperienza religiosa procede, si dimostra vitale e utile per la società, nella misura in cui sorgono delle eresie rispetto alla fede affermata e proposta dalle Chiese in genere, e da quella cattolica in particolare: le eresie, infatti, sarebbero il versante vitale e "progressivo" dell'esperienza cristiana. Ebbene, questo tipo di interpretazione sta alla base di buona parte della cosiddetta informazione religiosa della grande stampa ... Qualsiasi presa di posizione stravagante di singoli cristiani o di gruppi anche minuscoli (purché "puzzi di eresia", anche magari senza essere sostanzialmente eterodossa) viene ripresa e diffusa con ampiezza».[12]

Il problema dunque, per Francesco, davanti a questa esaltazione dei media, è porsi la domanda se si è dato motivo ai media e alle lobby laiciste per queste lodi sperticate con messaggi compiacenti verso le ideologie dominanti. E ancor peggio se deliberatamente si percorre questa via.

Cosa si aspettano (e perché se lo aspettano) da Francesco questi laudatori?

E perché papa Bergoglio non si ribella a questa esaltazione che si fa di lui per screditare la Chiesa di sempre? Perché dà a noi, poveri figli della Chiesa, la sensazione di cercare l'applauso – o almeno di accettare l'encomio – di coloro che da sempre sputano disprezzo sulla Chiesa?

Eppure potrebbe evitarlo facilmente, potrebbe farlo con parole ferme e chiare, come fece don Milani quando la stampa progressista, radical-chic e la sinistra intellettuale e politica volevano «strumentalizzarlo» e dicevano: «È dei nostri».

Lui rispondeva indignato: «Ma che dei vostri! Io sono un prete e basta!». Quando cercavano di usarlo contro la Chiesa, lui ribatteva a brutto muso: «In che cosa la penso come voi? Ma in che cosa?», «Delle mie idee non m'importa nulla, perché io nella Chiesa ci sto per i sacramenti e non per le mie idee», «Questa Chiesa è quella che possiede i sacramenti. L'assoluzione dei peccati non me la dà mica "l'Espresso". E la comunione e la Messa me la danno loro? Devono rendersi conto che loro non sono nella condizione di poter giudicare e criticare queste cose. Non sono qualificati per dare giudizi».

E ancora: «Io ci ho messo 22 anni per uscire dalla classe sociale che scrive e legge "l'Espresso" e "Il Mondo". Devono snobbarmi, dire che sono ingenuo e demagogo, non onorarmi come uno di loro. Perché di loro non sono», «L'unica cosa che importa è Dio, l'unico compito dell'uomo è stare a adorare Dio, tutto il resto è sudiciume».[13]

Queste meravigliose parole di don Milani (che pure era stato incompreso e maltrattato dalla gerarchia), avremmo voluto ascoltarle prima dal cardinale Martini, anche lui beniamino di quella stampa, ma non le abbiamo mai sentite.

E oggi vorremmo sentirle da papa Bergoglio che è ancor più beniamino planetario di tutti i media laici e di tanti nemici della Chiesa. Avremmo voluto sentire da lui parole di difesa e di amore nei confronti della Chiesa e di serio ammonimento verso i suoi nemici.

Invece ne abbiamo sentite altre che hanno sconcertato e confuso i semplici cattolici.

Si ha la sensazione che in questa epoca si stia cedendo a quella che padre Livio Fanzaga, alcuni anni fa, definiva «la tentazione del facile consenso». Quella che porta a «adulterare e a corrompere l'autentica esperienza religiosa».

Padre Livio ricordava «un detto popolare» secondo cui «Satana si traveste da frate». Quel motto «ci vuole mettere in guardia dalle false rappresentazioni della religione e dalle sue astute e interessate strumentalizzazioni. Piaccia o meno, anche singoli uomini di Chiesa possono ingannare, ma lo fanno con accortezza, con i panni sacri addosso, per cui la vigilanza deve essere raddoppiata».

Era già allora, nel 2009, una tentazione diffusa: «Quando la mania di apparire entra nella Chiesa, si genera la religione spettacolo. Si tratta di una tentazione di grande attualità, su cui bisogna riflettere attentamente ... La religione che si esibisce, la religione che alla predicazione preferisce gli spot pubblicitari, ... la religione che diventa un ingrediente del mondo, non ha nulla a che fare con la via della croce percorsa da Cristo. È l'ennesima falsificazione satanica del sentimento religioso».

Padre Livio, in quel 2009, parlò chiaro: «Sono soprattutto i ministri della Chiesa che devono vigilare, perché Satana non li adeschi e riesca a farli deviare. Purtroppo non è raro lo spettacolo mortificante di ministri della Chiesa che, adducendo il pretesto di andare incontro agli uomini, oscurano, quando non negano, tutto ciò che è scomodo nel Vangelo. Le stesse limpide parole di Gesù vengono disinvoltamente censurate o deformate o adattate alle voglie e alle mode. Vendono la grazia a basso prezzo, come direbbe Bonhoeffer, per ottenere un facile consenso, per essere osannati e per formarsi un loro seguito personale. A loro interessa più l'ingannevole e instabile popolarità del mondo piuttosto che l'approvazione di Dio».

Concludeva: «Guai ai ministri della Chiesa se non sapranno presentare ai loro fedeli una religione pura e autentica. Un pastore ipocrita non può guidare il gregge sulla via della santità. Un predicatore infedele nella dottrina offre cibo avvelenato al suo gregge. Un ministro di Dio incredulo uccide le anime. Se il maligno seduce il pastore, tremende sono le conseguenze per le pecore. Guai a quelle comunità che invece del pastore hanno un mercenario (*Gv* 10,12) e vengono così esposte alla ferocia dei lupi rapaci (*Atti* 20,29)».[14] Parole che sono attuali per tutti in ogni tempo.

I Neopapalini

Tutti vogliono che la Chiesa segua la corrente, ma solo i cani morti se ne lasciano trascinare.

GEORGES BERNANOS

È interessante capire chi sono i nuovi e sorprendenti fan di papa Francesco.

Egli sembra riscuotere l'entusiastico appoggio dei più noti laiconi e mangiapreti, come Eugenio Scalfari e Marco Pannella o di pensatori come Hans Küng, uno scatenato avversario di Giovanni Paolo II, di Benedetto XVI e del Papato stesso.

In effetti questi diversi tipi di fan di papa Bergoglio sembrano concordi nell'attribuirgli – o nell'aspettarsi da lui (tirandolo per la tonaca?) – il sovvertimento e quindi la liquidazione della Chiesa cattolica apostolica romana come l'abbiamo conosciuta dalle origini ai giorni nostri.

Consideriamo per esempio Eugenio Scalfari, da sempre un veemente anticattolico, che oggi si definisce «amico» entusiasta di papa Francesco e che ha avuto lunghe conversazioni con lui in Vaticano (pubblicate come interviste in cui attribuisce al Papa delle enormità, mai veramente smentite in modo inoppugnabile). Scalfari ha annunciato fin dal titolo di un suo editoriale sulla «Repubblica»: *La rivoluzione di Francesco: ha abolito il peccato*.

Svolgimento:

È rivoluzionario per tanti aspetti del suo ancor breve pontificato, ma soprattutto su un punto fondamentale: di fatto ha abolito il peccato … Questa è la rivoluzione di Francesco.[1]

Dopo questa «lieve» rivelazione prosegue:

> *Francesco non mette in discussione i dogmi e ne parla il meno possibile. Qualche volta li contraddice addirittura. È accaduto almeno due volte nel dialogo che abbiamo avuto e che spero continuerà. Una volta mi disse, di sua iniziativa e senza che io l'avessi sollecitato con una domanda: «Dio non è cattolico». E spiegò: Dio è lo Spirito del mondo. Ci sono molte letture di Dio, quante sono le anime di chi lo pensa per accettarlo a suo modo o a suo modo per rifiutarne l'esistenza. Ma Dio è al di sopra di queste letture e per questo dico che non è cattolico ma universale.*[2]

Senz'altro si tratta di novità rivoluzionarie che portano diritti fuori dal cattolicesimo. Perché queste cose non sono mai state veramente smentite in modo serio e puntuale, ma anzi papa Bergoglio continua a ricevere Scalfari e questi a pubblicare i resoconti delle conversazioni?

Con sorpresa, sconcerto e dolore molti cattolici leggono queste parole e non ricevono dal Vaticano quella luce che diradi le tenebre e la confusione che è stata creata in loro.

Sembra che queste aspettative «rivoluzionarie» non ricevano mai una vera smentita oltretevere e che anzi vengano incoraggiate. Del resto, lo stesso Gran Maestro della massoneria italiana, Gustavo Raffi, all'indomani del Conclave, annunciò: «Con papa Francesco nulla sarà più come prima».[3]

In che senso nulla sarà più come prima? E cosa ha originato e cosa diffonde queste aspettative?

Sull'«Huffington Post» si indicano – fra le altre cose – i due prossimi Sinodi sulla famiglia (ottobre 2014 e ottobre 2015) come «la tempesta perfetta», un sorta di Concilio Vaticano III con cui Bergoglio – a loro avviso – ribalterà la Chiesa:

> *Anche perché, come abbiamo scritto, un «concilio» di fatto è già cominciato e in pieno svolgimento, seppure in formato sperimentale e con formula inedita: un consesso trasversale e «trasgressivo», dove i padri conciliari vanno da Eugenio Scalfari alla direttrice di «Time» Nancy Gibbs, che hanno unto Francesco di laica consacrazione ma oggi ambiscono a ispirarne la linea.*[4]

In attesa dunque di verificare se al Conclave c'è stata o non c'è stata l'unzione e la consacrazione del Cielo, apprendiamo che ci sono state di sicuro quelle «laiche», con Scalfari al posto di Dio.

A questo tipo di fan laici ovviamente si aggiungono quelli che si definiscono cattolici o sono addirittura ecclesiastici.

Il 29 maggio 2014, per esempio, sulla testata online della «Stampa» dedicata alla Chiesa, «Vatican Insider», una tribuna ultrabergogliana, usciva un emblematico articolo intitolato *Chi sono io per giudicare?*

L'autore Fabrizio Mastrofini, caporedattore di Radio Vaticana, c'informava sull'uscita del nuovo numero di «Concilium», la rivista ultraprogressista.[5]

Il titolo che campeggia sulla copertina è molto significativo: *Dall'«Anathema sit» al «Chi sono io per giudicare?»*.[6]

Dunque Mastrofini lo lancia così:

> *L'idea di questo numero di «Concilium» è affascinante: suggerisce l'ipotesi che l'ortodossia non sia necessaria. A partire dalla famosa frase di papa Francesco sull'omosessualità: chi sono io per giudicare una persona, pronunciata in aereo di ritorno dal Brasile. I vari saggi del fascicolo percorrono in lungo e largo l'idea dell'ortodossia come si è stabilita nel corso di due millenni di cristianesimo e la necessità di fare spazio a qualcosa di radicalmente diverso.*

Poi passa al saggio del teologo David Tracy che teorizza la critica all'ortodossia e quindi conclude:

> *Se incrociamo questo dato con la misericordia di Dio – che la Chiesa predica molto con papa Francesco – allora a cosa serve l'affermazione dell'ortodossia? A niente, è la risposta, anche se in questo numero di* Concilium *non viene espressa in maniera tanto brutale. Jon Sobrino, per esempio, il gesuita che è considerato un esponente di spicco della teologia della liberazione, nota che la misericordia di Gesù e la Croce vengono poco considerate quando si parla di ortodossia.*

Lasciando perdere quest'ultima sciocchezza, bisogna constatare in effetti che già l'editoriale di «Concilium» su *L'ortodossia cristiana oggi*, esordisce così:

> *L'ortodossia può sembrare innocua in superficie, in quanto sollecitudine a conservare la verità e la validità delle proprie convinzioni religiose. Ma la storia e l'esperienza hanno anche mostrato*

che si tratta di un concetto con una sua carica ideologica, utilizzato come mezzo di esclusione, come punto di riferimento per soffocare la libertà di pensiero e come arma per «sorvegliare e punire». Non diverso è stato il caso dell'ortodossia cristiana.

Poi prosegue affermando che

l'ortodossia cristiana ha bisogno di essere liberata dalla sua storia ignominiosa.

Non mi pare ci sia bisogno di commenti: considerando che la tanto vituperata «ortodossia» altro non è che il tesoro unico della Chiesa, senza il quale viene cancellato l'evento di Gesù Cristo, siamo semplicemente alla demolizione della fede e della Chiesa. Peraltro già tentata più volte e in particolare, nel XX secolo, dal «modernismo».

Proprio Paolo VI, il Papa del (vero) Concilio Vaticano II (non di quello della rivista «Concilium»), nel discorso del 19 gennaio 1972, mise in guardia da quegli «errori che hanno circolato e tuttora affiorano nella cultura del nostro tempo, e che potrebbero rovinare totalmente la nostra concezione cristiana della vita e della storia».

E spiegò:

Il modernismo rappresentò l'espressione caratteristica di questi errori, e sotto altri nomi è ancora d'attualità. Noi possiamo allora comprendere perché la Chiesa cattolica, ieri e oggi, dia tanta importanza alla rigorosa conservazione della Rivelazione autentica, e la consideri come tesoro inviolabile, e abbia una coscienza così severa del suo fondamentale dovere di difendere e di trasmettere in termini inequivocabili la dottrina della fede; l'ortodossia è la sua prima preoccupazione; il magistero pastorale la sua funzione primaria e provvidenziale; l'insegnamento apostolico fissa infatti i canoni della sua predicazione; e la consegna dell'Apostolo Paolo: Depositum custodi *(*1Tim *6,20;* 2Tim *1,14) costituisce per essa un tale impegno, che sarebbe tradimento violare. La Chiesa maestra non inventa la sua dottrina; ella è teste, è custode, è interprete, è tramite; e, per quanto riguarda le verità proprie del messaggio cristiano, essa si può dire conservatrice, intransigente; e a chi la sollecita di rendere più facile, più relativa ai gusti della mutevole mentalità dei tempi la sua fede, risponde con gli Apostoli:* Non possumus, *non possiamo (*Act *4,20).*

Oggi, con Bergoglio, questo *non possumus* è diventato *possumus*, per la prima volta in duemila anni di storia della Chiesa?

Dalla risposta a questa domanda dipendono le sorti del Papato e della Chiesa.

E magari dipende da questo anche il futuro del mondo. Col suo consueto e saggio umorismo, il grande convertito Gilbert K. Chesterton scrisse: «Per vero questo mette in luce la mentalità ristretta, di quelli che rifiutano ciò che definiscono "credi e dogmi". Son stati proprio i credi e i dogmi a salvare l'equilibrio mentale del mondo. Generalmente questi propongono una religione basata sulle intuizioni e sugli istinti. Se nei secoli bui ci fosse stata una religione basata sugli istinti, sarebbero stati istinti empi e autodistruttivi. La resistenza alla tendenza suicida la si deve proprio ad un credo rigido».[7]

Il caso Bergoglio

> Adunque seguitate quelli veri pastori che seguitaro Cristo Crocifisso.[1]
>
> SANTA CATERINA DA SIENA

Il primo anno dell'era Bergoglio ha provocato smarrimento e preoccupazione fra i cattolici. Troppe volte, infatti, nelle sue parole e nei suoi gesti è mancata la chiarezza o quantomeno la virtù della prudenza.

Facciamo qualche esempio. Il primo sul tema della coscienza, della moralità e del peccato, su cui Bergoglio è tornato a più riprese sui giornali.

Confrontiamo quanto da lui affermato con la dottrina cattolica e il magistero cattolico di sempre ricordando che un Papa non è un sovrano assoluto.

Come insegna dogmaticamente il Concilio Vaticano I, ogni Pontefice deve agire entro un limite ben segnato: egli è chiamato a custodire il *depositum fidei* e a consegnarlo intatto ai successori. Non può inventarlo o rinnegarlo (anche in parte) o stravolgerlo.

Come ha sempre ripetuto Benedetto XVI, la Chiesa appartiene a Cristo e non ai Papi. Proprio per questo il compito di ogni Pontefice è custodire il *depositum fidei*, così come gli è stato consegnato. La tradizione nella Chiesa è vincolante e il magistero di ogni Papa deve inserirsi nell'insieme del magistero di sempre della Chiesa.

Ecco dunque il confronto, che poi proseguirò su altre questioni cruciali:

BERGOGLIO

La questione per chi non crede in Dio sta nell'*obbedire alla propria coscienza*. Il peccato, anche per chi non ha la fede, c'è quando si va contro la coscienza. *Ascoltare e obbedire ad essa significa, infatti, decidersi di fronte a ciò che viene percepito come bene o come male. E su questa decisione si gioca la bontà o la malvagità del nostro agire*.

(*Lettera a Eugenio Scalfari*, in «la Repubblica», 4 settembre 2013)

Ciascuno di noi ha una sua visione del Bene e anche del Male. Noi dobbiamo incitarlo a procedere verso quello che lui pensa sia il Bene ... Ciascuno ha una sua idea del bene e del male e deve scegliere di seguire il bene e combattere il male come lui li concepisce. Basterebbe questo per cambiare il mondo.

(*Intervista di Eugenio Scalfari a papa Francesco*, in «la Repubblica», 1° ottobre 2013)

MAGISTERO CATTOLICO

In alcune correnti del pensiero moderno si è giunti ad *esaltare la libertà al punto da farne un assoluto, che sarebbe la sorgente dei valori*. In questa direzione si muovono le dottrine che perdono il senso della trascendenza o quelle che sono esplicitamente atee.

Si sono attribuite alla coscienza individuale le prerogative di un'istanza suprema del giudizio morale, che decide categoricamente e infallibilmente del bene e del male. All'affermazione del dovere di seguire la propria coscienza si è indebitamente aggiunta l'affermazione che il giudizio morale è vero per il fatto stesso che proviene dalla coscienza. Ma, in tal modo, l'imprescindibile esigenza di verità è scomparsa, in favore di un criterio di sincerità, di autenticità, di «accordo con se stessi», tanto che si è giunti ad una concezione radicalmente soggettivista del giudizio morale.

Come si può immediatamente comprendere, non è estranea a questa evoluzione *la crisi intorno alla verità*. Persa l'idea di una verità universale sul bene, conoscibile dalla ragione umana, è inevitabilmente cambiata anche la concezione della coscienza: questa non è più considerata nella sua realtà originaria, ossia un atto dell'intelligenza della persona, cui spetta di applicare la conoscenza universale del bene in una determinata situazione e di esprimere così un giudizio sulla condotta giusta da scegliere qui e ora; ci si è orientati a concedere alla coscienza dell'individuo il privilegio di fissare, in modo autonomo, i criteri del bene e del male e agire di conseguenza. Tale visione fa tutt'uno con un'etica individualista, per la quale ciascuno si trova confrontato con la sua verità, differente dalla verità degli altri. Spinto alle estreme conseguenze, l'individualismo sfocia nella negazione dell'idea stessa di natura umana.

(Giovanni Paolo II, *Veritatis Splendor*)

BERGOGLIO	MAGISTERO CATTOLICO

Messa di fronte ad una scelta morale, la coscienza può dare sia un giudizio retto in accordo con la ragione e con la Legge Divina, sia, al contrario, un giudizio erroneo che da esse si discosta. ... L'essere umano deve sempre obbedire al giudizio certo della propria coscienza. ... *accade che la coscienza morale sia nell'ignoranza e dia giudizi erronei su azioni da compiere o già compiute. Questa ignoranza spesso è imputabile alla responsabilità personale. Ciò avviene quando l'uomo non si cura di cercare la verità e il bene, e quando la coscienza diventa quasi cieca in seguito all'abitudine al peccato. In tali casi la persona è colpevole del male che commette*.

(*Catechismo della Chiesa cattolica*, nn. 1786, 1790, 1791)

UNA NORMA INTERIORE E SUPERIORE

Ma dobbiamo fare un'osservazione circa la supremazia e la esclusività che oggi si cerca di attribuire alla coscienza nella guida della condotta umana. Si sente spesso ripetere, come un aforisma indiscutibile, che tutta la moralità dell'uomo deve consistere nel seguire la propria coscienza; e ciò si afferma per emanciparlo sia dalle esigenze d'una norma estrinseca, sia dall'ossequio ad un'autorità che tenta di dettar legge alla libera e spontanea attività dell'uomo, il quale dev'essere legge a se stesso, senza il vincolo di altri interventi nelle sue operazioni. Non diremo nulla di nuovo quando chiederemo a quanti racchiudono in tale criterio l'ambito della vita morale che avere per guida la propria coscienza non solo è cosa buona, ma cosa doverosa. Chi agisce contro coscienza è fuori della retta via (cfr. *Rom* 14,23).

Ma bisogna, innanzi tutto, rilevare che la coscienza, di per se stessa, non è arbitra del valore morale delle azioni ch'essa suggerisce. La coscienza è interprete d'una norma interiore e superiore; non la crea da sé. Essa è illuminata dalla intuizione

BERGOGLIO	MAGISTERO CATTOLICO
	di certi principi normativi, connaturali nella ragione umana (cfr. *S. TH.*, I, 79, 12 e 13; I-II, 94, 1)*; la coscienza non è la fonte del bene e del male; è l'avvertenza, è l'ascoltazione di una voce, che si chiama appunto la voce della coscienza, è il richiamo alla conformità che un'azione deve avere ad una esigenza intrinseca all'uomo, affinché l'uomo sia uomo vero e perfetto. Cioè è l'intimazione soggettiva e immediata di una legge, che dobbiamo chiamare naturale, nonostante che molti oggi non vogliano più sentir parlare di legge naturale. Non è in rapporto a questa legge, intesa nel suo autentico significato, che nasce nell'uomo il senso di responsabilità? e col senso di responsabilità, quello della buona coscienza e del merito, ovvero del rimorso e della colpa? Coscienza e responsabilità sono due termini l'uno all'altro collegati. In secondo luogo dobbiamo osservare che la coscienza, per essere norma valida dell'operare umano, dev'essere retta, cioè dev'essere sicura di sé e vera, non incerta, non colpevolmente erronea. Il che, purtroppo, è facilissimo che avvenga, data la debolezza della ragione umana, quando è lasciata a se stessa, quando non è istruita.*
	PEDAGOGIA NECESSARIA
	La coscienza ha bisogno d'essere istruita. La pedagogia della coscienza è necessaria, com'è necessaria per tutto l'uomo, questo essere in sviluppo interiore, che svolge la sua vita in un quadro esteriore quanto mai complesso ed esigente. La coscienza non è la voce unica che può guidare l'attività umana; la sua voce si chiarisce e si fortifica quando quella della legge, e quindi della legittima autorità, si unisce alla sua. La voce della coscienza cioè non è sempre né infallibile, né oggettivamente suprema. E questo è specialmente vero nel campo dell'azione soprannaturale, dove la ragione non vale da sé a interpretare la via del bene, e deve ricorrere alla fede per dettare all'uomo la norma della giustizia voluta da Dio mediante la rivelazione: «L'uomo giusto, dice

BERGOGLIO	MAGISTERO CATTOLICO
	S. Paolo, vive di fede» (*Gal* 3,11). Per camminare diritto, quando si va di notte, cioè si procede nel mistero della vita cristiana, non bastano gli occhi, occorre la lampada, occorre la luce. E questo «lumen Christi» non deforma, non mortifica, non contraddice quello della nostra coscienza, ma lo rischiara e lo abilita alla sequela di Cristo, sul diritto sentiero del nostro pellegrinaggio verso l'eterna visione. (Paolo VI, Ud. gen., 12 febbraio 1969)
La coscienza è libera. *Se sceglie il male perché è sicura che da esso deriverà un bene dall'alto dei cieli queste intenzioni e le loro conseguenze saranno valutate.* Noi non possiamo dire di più perché non sappiamo di più. La legge del Signore è il Signore a stabilirla e non le creature. Noi sappiamo soltanto perché è Cristo ad avercelo detto che il Padre conosce le creature che ha creato e nulla per lui è misterioso. Del resto il libro di Giobbe esamina a fondo questo tema. (*Intervista di Eugenio Scalfari a papa Francesco*, in «la Repubblica», 13 luglio 2014)	*È quindi sbagliato giudicare la moralità degli atti umani considerando soltanto l'intenzione che li ispira, o le circostanze* (ambiente, pressione sociale, costrizione o necessità di agire, ecc.) che ne costituiscono la cornice. Ci sono atti che per se stessi e in se stessi, indipendentemente dalle circostanze e dalle intenzioni, sono sempre gravemente illeciti a motivo del loro oggetto; tali la bestemmia e lo spergiuro, l'omicidio e l'adulterio. *Non è lecito compiere il male perché ne derivi un bene.* (*Catechismo della Chiesa cattolica*, n. 1756) *I cristiani, però, nella formazione della loro coscienza, devono considerare diligentemente la dottrina sacra e certa della Chiesa. Infatti per volontà di Cristo la Chiesa cattolica è maestra di verità e sua missione è di annunziare e di insegnare autenticamente la verità che è Cristo, e nello stesso tempo di dichiarare e di confermare autoritativamente i principi dell'ordine morale che scaturiscono dalla stessa natura umana. Inoltre i cristiani, comportandosi sapientemente con coloro che non hanno la fede, s'adoperino a diffondere la luce della vita con ogni fiducia e con fortezza apostolica, fino all'effusione del sangue, «nello Spirito Santo, con la carità non simulata, con la parola di verità»*

BERGOGLIO	MAGISTERO CATTOLICO
	(2 Cor 6,6-7). Infatti il discepolo ha verso Cristo Maestro il dovere grave di conoscere sempre meglio la verità da lui ricevuta, di annunciarla fedelmente e di difenderla con fierezza, non utilizzando mai mezzi contrari allo spirito evangelico. Nello stesso tempo, però, la carità di Cristo lo spinge a trattare con amore, con prudenza e con pazienza gli esseri umani che sono nell'errore o nell'ignoranza circa la fede. (*Dignitatis Humanae*, 14)
	Per offrire i criteri razionali di una giusta decisione morale, le accennate teorie tengono conto dell'intenzione e delle conseguenze dell'azione umana. Sono certamente da prendere in grande considerazione sia l'intenzione – come insiste con una forza particolare Gesù in aperta contrapposizione agli scribi e farisei, che minuziosamente prescrivevano certe opere esteriori senza badare al cuore (cf *Mc* 7,20-21; *Mt* 15,19) –, sia i beni ottenuti e i mali evitati, a seguito di un atto particolare. Si tratta di un'esigenza di responsabilità. *Ma la considerazione di queste conseguenze – nonché delle intenzioni – non è sufficiente a valutare la qualità morale di una scelta concreta. La ponderazione dei beni e dei mali, prevedibili in conseguenza di un'azione, non è un metodo adeguato per determinare se la scelta di quel comportamento concreto è «secondo la sua specie», o «in se stessa», moralmente buona o cattiva, lecita o illecita.* Le conseguenze prevedibili appartengono a quelle circostanze dell'atto, che, se possono modificare la gravità di un atto cattivo, non possono però cambiarne la specie morale. (Giovanni Paolo II, *Veritatis Splendor*, 77)

Qualcuno potrebbe immaginare che le affermazioni di Bergoglio siano in conflitto con il magistero di sempre della Chiesa, ma in linea con il Concilio Vaticano II.

La cosa sarebbe assurda perché il Concilio non ha affatto mutato la dottrina della fede. Del resto i due Papi che abbiamo citato, confrontandoli con Bergoglio, ovvero Paolo VI e Giovanni Paolo II, sono Papi del Concilio, così come il *Catechismo della Chiesa cattolica* insegna i contenuti del Concilio.

Ma le affermazioni di Bergoglio contraddicono direttamente i testi del Concilio stesso, perfino il documento ritenuto più «progressista», cioè la *Dignitatis Humanae*, che ho appena citato e che citerò di nuovo nel prossimo prospetto.

A questo proposito mi piace ricordare gli articoli che ho scritto, fra marzo e ottobre 2013, in polemica con i critici tradizionalisti di Bergoglio.

Ritengo che criticare Bergoglio presentandolo come quintessenza del Concilio, per attaccare il Concilio Vaticano II, Paolo VI, Giovanni Paolo II e Benedetto XVI sia del tutto assurdo. È sbagliatissimo.

Invece è proprio a partire dal Concilio (anzi da tutti i Concili) e dal magistero di sempre della Chiesa (specie con gli ultimi pontefici) che sorgono drammatiche domande relative a papa Francesco. Alcune sue importanti affermazioni, infatti, come qua si può vedere, contrastano con il magistero di sempre.

BERGOGLIO	MAGISTERO CATTOLICO
E io credo in Dio. Non in un Dio cattolico, non esiste un Dio cattolico, esiste Dio. E credo in Gesù Cristo, sua incarnazione. Gesù è il mio maestro e il mio pastore, ma Dio, il Padre, Abbà, è la luce e il Creatore. Questo è il mio Essere. Le sembra che siamo molto distanti? (*Intervista di Eugenio Scalfari a papa Francesco*, in «la Repubblica», 1° ottobre 2013)	Dal momento in cui ci ha donato *il Figlio suo, che è la sua unica e definitiva Parola, ci ha detto tutto in una sola volta in questa sola Parola e non ha più nulla da dire ...* Infatti quello che un giorno diceva parzialmente ai profeti, l'ha detto tutto nel suo Figlio, donandoci questo tutto che è il suo Figlio. Perciò *chi volesse ancora interrogare il Signore* e chiedergli visioni o rivelazioni, *non solo commetterebbe una stoltezza, ma offenderebbe Dio, perché non fissa il suo sguardo unicamente in Cristo e va cercando cose diverse e novità*. (San Giovanni della Croce, *Salita al Monte Carmelo*, II, 22; cit. in Benedetto XVI, Esortazione apostolica postsinodale *Verbum Domini*, n. 14)

BERGOGLIO	MAGISTERO CATTOLICO
	Anzitutto, il sacro Concilio professa che Dio stesso ha fatto conoscere al genere umano la via attraverso la quale gli uomini, servendolo, possono in Cristo trovare salvezza e pervenire alla beatitudine. *Questa unica vera religione crediamo che sussista nella Chiesa cattolica e apostolica, alla quale il Signore Gesù ha affidato la missione di comunicarla a tutti gli uomini, dicendo agli apostoli: «Andate dunque, istruite tutte le genti battezzandole nel nome del Padre e del Figlio e dello Spirito Santo, insegnando loro a osservare tutto quello che io vi ho comandato» (Mt 28,19-20). E tutti gli esseri umani sono tenuti a cercare la verità, specialmente in ciò che concerne Dio e la sua Chiesa, e sono tenuti ad aderire alla verità man mano che la conoscono e a rimanerle fedeli.* (*Dignitatis Humanae*, n. 1, Concilio ecumenico Vaticano II)
	Il perenne annuncio missionario della Chiesa viene oggi messo in pericolo da teorie di tipo relativistico, che intendono giustificare il pluralismo religioso, non solo de facto *ma anche* de iure *(o di principio). Di conseguenza, si ritengono superate verità come, ad esempio, il carattere definitivo e completo della rivelazione di Gesù Cristo*, la natura della fede cristiana rispetto alla credenza nelle altre religioni, il carattere ispirato dei libri della Sacra Scrittura, l'unità personale tra il Verbo eterno e Gesù di Nazareth, l'unità dell'economia del Verbo incarnato e dello Spirito Santo, *l'unicità e l'universalità salvifica del mistero di Gesù Cristo, la mediazione salvifica universale della Chiesa, l'inseparabilità, pur nella distinzione, tra il Regno di Dio, Regno di Cristo e la Chiesa, la sussistenza nella Chiesa cattolica dell'unica Chiesa di Cristo.* (*Dominus Iesus*, n. 4)

BERGOGLIO	MAGISTERO CATTOLICO
	Che cosa significa l'affermazione: «Fuori della Chiesa non c'è salvezza»? *Essa significa che ogni salvezza viene da Cristo-Capo per mezzo della Chiesa, che è il suo Corpo. Pertanto non possono essere salvati quanti, conoscendo la Chiesa come fondata da Cristo e necessaria alla salvezza, non vi entrassero e non vi perseverassero.* Nello stesso tempo, grazie a Cristo e alla sua Chiesa, possono conseguire la salvezza eterna quanti, senza loro colpa, ignorano il Vangelo di Cristo e la sua Chiesa, ma cercano sinceramente Dio e, sotto l'influsso della grazia, si sforzano di compiere la sua volontà conosciuta attraverso il dettame della coscienza. (*Catechismo della Chiesa cattolica*, Compendio, n. 171)
Francesco non mette in discussione i dogmi e ne parla il meno possibile. Qualche volta li contraddice addirittura. È accaduto almeno due volte nel dialogo che abbiamo avuto e che spero continuerà. *Una volta mi disse, di sua iniziativa e senza che io l'avessi sollecitato con una domanda: «Dio non è cattolico». E spiegò: Dio è lo Spirito del mondo. Ci sono molte letture di Dio, quante sono le anime di chi lo pensa per accettarlo a suo modo o a suo modo per rifiutarne l'esistenza. Ma Dio è al di sopra di queste letture e per questo dico che non è cattolico ma universale.* Alla mia domanda successiva a quelle sue affermazioni sconvolgenti,	*Deve essere, quindi,* fermamente ritenuta *la distinzione tra la* fede teologale *e la* credenza *nelle altre religioni. Se la fede è l'accoglienza nella grazia della verità rivelata, «che permette di entrare all'interno del mistero, favorendone la coerente intelligenza» [Giovanni Paolo II,* Fides et ratio, *n. 13], la credenza nelle altre religioni è quell'insieme di esperienza e di pensiero, che costituiscono i tesori umani di saggezza e di religiosità, che l'uomo nella sua ricerca della verità ha ideato e messo in atto nel suo riferimento al Divino e all'Assoluto [Giovanni Paolo II,* Fides et ratio, *nn. 31-32*]. Non sempre tale distinzione viene tenuta presente nella riflessione attuale, per cui spesso si identifica la fede teologale, che è accoglienza della verità rivelata da Dio Uno e Trino, e la credenza nelle altre religioni, che è esperienza religiosa ancora alla ricerca della verità assoluta e priva ancora dell'assenso a Dio che si rivela. Questo è uno dei motivi per cui si tende a ridurre, fino talvolta ad annullarle, le differenze tra il cristianesimo e le altre religioni. (*Dominus Iesus*, n. 7)

BERGOGLIO	MAGISTERO CATTOLICO
papa Francesco precisò: «Noi cristiani concepiamo Dio come Cristo ce l'ha rivelato nella sua predicazione. *Ma Dio è di tutti e ciascuno lo legge a suo modo. Per questo dico che non è cattolico perché è universale».* (Eugenio Scalfari, in «la Repubblica», 29 dicembre 2013)	*Rivolgete, Venerabili Fratelli, l'attenzione all'abuso crescente, che si manifesta in parole e per iscritto, di adoperare il tre volte santo nome di Dio quale etichetta vuota di senso per un prodotto più o meno arbitrario di ricerca o aspirazione umana*, e adoperatevi che tale aberrazione incontri tra i vostri fedeli la vigile ripulsa che merita. *Il nostro Dio è il Dio personale, trascendente, onnipotente*, infinitamente perfetto, uno nella trinità delle persone e trino nell'unità della essenza divina, creatore dell'universo, signore, re e ultimo fine della storia del mondo, il quale non ammette né può ammettere altre divinità accanto a sé. ... *La rivelazione culminata nell'Evangelo di Gesù Cristo è definitiva e obbligatoria per sempre, non ammette appendici di origine umana e, ancora meno, succedanei o sostituzioni di «rivelazioni»* arbitrarie. (Pio XI, *Mit Brennender Sorge*) DIO HA DETTO TUTTO NEL SUO VERBO «Dio, che aveva già parlato nei tempi antichi molte volte e in diversi modi ai padri per mezzo dei profeti, ultimamente, in questi giorni, ha parlato a noi per mezzo del Figlio» (*Eb* 1,1-2). *Cristo, il Figlio di Dio fatto uomo, è la Parola unica, perfetta e definitiva del Padre, il quale in lui dice tutto, e non ci sarà altra parola che quella*. (*Catechismo della Chiesa cattolica*, n. 65)
In secondo luogo, mi chiede se il pensiero secondo il quale non esiste alcun assoluto e quindi neppure una verità «assoluta», ma solo una serie di verità relative e soggettive, sia un errore o un peccato. *Per cominciare, io non parlerei, nemmeno per chi crede, di verità «assoluta», nel senso che assoluto è ciò che è*	L'amore – «caritas» – è ... una forza che ha la sua origine in *Dio, Amore eterno e Verità assoluta*. (Benedetto XVI, *Caritas in veritate*, n. 1) La santa Chiesa cattolica apostolica romana crede e confessa che vi è un solo Dio vero e vivo, creatore e Signore del cielo e della terra, onnipotente, eterno, immenso, incomprensibile, infinito nel suo intelletto, nella sua volontà, e in ogni perfezione, che *essendo una sostanza*

BERGOGLIO	MAGISTERO CATTOLICO
slegato, ciò che è privo di ogni relazione. Ora, la verità, secondo la fede cristiana, è l'amore di Dio per noi in Gesù Cristo. Dunque, la verità è una relazione! Tant'è vero che anche ciascuno di noi la coglie, la verità, e la esprime a partire da sé: dalla sua storia e cultura, dalla situazione in cui vive, ecc. Ciò non significa che la verità sia variabile e soggettiva, tutt'altro. Ma significa che essa si dà a noi sempre e solo come un cammino e una vita. (Papa Francesco, in «la Repubblica», 4 settembre 2013)	*spirituale unica e singolare, assolutamente semplice e immutabile, deve essere dichiarato realmente ed essenzialmente come distinto dal mondo, sovranamente beato in se stesso e per se stesso e ineffabilmente elevato al di sopra di tutto ciò che può essere concepito al di fuori di lui.* (Costituzione dogmatica *Dei Filius*, c. 1, Concilio Vaticano I)
	Signore significa che *Dio è padrone assoluto di tutte le cose*. (Catechismo di San Pio X)
	Il perenne annuncio missionario della Chiesa viene oggi messo in pericolo da teorie di tipo relativistico, che intendono giustificare il pluralismo religioso, non solo *de facto* ma anche *de iure* (o *di principio*). ... In base a tali presupposti, che si presentano con sfumature diverse, talvolta come affermazioni e talvolta come ipotesi, *vengono elaborate alcune proposte teologiche, in cui la rivelazione cristiana e il mistero di Gesù Cristo e della Chiesa perdono il loro carattere di verità assoluta e di universalità salvifica, o almeno si getta su di essi un'ombra di dubbio e di insicurezza*. (*Dominus Iesus*, n. 4)
	Non rare volte si propone di evitare in teologia termini come «unicità», «universalità», «assolutezza», il cui uso darebbe l'impressione di enfasi eccessiva circa il significato e il valore dell'evento salvifico di Gesù Cristo nei confronti delle altre religioni. In realtà, questo linguaggio esprime semplicemente la fedeltà al dato rivelato, dal momento che costituisce uno sviluppo delle fonti stesse della fede. Fin dall'inizio, infatti, la comunità dei credenti

BERGOGLIO	MAGISTERO CATTOLICO
	ha riconosciuto a Gesù una valenza salvifica tale, che Lui solo, quale Figlio di Dio fatto uomo, crocifisso e risorto, per missione ricevuta dal Padre e nella potenza dello Spirito Santo, ha lo scopo di donare la rivelazione (cfr. *Mt* 11,27) e la vita divina (cfr. *Gv* 1,12; 5,25-26; 17,2) all'umanità intera e a ciascun uomo. *In questo senso si può e si deve dire che Gesù Cristo ha un significato e un valore per il genere umano e la sua storia, singolare e unico, a lui solo proprio, esclusivo, universale, assoluto.* Gesù è, infatti, il Verbo di Dio fatto uomo per la salvezza di tutti. Raccogliendo questa coscienza di fede, il Concilio Vaticano II insegna: «Infatti il Verbo di Dio, per mezzo del quale tutto è stato creato, è diventato egli stesso carne, per operare, lui l'uomo perfetto, la salvezza di tutti e la ricapitolazione universale. Il Signore è il fine della storia umana, "il punto focale dei desideri della storia e della civiltà", il centro del genere umano, la gioia d'ogni cuore, la pienezza delle loro aspirazioni. Egli è colui che il Padre ha risuscitato da morte, ha esaltato e collocato alla sua destra, costituendolo giudice dei vivi e dei morti» [*Gaudium et Spes*, n. 45]. «*È proprio questa singolarità unica di Cristo che a lui conferisce un significato assoluto e universale*, per cui, mentre è nella storia, è il centro e il fine della stessa storia: "Io sono l'Alfa e l'Omega, il primo e l'ultimo, il principio e la fine" (*Ap* 22,13).» (Giovanni Paolo II, *Redemptoris missio*, n. 6) (*Dominus Iesus* n. 15)
Il proselitismo è una solenne sciocchezza, non ha senso. Bisogna conoscersi, ascoltarsi e far crescere la conoscenza del mondo che ci circonda. A me capita che dopo un incontro ho voglia di farne un altro perché	Andate dunque e fate discepoli tutti i popoli, battezzandoli nel nome del Padre e del Figlio e dello Spirito Santo, insegnando loro ad osservare tutto ciò che vi ho comandato. Ed ecco, io sono con voi tutti i giorni, fino alla fine del mondo. (*Mt* 28,19-20)

BERGOGLIO	MAGISTERO CATTOLICO
nascono nuove idee e si scoprono nuovi bisogni. *Questo è importante: conoscersi, ascoltarsi, ampliare la cerchia dei pensieri.* (Da «la Repubblica», 1° ottobre 2013)	*Ti scongiuro davanti a Dio e a Cristo Gesù*, che verrà a giudicare i vivi e i morti, per la sua manifestazione e il suo regno: *annuncia la Parola, insisti al momento opportuno e non opportuno, ammonisci, rimprovera, esorta con ogni magnanimità e insegnamento.* (San Paolo, *2Tim* 4,1-2)
Vai a convincere un altro che si faccia cattolico? No, no, no! Vai ad incontrarlo, è tuo fratello! E questo basta. E tu vai ad aiutarlo, il resto lo fa Gesù, lo fa lo Spirito Santo (Messaggio per la festa di S. Gaetano in Argentina, 7 agosto 2013)	Annunciare il Vangelo non è per me un vanto, perché è una necessità che mi si impone: *guai a me se non annuncio il Vangelo*. (San Paolo, *1Cor* 9,16) *Per questo motivo la Chiesa annunzia il messaggio della salvezza a coloro che ancora non credono, affinché tutti gli uomini conoscano l'unico vero Dio e il suo inviato, Gesù Cristo, e cambino la loro condotta facendo penitenza* [24]. Ai credenti poi essa ha sempre il dovere di predicare la fede e la penitenza; deve inoltre disporli ai sacramenti, insegnar loro ad osservare tutto ciò che Cristo ha comandato [25], ed *incitarli a tutte le opere di carità, di pietà e di apostolato, per manifestare attraverso queste opere che i seguaci di Cristo, pur non essendo di questo mondo, sono tuttavia la luce del mondo e rendono gloria al Padre dinanzi agli uomini.* (*Sacrosanctum Concilium*, 9)
Il Vaticano II è stato una rilettura del Vangelo alla luce della cultura contemporanea. (*Intervista di padre Antonio Spadaro sj a papa Francesco*, in «La Civiltà Cattolica»)	Per svolgere questo compito, è dovere permanente della Chiesa *di scrutare i segni dei tempi e di interpretarli alla luce del Vangelo*, così che, in modo adatto a ciascuna generazione, possa rispondere ai perenni interrogativi degli uomini sul senso della vita presente e futura e sulle loro relazioni reciproche. (*Gaudium et Spes*, n. 4, Concilio Vaticano II)

BERGOGLIO	MAGISTERO CATTOLICO
Noi siamo nell'epoca della globalizzazione, e pensiamo a cos'è la globalizzazione e a cosa sarebbe l'unità nella Chiesa: forse una sfera, dove tutti i punti sono equidistanti dal centro, tutti uguali? No! Questa è uniformità. E lo Spirito Santo non fa uniformità! Che figura possiamo trovare? Pensiamo al poliedro: *il poliedro è una unità, ma con tutte le parti diverse; ognuna ha la sua peculiarità, il suo carisma. Questa è l'unità nella diversità*. È in questa strada che noi cristiani facciamo ciò che chiamiamo col nome teologico di ecumenismo. (*Discorso al pastore pentecostale Giovanni Traettino, Caserta*)	*Non possono i fedeli immaginarsi la Chiesa di Cristo come la somma – differenziata ed in qualche modo unitaria insieme – delle Chiese e comunità ecclesiali*; né hanno facoltà di pensare che la Chiesa di Cristo oggi non esista più in alcun luogo e che, perciò, debba esser soltanto oggetto di ricerca da parte di tutte le Chiese e comunità. … Infatti «*gli elementi di questa Chiesa già data esistono, congiunti nella loro pienezza, nella Chiesa cattolica e, senza tale pienezza, nelle altre comunità*» (Giovanni Paolo II, *Ut unum sint*, n. 14). (*Dominus Iesus*, nn. 64-65)
Gesù pronuncia solo la parola del perdono, *non quella della condanna*. (*Omelia per la Messa di chiusura dell'Anno della fede, 24 novembre 2013*)	Chi crederà e sarà battezzato sarà salvo, ma *chi non crederà sarà condannato*. (*Mc* 16,16) Il Figlio dell'uomo manderà i suoi angeli, i quali raccoglieranno … tutti gli operatori di iniquità e li getteranno nella fornace ardente. (*Mt* 13,41-42) Il Cristo è la verità e la via, che la predicazione evangelica a tutti svela, facendo loro intendere le parole da lui stesso pronunciate: «Convertitevi e credete al Vangelo» (*Mc* 1,15). *E poiché chi non crede è già condannato, è evidente che le parole di Cristo sono insieme parole di condanna e di grazia, di morte e di vita*. (Concilio Vaticano II, *Ad Gentes*, 8)

Abbiamo visto alcune delle affermazioni di Bergoglio che più hanno fatto scalpore e più hanno destato scandalo nei credenti. Sono affermazioni che appaiono lontane dal magistero di sempre della Chiesa e da quanto insegna il Concilio Vaticano II.

Sono così sconcertanti – lo si dice con molto dolore – che è davvero difficile reperire quella grazia di stato che sostiene i successori di Pietro (almeno con la virtù cardinale della prudenza), tanto meno pare di scorgere l'assistenza straordinaria dello Spirito Santo, garantita ai Papi legittimamente eletti.

D'altra parte, se la sua elezione non è stata canonicamente valida, ci si devono porre pure altre gravi domande: che validità hanno atti come la creazione di nuovi cardinali o la canonizzazione di nuovi santi da lui effettuate?

Diventa urgentissimo chiarire tutto anche in vista di eventi o decisioni che Bergoglio ha annunciato, più o meno esplicitamente, e che sono di enorme importanza per la Chiesa. In certi casi si annunciano anche assai traumatiche per le loro conseguenze.

Si pensi al Sinodo straordinario sulla famiglia dell'ottobre 2014 e a quello generale dell'ottobre 2015, dove si prospetta il cambiamento di un magistero bimillenario.

Si pensi ad azioni – come il commissariamento dei Francescani dell'Immacolata – che stanno già avendo pesantissime ripercussioni per tanti fedeli e religiosi.

Si pensi alla riforma che – sempre tramite il cardinale Braz de Aviz – si è messa in cantiere e che pare punti a cambiare anche la clausura, che è il cuore pulsante della vita della Chiesa, il suo incessante grido di implorazione.

Infine consideriamo – non senza qualche brivido – l'annuncio che ha fatto Enzo Bianchi, appena nominato consultore di un pontificio consiglio: «Il Papa riformerà il Papato e ciò favorirà i rapporti con gli ortodossi».[2]

La cosa è stata confermata dall'arcivescovo americano John R. Quinn, già titolare della diocesi di San Francisco che pubblicò nel 1999 un libro, *The Reform of the Papacy*[3] – per così dire – molto riformatore sul Papato.

L'autore ha dichiarato al «National Catholic Reporter» che – alla vigilia del Conclave del 2013 – Bergoglio gli disse: «Ho letto il suo libro e spero che verrà implementato».

Adesso dunque si riformerà il Papato in quella direzione? La prospettiva è drammatica.

Rivoluzione d'Ottobre

> Purtroppo lo scisma è già avanzato! Secretamente son poste le prime pietre di lui per tutta l'Europa: e son ben altro che le pietre, su cui s'innalza il tempio del Signore![1]
>
> ANTONIO ROSMINI

«Verrà giù tutto...», così mi dice un addetto ai lavori chiesastici parlando del Sinodo sulla famiglia dell'ottobre 2014 e di quello dell'ottobre 2015.

Possibile? In effetti è considerato dagli innovatori una specie di miniconcilio che si annuncia rivoluzionario.

Ma c'è una storia dietro questo evento, che spiega tutto. Svela anche quale sia il partito ecclesiastico che ha vinto al Conclave.

Questa storia comincia negli anni Novanta in Germania, dove «è invalsa la prassi pastorale di ammettere i divorziati risposati alla comunione eucaristica», come scriveva Andrea Tornielli.

«I vescovi di Stoccarda, Magonza e Friburgo, Walter Kasper, Karl Lehmann e Oskar Saier, il 10 luglio 1993 avevano firmato una lettera pastorale con dichiarazioni molto possibiliste su questo punto specifico.»[2]

Sottolineo quel primo nome, Walter Kasper, che insieme al seguente, Lehmann, già assistente di Rahner e per anni capo dei vescovi tedeschi, rappresenta la mente teologica del «partito» che ha prevalso nel Conclave del 2013.

Dunque nel 1993 i tre vescovi sono convocati in Vaticano e invitati a fare marcia indietro in quanto la dottrina bimillenaria della Chiesa sul matrimonio non è «a disposizione» di questo o quel vescovo.

Il cardinale Ratzinger, prefetto dell'ex Sant'Uffizio, dopo questo episodio pubblica un documento che chiarisce qual è il magistero della Chiesa sull'argomento.[3]

Intende chiarire che l'impossibilità di accesso all'eucarestia è dottrina costante della Chiesa che si rifà direttamente alle parole di Gesù nel Vangelo: «Chiunque manda via la moglie e ne sposa un'altra, commette adulterio; e chiunque sposa una donna mandata via dal marito, commette adulterio» (*Lc* 16,18).

Ma questo, precisava Ratzinger, non significa che le persone che si trovano in tale situazione debbano sentirsi escluse dalla comunità cristiana o discriminate, anzi vescovi e sacerdoti – diceva – devono avere «sollecita carità» per fortificare «nell'amore di Cristo e della Chiesa» questi fedeli.

Un divorziato risposato può accedere all'eucarestia se accetta «una forma di vita non più in contraddizione con l'indissolubilità del matrimonio». Perché «la Chiesa afferma di non poter riconoscere come valida una nuova unione, se era valido il precedente matrimonio».[3]

Ma definire «inammissibile» ed «errata» l'idea che si possa accedere alla comunione sacramentale in quello stato di vita non significa, spiegava il cardinal Ratzinger, che non si possa vivere la vita della Chiesa. Egli indicava pure come possibile per i divorziati risposati, spiritualmente bene disposti, l'accesso a una comunione non sacramentale, ma spirituale.[4]

Tuttavia per i progressisti l'accesso all'eucarestia dei divorziati risposati diventa una bandiera ideologica con cui si pretende che la Chiesa si arrenda davanti ai nuovi costumi della modernità.

La si ritrova nei testi di Hans Küng, nei «manifesti» di certi gruppi cattolici di area austriaca[5] e nell'ultima intervista-testamento del cardinale Martini, quella in cui boccia in blocco la Chiesa come arretrata «di 200 anni».

Il cardinal Martini nella sua «rivoluzionaria» intervista-testamento anticipava anche questa innovazione: «Portiamo i sacramenti agli uomini che necessitano una nuova forza? Io penso a tutti i divorziati e alle coppie risposate, alle famiglie allargate».[6]

Infatti il tema è riservatamente presente al Conclave, fa parte del «programma» del partito vincente. Non sarà un caso se papa Bergoglio – come si è detto – con un gesto tanto irrituale quanto simbolico, nomina ed elogia al suo primo Angelus, dalla finestra dell'appartamento pontificio, proprio il teologo-cardinale Kasper, con una sorta di spot al suo libro sulla misericordia.

Pare sia un segnale di gratitudine per l'esito vittorioso del Conclave, ed è l'evocazione della bandiera che verrà usata – «la misericordia» – e l'anticipo della scelta che verrà fatta proprio di Kasper come relatore al Concistoro del 20 febbraio 2014 sulla famiglia che deve preparare i cardinali ad accettare la grande svolta sull'eucarestia ai divorziati risposati.

È sfuggito a tutti che Kasper era stato, nel 1993, con altri vescovi tedeschi rahneriani, il protagonista di quella «fuga in avanti» che il cardinal Ratzinger aveva severamente bocciato, chiamando a Roma a fare ammenda i protagonisti e poi scrivendo la lettera ai vescovi citata sopra.

Ecco che a distanza di vent'anni, «accantonato» Ratzinger, il vincitore Bergoglio chiama proprio quel cardinal Kasper a «catechizzare» i porporati perché ingoino il rospo della grande svolta.

Ricordando i fatti del 1993 Ratzinger avrebbe potuto sentire come una sfida e un affronto (a se stesso e a Giovanni Paolo II) il fatto che fosse stato scelto proprio Kasper per quella relazione al Concistoro su quel tema. E soprattutto il fatto che egli proclamasse, in quella sede ufficiale, proprio quei contenuti che da lui e da papa Wojtyła erano stati decisamente bocciati.

Ma Benedetto XVI invece ha risposto con la sua consueta disponibilità e con la sua amabile mitezza quando Francesco gli ha chiesto di presenziare, nella fase finale del Concistoro, alla creazione dei nuovi cardinali. Probabilmente anche per ricompattare il collegio cardinalizio che si era vivacemente schierato contro Kasper durante la discussione.

Infatti è accaduta questa sorprendente novità. Gli stessi cardinali che avevano eletto Bergoglio un anno prima (evidentemente non conoscendone bene gli orientamenti) aprono gli occhi, stupefatti, e nella stragrande maggioranza si esprimono contro Kasper. Circa l'85 per cento dei loro interventi, secondo i resoconti dei vaticanisti, sono negativi.

Con un gesto di coraggio e ben sapendo che di fatto così non sfiduciano solo Kasper.

Papa Bergoglio dicono sia rimasto stizzito di fronte a questa sorpresa e indispettito dallo scoprirsi «in minoranza» fra i cardinali. Così il 21 febbraio, al termine dei due giorni del Concistoro, ha declamato un grande elogio pubblico di Kasper dicendo che ha fatto «profonda teologia», che ha dimostrato *sensus Ecclesiae* cioè «l'amore alla Madre Chiesa» e che «questo si chiama fare teologia in ginocchio». In effetti, in ginocchio di fronte al mondo.

È infatti una battaglia ideologica quella intrapresa dall'area bergogliana. Lo si evince dalla frettolosità con cui Kasper ha liquidato sia il suggerimento di Benedetto XVI sulla «comunione spirituale» per i divorziati risposati, sia la proposta che era stata affacciata di riconsiderare la validità o la nullità dei matrimoni valutando la coscienza cristiana degli sposi al momento delle nozze e la loro consapevolezza degli impegni che assumevano davanti a Dio.

Questa strada – che potrebbe aiutare tante persone in situazioni di sofferenza, ma non mette in discussione la dottrina cattolica – è stata liquidata da Kasper molto frettolosamente.[7]

Perché agli innovatori interessa soprattutto, attraverso il dramma dei divorziati risposati, cambiare la dottrina cattolica.

In questo caso, di fatto, con un colpo solo (l'accesso alla comunione sacramentale per i divorziati risposati) si abbatte quasi tutto: l'indissolubilità del matrimonio decretata da Gesù stesso con parole inequivocabili nel Vangelo (anche se, ovviamente, si dice che no, non la si vuole mettere in discussione), il sesto comandamento, il sacramento della confessione, quello dell'eucarestia e il magistero ininterrotto della Chiesa che da duemila anni offre un insegnamento costante.

Dunque è un pretesto ideologico.

Così, al Concistoro del febbraio 2014, si è dovuto prendere atto che non era poi del tutto surreale quanto Eugenio Scalfari aveva annunciato nel suo editoriale sulla «Repubblica» del 29 dicembre 2013, intitolato: *La rivoluzione di Francesco: ha abolito il peccato.*

In effetti questa, vagheggiata da Scalfari (anche dai poteri mondani e dalle lobby da sempre avverse alla Chiesa), sarebbe la più grande delle rivoluzioni perché significherebbe l'abolizione della Chiesa stessa: Gesù ha predicato e praticato il perdono dei peccatori, mentre l'abolizione del peccato è l'esatto opposto, è qualcosa che renderebbe inutile il perdono stesso e renderebbe perfino ridicolo il sacrificio della Croce.

Quella del fondatore di «Repubblica» era sembrata a tutti una boutade. I media cattolici la liquidarono sarcasticamente.

Invece si rischia di andare in quella direzione. Lo ha dimostrato proprio la relazione di Kasper (chiamato a questo compito da papa Bergoglio). Se questo è «l'ospedale da campo» annunciato da Francesco non è molto consigliabile, perché, invece di curare tutti noi ammalati, si decide per decreto che le malattie non esistono e siamo tutti sani per legge. Cosicché, noi, poveri peccatori, poi crepiamo nell'anima.

Naturalmente, tutto si è svolto secondo forme molto ovattate e in «curialese», tuttavia il «cambiamento del paradigma» prospettato da Kasper era molto chiaro.

Aveva premesso di voler «porre solo domande» perché «una risposta sarà compito del sinodo in sintonia con il Papa». Ma si sono sentite invece proposte molto forti e surreali. Come quel sofistico ribaltamento della dottrina cattolica che consiste nel prospettare non più il pentimento del secondo matrimonio, ma il pentimento «del fallimento nel primo matrimonio».

La prospettiva degli «innovatori» di fatto porta – come dicevo – (oltreché a demolire il matrimonio cristiano) all'inutilità del sacramento della confessione e alla sua abolizione. Perché mai ci si dovrebbe limitare ai divorziati risposati? Sarebbe una «legge ad personam».

I conviventi o i fidanzati che hanno rapporti sessuali, perché dovrebbero confessarsi per accedere all'eucarestia? E gli uomini o le donne sposati che hanno una relazione extramatrimoniale? E le coppie omosessuali?

Il «tana liberi tutti» riguarderebbe di fatto qualsiasi tipo di peccato. Tutti perdonati d'ufficio. Kasper infatti dice: «Ogni peccato può essere assolto».[8] Ma bisogna aggiungere che occorrono pentimento e ravvedimento. Perché Gesù ha dato il mandato di «rimettere», ma anche di «non rimettere» i peccati (*Gv* 20,23).

Gesù affermò che «il peccato contro lo Spirito Santo non avrà perdono in eterno: sarà reo di colpa eterna» (*Mt* 12,31-32). Questo peccato imperdonabile riguarda proprio «la presunzione di salvarsi senza merito», «l'ostinazione nel peccato» e «l'impenitenza finale».

Bisogna scegliere se ascoltare Gesù o gli innovatori.

A ben vedere, poi, la posizione di Kasper non ha solo, come conseguenza, l'abolizione del peccato (e della confessione): sembra abolire l'inferno stesso. Lo si coglie in una frase passata inosservata.

Il prelato dice: «Non è immaginabile che un uomo possa cadere in un buco nero da cui Dio non possa più tirarlo fuori».[9] In realtà questo «buco nero» c'è: è il peccato deliberato, cosciente e senza pentimento e – di conseguenza – l'inferno in cui noi possiamo scegliere di andare. Dio – per rispetto della nostra libertà – non può salvarci contro la nostra volontà.

Certo, sono tanti nel nostro tempo che non credono all'inferno. Santa Faustina Kowalska – che di misericordia era esperta – riferisce nel suo Diario che quando fu portata misticamente a vedere il regno di Satana scoprì che «la maggior parte delle anime che ci sono, sono anime che non credevano che ci fosse l'inferno».

Storicamente furono i padri gesuiti a essere accusati dal grande Pascal di aver abolito il peccato con la scusa di perdonare il peccatore. E nel nostro tempo pare siano tornate in auge quelle loro idee.

Lo ricordò l'allora cardinale Ratzinger in un celebre discorso del 1990: «Si può dire che l'odierna discussione morale tende a liberare gli uomini dalla colpa, facendo sì che non subentrino mai le condizioni della sua possibilità. Viene in mente la mordace frase di Pascal: "*Ecce patres, qui tollunt peccata mundi*"! Ecco i padri che tolgono i peccati del mondo. Secondo questi "moralisti", non c'è semplicemente più alcuna colpa. Naturalmente, tuttavia, questa maniera di liberare il mondo dalla colpa è troppo a buon mercato. Dentro di loro, gli uomini così liberati sanno assai bene che tutto questo non è vero, che il peccato c'è, che essi stessi sono peccatori e che deve pur esserci una maniera effettiva di superare il peccato. Anche Gesù stesso non chiama infatti coloro che si sono già liberati da sé e che perciò – come essi ritengono – non hanno bisogno di Lui, ma chiama invece coloro che si sanno peccatori e che perciò hanno bisogno di Lui».[10]

In un libro precedente Ratzinger criticò quel «pensiero pelagiano secondo il quale basterebbe in fondo la buona volontà dell'uomo per salvarlo».

Poi aggiunse: «In questa luce non era in ogni senso in torto il rimprovero mosso dai Giansenisti ai Gesuiti di portare con le loro teorie il secolo all'incredulità».[11]

C'è da chiedersi se sono in continuità con queste correnti della Compagnia certi importanti e influenti gesuiti moderni come Rahner e Martini. Bergoglio sembra appartenere a queste correnti della Compagnia, non ad altre che personalmente preferisco.

Va detto peraltro che tutte le tesi «innovative» della relazione Kasper sono state demolite in modo irrevocabile da personalità che sono autorità dottrinali della Chiesa: anzitutto dal cardinale Gerhard Ludwig Müller, prefetto della Congregazione per la dottrina della fede, autore sull'argomento del Sinodo di diversi interventi pubblici e anche di un libro;[12] dal cardinale Carlo Caffarra, maestro di teologia morale;[13] dal cardinale Walter Brandmüller[14] dal punto di vista storico (le consuetudini dei cristiani dei primi secoli) e patristico (anche il riferimento alla disciplina del sacramento fra gli ortodossi è stato confutato da don Nicola Bux); dal cardinale Velasio De Paolis per l'aspetto canonistico e spirituale e da diversi altri cardinali come Thomas Collins, arcivescovo di Toronto.[15]

Infine è uscito in America un volume «anti-Kasper» con il contributo di cinque cardinali (Brandmüller, Caffarra, Burke, De Paolis e Müller) più altri studiosi. Il titolo è significativo: *Remaining in the Truth of Christ* (Ignatius Press).

Ma la voce che qui voglio citare non è quella di un porporato, ma di un missionario che vive davvero nelle periferie esistenziali del mondo, un missionario che conosce il dolore umano un po' meglio di quanto lo possano conoscere certi teologi progressisti da salotto accademico.

Padre Carlo Buzzi, 71 anni, milanese, missionario del Pime, è da quarant'anni in Bangladesh.[16] È un uomo straordinario, che è andato a portare il Vangelo ai più poveri fra i poveri con cui ha condiviso tutto, difendendoli e rischiando pure la pelle. Per loro ha edificato scuole, ambulatori, cappelle e quando glieli hanno distrutti li ha ricostruiti.

Da quella remotissima periferia segue la vita della Chiesa alla quale ha dedicato la sua esistenza. E dopo la relazione di Kasper al Concistoro ha scritto alcune sue riflessioni «sul campo» che sono state pubblicate da Sandro Magister nel suo famoso sito.

Dalle bellissime pagine di padre Buzzi, che si devono leggere integralmente, cito alcuni pensieri sparsi: «Se si procede sulla strada tracciata dal cardinale Kasper si faranno dei grossi danni: 1) Si renderà la Chiesa superficiale e accomodante; 2) Si dovrà negare l'infallibilità della cattedra di Pietro perché è come se tutti i Papi precedenti abbiano sbagliato; 3) Si dovrà prendere per stupidi tutti quanti hanno dato la vita come martiri per difendere questo sacramento».[17]

Padre Buzzi è tornato sull'argomento con una seconda lettera scritta da Sirajganj, il 17 maggio 2014, dove ripropone la «comunione di desiderio» di cui già aveva parlato Benedetto XVI. Ma con alcune considerazioni sferzanti tipiche di un uomo che vive davvero la carità e la missione e che non sopporta certe battaglie ideologiche: «Ci sono migliaia di cattolici che muoiono ogni anno, perseguitati per la loro fede, e noi che stiamo bene ci preoccupiamo caparbiamente della comunione ai risposati. Quanti martiri ci sono stati in Inghilterra per mantenere fede all'integrità del sacramento del matrimonio! Guai se la Chiesa cattolica si mette sul sentiero della Chiesa anglicana».

Sarebbe devastante per la Chiesa. Dunque, dice il vecchio missionario, «non si dia adito a degli scismi per colpa di una cosa così secondaria».[18]

Infatti anche padre Buzzi osserva che «se diamo la comunione ai risposati, vuol dire che non hanno nemmeno più bisogno di confessarsi».

Da qui a cascata vengono giù sacramenti e comandamenti.

«In questa maniera salta per aria tutto. Nuovo e Vecchio Testamento. Vogliamo ridurre tutta la Chiesa universale alla stregua di come sono ridotte le Chiese in Olanda e in Belgio?»

Con trovate simili, spiega il missionario, le chiese non tornano a riempirsi, ma si svuotano completamente: «Io voglio rimanere cattolico. Non voglio diventare anglicano o battista».

Infine la folgorante conclusione del missionario: «Vediamo che gli Stati e le grandi organizzazioni sono tutti sottomessi a una forza misteriosa che inclina al male. L'unica istituzione che non si fa piegare e che tiene testa, ferma sui veri valori dell'uomo, è la Chiesa cattolica. Teniamo duro e non intorbidiamo la nostra fontana. Un giorno, quando saranno stanchi e assetati, tanti uomini sapranno dove trovare un po' di acqua fresca.»[19]

Come andrà a finire il Sinodo? Si è stati indotti a credere – anche con la trovata dei questionari – che la legge di Dio sia «a disposizione». Come se si potesse fare un rudimentale referendum e un congresso di partito per decidere i «cambiamenti» della legge di Dio.

Pochi hanno fatto notare che le cose stanno diversamente. E che non si può proprio cambiare ciò che è già stato definito dal magistero costante della Chiesa.

È stato il cardinale Caffarra, una vera autorità in materia, a ricordare che la proposta Kasper naufraga di fatto sulla validità del primo matrimonio perché «i Papi hanno sempre insegnato che la potestà del Papa non arriva a questo: sul matrimonio rato e consumato il Papa non ha nessun potere».

Quindi la Chiesa non può riconoscere un secondo matrimonio, né di diritto, né di fatto (come propone Kasper con l'ammissione all'eucarestia).

Caffarra aggiungeva una cosa di enorme importanza: «Giovanni Paolo II diceva nel 2000 in un'allocuzione alla Rota che "emerge con chiarezza che la non estensione della potestà del romano Pontefice ai matrimoni rati e consumati, è insegnata dal magistero della Chiesa come dottrina da tenersi definitivamente anche se essa non è stata dichiarata in forma solenne mediante atto definitorio". La formula è tecnica, "dottrina da tenersi definitivamente" vuol dire che su questo non è più ammessa la discussione fra i teologi e il dubbio tra i fedeli».

In sostanza significa che nemmeno si doveva tenere la relazione Kasper e la discussione relativa, né al Concistoro né al Sinodo? Significa che nemmeno il Papa, nemmeno un Papa legittimamente eletto, nel pieno dei suoi poteri, può cambiare le norme che riguardano l'indissolubilità del matrimonio?

È precisamente così. Infatti in tempi non sospetti, nel 2000, l'allora cardinale Ratzinger, custode della retta dottrina, nel libro intervista con Peter Seewald, *Dio e il mondo*, spiegava:

> *Il Papa non è il signore supremo – dall'epoca di Gregorio Magno ha assunto il titolo di «servo dei servi di Dio» – ma dovrebbe essere – amo dire – il garante dell'ubbidienza, della conformità della Chiesa alla volontà di Dio, escludendo ogni arbitrio da parte sua. Il Papa non può dire: La Chiesa sono io, oppure: La tradizione sono io, ma al contrario ha precisi vincoli, incarna l'obbligo della Chiesa a conformarsi alla parola di Dio. Se nella Chiesa sor-*

gono tentazioni a fare diversamente, a scegliere la via più comoda, deve chiedersi se ciò è lecito. Il Papa non è dunque un organo che possa dare vita a un'altra Chiesa, ma è un argine contro l'arbitrio. Faccio un esempio: dal Nuovo Testamento sappiamo che il matrimonio sacramentale è indissolubile. Ci sono correnti d'opinione che sostengono che il Papa potrebbe abrogare quest'obbligo. Ma non è così. E nel gennaio del 2000, rivolgendosi ai giudici romani, il Papa ha detto che, rispetto alla tendenza a voler vedere revocato il vincolo dell'indissolubilità del matrimonio, egli non può fare tutto ciò che vuole, ma deve anzi accentuare l'obbedienza, deve proseguire anche in questo senso il gesto della lavanda dei piedi.[20]

Un miracolo per padre Jorge

> Riguardo ai sacerdoti e al disagio che si può provare a un loro insegnamento, si ricordi che cessano di essere maestri coloro che non parlano il linguaggio della Chiesa e si ricordi anche che vi è una «infallibilità» negativa nelle anime che amano Dio – cioè vi è una facoltà di naturale istintivo rigetto di dottrine non conformi alla fede in queste anime che *umilmente* seguono Dio.
>
> DON DIVO BARSOTTI[1]

Il 23 aprile 2014 in rete si diffonde la notizia di una nuova telefonata del Papa. Stavolta a una donna argentina, Jaquelina, che in settembre aveva scritto al famoso connazionale, esprimendogli il suo disappunto per il fatto che – essendo sposata civilmente con un uomo divorziato – non può accedere alla comunione sacramentale.

Il Papa avrebbe detto alla donna di «prendere tranquillamente la Comunione perché non sta facendo nulla di male» e che la capisce, infatti questo «è un tema che si sta discutendo in Vaticano».[2]

Forse c'è poco da discutere in Vaticano se il Papa in persona già mette in pratica così, disinvoltamente, per telefono, la «rivoluzione» lanciata da Kasper.

La signora ha riferito che «padre Bergoglio» (come si è presentato al telefono) le avrebbe suggerito di recarsi in una parrocchia diversa dalla sua dove il sacerdote la conosce. Bergoglio avrebbe aggiunto sarcasticamente che «ci sono preti più papisti del Papa».

Forse costoro risponderebbero che sono semplicemente preti cattolici e che stanno solo obbedendo alla Chiesa e al Papa, almeno a tutti i Papi precedenti, e alle norme vigenti.

La cosa più stupefacente è stata la «non smentita» della Santa Sede.

Ecco cosa scrive l'agenzia Zenith: «Il Vaticano non ha negato né confermato la chiamata privata del Santo Padre. Come sempre padre Federico Lombardi, direttore della Sala Stampa vaticana, ha minimizzato la vicenda: "Parecchie telefonate hanno avuto luogo, nell'ambito dei rapporti personali pastorali del papa Francesco", ha dichiarato il portavoce, "non trattandosi assolutamente di attività pubblica del Papa non sono da attendersi informazioni o commenti da parte della Sala Stampa". "Ciò che è stato diffuso a questo proposito – ha proseguito Lombardi – uscendo dall'ambito proprio dei rapporti personali, e la sua amplificazione mediatica conseguente, non ha quindi conferma di attendibilità ed è fonte di fraintendimenti e confusione." Dunque, ha chiosato il gesuita, "è da evitare di trarre da questa vicenda conseguenze per quanto riguarda l'insegnamento della Chiesa"».[3]

È inevitabile però trarne riflessioni sul «caso Bergoglio». D'altra parte risulta che già da vescovo applicava una sua regola. Lo ha rivelato padre Pepe Di Paola, il «prete di strada» che era molto vicino al vescovo Bergoglio e che da anni svolge il suo servizio pastorale nelle «villas» dei più poveri.

«Il Resto del Carlino», il 13 marzo 2014, in un'intervista gli chiede del suo lavoro. Domanda: «Nelle villas la maggior parte delle persone non sono sposate, eppure voi date la comunione a tutti. Il cardinale lo sapeva?».

Risposta di padre Pepe: «Certo che lo sapeva. L'America Latina è così. Facevamo ritiri spirituali per le coppie, conviventi e no, partecipava anche lui, e sapevamo che molte non erano sposate. Però col tempo la maggior parte di loro si sposavano».

L'intervistatore chiede ancora: «E i sacramenti li date senza problemi?». Risposta del prete argentino: «Noi rispettiamo la gente. Se uno vuol fare la comunione gliela diamo, se vuole i sacramenti glieli amministriamo. Bergoglio ci diceva di usare un linguaggio propositivo senza iniziare il discorso dicendo "non si può far questo e non si può far quello"».[4]

Padre Pepe aggiunge un pensiero interessante su Bergoglio: «Si è portato a Roma le sue convinzioni, la sua idea di Chiesa e di ciò che serve alla Chiesa. Però adesso è molto più comunicativo. Qui a Buenos Aires non era bravo in quello».

Faccio sommessamente notare che padre Pepe sbaglia: nessun Papa può affermare «la sua idea di Chiesa», perché la Chiesa è di Cristo, che l'ha riscattata col suo sangue, e i Papi devono servire il disegno che Cristo ha sulla sua Chiesa, non le proprie idee.

Detto questo, mi sembra che – per qualche misterioso motivo – proprio l'eucarestia sia al centro dei problemi nel Pontificato di papa Francesco. Lo è come tema centrale del Sinodo sulla famiglia, con le controversie che si sono viste.

Ma non solo. Al n. 47 della *Evangelii Gaudium* papa Bergoglio prospetta un futuro in cui – se capiamo bene – l'accesso all'eucarestia sembra universale, senza bisogno di essere in grazia di Dio tramite la confessione. Sarebbe una sorta di terremoto che scuoterebbe dalle fondamenta la Chiesa.

Una simile rivoluzione, rappresenterebbe veramente «l'abolizione del peccato» annunciata da Scalfari, solo che papa Bergoglio non spiega che valore dà alle parole chiare di san Paolo: «Chiunque in modo indegno mangia il pane e beve il calice del Signore, sarà reo del corpo e sangue del Signore: ciascuno pertanto esamini se stesso … perché chi mangia e beve senza riconoscere il corpo del Signore, mangia e beve la propria condanna» (*1Cor* 11,27-29).[5]

Mai la Chiesa potrà accantonare la Sacra Scrittura con queste parole chiarissime dell'Apostolo sulle condizioni per accedere alla comunione sacramentale.

A proposito dell'eucarestia alcuni hanno fatto notare con un certo scandalo che Francesco durante la Santa Messa non fa le genuflessioni previste dalla liturgia davanti al Santissimo Sacramento.

Ha fatto scalpore nella rete, in tutto il mondo – come ho detto nella premessa – la lettera al Papa di Lucrecia Rego de Planas, anche per la sua notorietà nella Chiesa latinoamericana. La professoressa ha scritto:

> *Quando ti ho conosciuto durante questi ritiri, quando eri ancora il cardinal Bergoglio, mi aveva colpito e lasciata perplessa il fatto che tu non hai mai agito come facevano gli altri cardinali e vescovi. Per fare alcuni esempi: tu eri l'unico lì che non si genufletteva davanti al Tabernacolo o durante la Consacrazione ... Io non posso applaudire un Papa che non si genuflette davanti al Tabernacolo né durante la Consacrazione come insegna il rito della Messa; ma non posso criticarlo, perché è il Papa! Benedetto XVI ci ha chiesto nella* Redemptionis Sacramentum *che informassimo il vescovo delle infedeltà e degli abusi liturgici a cui assistiamo. Ma... chi devo informare se il Papa stesso non rispetta la liturgia?*[6]

Ha scritto Sandro Magister:

> *Il picco di questa diversità è stata la messa celebrata da Francesco sulla spiaggia di Copacabana, al termine della giornata mondiale della gioventù di Rio de Janeiro, con il «musical» fatto irrompere nel cuore stesso della liturgia, con solisti, cori e ritmi da stadio. Ma pur senza arrivare a questi eccessi, vi sono elementi ricorrenti nello stile celebrativo dell'attuale Papa, che hanno negativamente colpito alcuni fedeli. Nella messa, dopo la consacrazione del pane e del vino, papa Francesco non fa mai la genuflessione prescritta dalla liturgia, ma solo si inchina. E a Rio de Janeiro, durante la veglia notturna trasmessa in mondovisione, nell'adorazione del santissimo sacramento non si è messo in ginocchio, ma è stato in piedi o seduto.*[7]

Anche alla processione romana del Corpus Domini, classico appuntamento dei Papi, nel giugno 2014, papa Francesco è arrivato solo alla fine, quando, per l'adorazione eucaristica, la totalità dei presenti, popolo e prelati, hanno adorato e pregato in ginocchio, tranne lui, in piedi per tutto il tempo davanti all'ostensorio.

Si è scritto che non si inginocchia perché ha problemi all'anca. Sarà certamente vero. Tuttavia in molte altre occasioni lo ha fatto. Per esempio durante la lavanda dei piedi del Giovedì Santo o alla veglia di preghiera per la pace del 7 settembre 2013 o quando è andato in San Pietro per inginocchiarsi e confessarsi pubblicamente in un confessionale.

Per la verità si è inginocchiato pure in circostanze in cui un vescovo della Chiesa cattolica non dovrebbe. Per esempio al Convegno con i pentecostali nel 2006 allo stadio Luna Park di Buenos Aires. Ci sono le immagini – anche in rete – dove il cardinale Bergoglio appare in ginocchio sul pavimento con i pastori pentecostali che gli impongono le mani.[8]

Sorvolando su questa stupefacente «imposizione delle mani» dei pentecostali su un cardinale, c'è il gesto dell'inginocchiarsi (e a lungo). Possibile che i problemi all'anca insorgano sempre e solo davanti al Santissimo Sacramento?

Naturalmente non è in discussione la personale devozione eucaristica di Bergoglio che ha raccontato di vivere in maniera particolare il suo filiale abbandono al Signore proprio davanti al tabernacolo[9].

Le domande riguardano il Sinodo e la direzione da prendere per la Chiesa. Che l'epoca Bergoglio ruoti drammaticamente attorno alla questione eucaristica che è il cuore della Chiesa cattolica?

Mentre mi ponevo questa domanda, mi è tornata in mente una vicenda che ho raccontato (per la prima volta sui giornali italiani) con un articolo su «Libero» il 27 giugno 2013.

Papa Francesco era stato eletto da soli tre mesi, personalmente ero sempre bendisposto nei suoi confronti. M'imbattei, tramite la rete, in questo sconosciuto miracolo eucaristico avvenuto proprio a Buenos Aires negli anni dell'episcopato di Bergoglio, approfondii gli eventi attraverso un'indagine sul posto, fatta mediante colleghi, e raccontai tutta la storia.

Era davvero impressionante. Ma non ne capivo il significato. Solo in tempi recenti l'ho colto: credo sia stato un vero e proprio segno del cielo per «padre Bergoglio». Un segno che, purtroppo, non si può proprio dire che sia stato accolto, o almeno compreso o accettato dal diretto interessato.

Ecco ciò che scrissi:

C'è un «segno» miracoloso rimasto finora sconosciuto che ha toccato la storia personale del cardinale Bergoglio. È accaduto – prima e durante gli anni del suo episcopato – nella chiesa parrocchiale di Santa Maria che si trova al centro di Buenos Aires, fra i quartieri Almagro e Caballito e – per decisione del parroco e dei suoi fedeli – non si è voluto fare del clamore mediatico.

Tuttavia adesso la «notizia» si sta diffondendo. A rompere il silenzio con una prima rivelazione è stato, poco tempo fa, un religioso, Fr. M. Piotrowski SChr, sul sito «Love one another». Riassumo ciò che ha scritto.

Era il 18 agosto 1996, alle ore 19. Alla fine della messa padre Alejandro Pezet vide arrivare un fedele che aveva trovato un'ostia (evidentemente profanata) in un angolo della chiesa.

Il sacerdote si comportò secondo la prassi, mise la particola in un contenitore di acqua e ripose tutto nel tabernacolo. Tuttavia pochi giorni dopo, il 26 agosto, dovette constatare, stupefatto, che la particola anziché dissolversi si era trasformata in una frammento di carne sanguinosa.

Così il parroco – secondo la cronaca di Piotrowski – avrebbe informato Bergoglio che era vescovo ausiliare del cardinale Antonio Quarracino, ordinario di Buenos Aires. Ricevendo da lui il mandato di fotografare ciò che era accaduto e conservare tutto nel tabernacolo.

Qualche tempo dopo il prelato – diventato intanto arcivescovo di Buenos Aires – vedendo che non vi era traccia di decomposizione decise di far analizzare quella misteriosa particola.

Il 5 ottobre 1999 si procede. Sono presenti emissari del vescovo e il dottor Castañón che prelevò un campione del frammento di carne e lo inviò a un laboratorio americano ignaro della sua origine.

Lì il dottor Frederick Zugibe, cardiologo e medico legale, rilevò che si trattava di tessuto umano. Secondo quanto scrive Piotrowski, egli fece questa sconvolgente analisi:

«Il materiale analizzato è un frammento del muscolo cardiaco tratto dalla parete del ventricolo sinistro in prossimità delle valvole. Questo muscolo è responsabile della contrazione del cuore. Va ricordato che il ventricolo cardiaco sinistro pompa sangue a tutte le parti del corpo. Il muscolo cardiaco in esame è in una condizione infiammatoria e contiene un gran numero di globuli bianchi. Ciò indica che il cuore era vivo al momento del prelievo ... dal momento che i globuli bianchi, al di fuori di un organismo vivente, muoiono ... Per di più, questi globuli bianchi sono penetrati

nel tessuto, ciò indica che il cuore aveva subito un grave stress, come se il proprietario fosse stato picchiato duramente sul petto».

Testimoni di queste analisi furono due australiani, il giornalista Mike Willesee e l'avvocato Ron Tesoriero, i quali chiesero quanto potevano vivere i globuli bianchi se fossero appartenuti a un frammento di carne umana tenuto in acqua.

La risposta fu: «Pochi minuti». Quando il dottor Zugibe seppe dai due che quel materiale era stato tenuto per un mese in acqua e per tre anni in acqua distillata, restò esterrefatto.

Ancor più sconvolto però quando scoprì, dal dottor Castañón, che quel frammento di cuore umano «vivente» era in origine un'Ostia, ossia un pezzetto di pane consacrato.

Si chiesero con sgomento com'era possibile che un frammento di pane diventasse un pezzetto di cuore umano e ancor più come, un tale reperto, prelevato nel 1996, evidentemente da un uomo morto, fosse ancora vivo tre anni dopo?

L'articolo di Piotrowski prosegue riferendo il clamore che questa notizia ha fatto in Australia, dove è stata diffusa e spiegata dalle persone citate.

Questo articolo nei giorni scorsi ha cominciato a circolare in rete, tradotto, fra i siti cattolici, e a fare molta impressione. Così ho fatto delle verifiche sul posto, a Buenos Aires, e ho scoperto che la storia è ancora più clamorosa (però con alcuni importanti dettagli diversi).

In realtà i «segni» sono ben più di uno e cominciano nel maggio 1992, lo stesso mese e anno in cui Bergoglio fu nominato vescovo ausiliare di Buenos Aires.

Il 1° maggio di quell'anno, un venerdì, due pezzi di Ostia furono trovati sul corporale del tabernacolo. Su indicazione del parroco furono messi in un recipiente d'acqua posto poi nel tabernacolo. Però passavano i giorni e le particole non si scioglievano.

Venerdì 8 maggio si notò che i due frammenti avevano assunto un colore rosso sangue.

Domenica 10 maggio – alle messe serali – furono notate delle gocce di sangue sulla patena, il piattino su cui si pone l'Ostia.

Domenica 24 luglio 1994 mentre il ministro dell'Eucarestia prendeva il calice contenuto nel Tabernacolo si accorse che una goccia di sangue scorreva sulla parete interna dello stesso Tabernacolo.

Dopo questi segni si arriva ai fatti dell'agosto 1996 di cui abbiamo parlato. Ma – a quanto risulta – iniziano non il 18, ma il 15, festa dell'Assunzione di Maria al cielo. Quando poi ci si ac-

corse della inaudita metamorfosi di quella particola, fu informato direttamente l'arcivescovo Quarracino.

Fu lui che raccomandò la massima discrezione, dette le indicazioni sulla conservazione dei frammenti e ordinò che si stilasse un resoconto dei fatti fotografando tutto e facendo studi approfonditi. Tutto fu poi spedito a Roma.

Quali studi vennero compiuti?

Nel 1992 il sangue fu fatto analizzare da un medico del posto che era una parrocchiana e da altri ematologi. Tutti rilevarono che si trattava di sangue umano.

Nel 1999 – stando a quanto risulta a me – l'arcivescovo Bergoglio (che cominciò a occuparsi del caso solo dal giugno 1997, una volta diventato coadiutore dell'arcidiocesi) autorizzò analisi approfondite negli Stati Uniti di entrambi i «casi», quello del 1992 e quello del 1996. E tutto si svolse nel 2000.

Le analisi si svolsero in California con le procedure usate per le indagini dell'Fbi. Un dettaglio ulteriore riguarda il campione del 1992 che conteneva anche frammenti di pelle umana. Quindi c'è stata l'analisi del laboratorio di New York col risultato impressionante che sappiamo sul campione del 1996.

È evidente che ogni miracolo eucaristico (e ne sono avvenuti diversi, nel corso dei secoli) è per i cattolici il segno del grande miracolo che avviene ogni giorno, in tutte le chiese: la trasformazione del pane e del vino in Corpo e Sangue di Cristo.

Adesso qualche voce tradizionalista già accusa (sulla base di informazioni imprecise) il vescovo Bergoglio di aver tenuto un troppo «basso profilo» su questo caso invece di sbandierare il miracolo.

Ma è evidente invece che egli ha mostrato già in questa vicenda le sue preziose qualità di pastore. Anzitutto è stato l'arcivescovo Quarracino a gestire il caso nei primi anni e a raccomandare discrezione e prudenza.

Quindi Bergoglio ha osservato i criteri dettati dall'ex Sant'Uffizio nel documento Discernimento nelle apparizioni e rivelazioni *del 1978.*

Ha poi disposto tutte le analisi scientifiche per comprendere cosa è accaduto e – ascoltando la volontà della parrocchia dove si sono svolti i fatti di vivere senza clamori spettacolari quegli eventi misteriosi – ha aiutato la comunità a comprenderli secondo la fede della Chiesa, alimentando la devozione eucaristica.

Lui stesso andava diverse volte ogni anno a fare lì l'adorazione eucaristica. Che pian piano è diventata adorazione permanente e ora sta coinvolgendo un numero sempre crescente di parrocchie (si parla anche di fatti miracolosi che sono avvenuti).

L'«impronta» è il segno di Qualcuno che è passato. E il desiderio del cardinale Bergoglio era che quanti andavano a adorare il Signore lì presente si accorgessero che Egli si avvicina a ciascuno, passa dentro la vita di ciascuno e lascia in tutti la sua impronta. Quindi il cardinale esortava a non trasformare in un rito quell'adorazione, ma a commuoversi, a stupirsi di Gesù e a chiedergli che lasciasse la sua impronta indelebile nel proprio cuore.

Si può notare che in questo articolo cercavo in tutti i modi di difendere Bergoglio, ma bisogna riconoscere che è davvero singolare che un tale miracolo eucaristico sia rimasto pressoché sconosciuto.

Nella tradizione della Chiesa questi eventi soprannaturali sono sempre stati fatti conoscere a tutti e hanno generato una grande devozione popolare.

Ancora più inquietante tuttavia è chiedersi se e come Bergoglio, nel suo episcopato a Buenos Aires e poi in questi anni da «vescovo di Roma», abbia mostrato di aver «recepito» il messaggio del Cielo che a me pare rivolto in particolare a lui.

Quello che è certo è che nella Chiesa cattolica l'eucarestia è il cuore di tutto e senza di essa (o senza un'adeguata centralità dell'eucarestia, adorata, meditata e amata) crolla tutto. Se non si onora e non si ama l'eucarestia la Chiesa si sgretola e sprofonda.

Il grande san Bonaventura, con parole effettivamente dure, che, oggi, al nostro palato, paiono sconvenienti, scriveva: «Togli di mezzo questo sacramento della Chiesa, che cosa ci sarà dunque nel mondo se non errore e infedeltà? E il popolo cristiano sarà come un branco disperso di porci dedito all'idolatria, così come appare chiaramente nel resto degli infedeli».[10]

Veri francescani

Sei a capo per essere utile, sei a capo ... per dare il cibo a tempo opportuno (*Mt* 24,45). Per questo, per dispensare, non per comandare.[1]

SAN BERNARDO DI CHIARAVALLE
a papa Eugenio III

Anche il Papa è un peccatore.[2]

PAPA FRANCESCO

Una delle grandi eredità del Pontificato di Benedetto XVI riguarda la liturgia che – contrariamente a quel che pensa il mondo – è il vero cuore della Chiesa. Tanto che si dice «lex orandi, lex credendi».

Egli, il 7 luglio 2007, col *motu proprio Summorum Pontificum*, decretò la liberalizzazione della messa tradizionale in rito antico (mai abolita), come forma straordinaria del rito romano. Le due forme del rito, ha spiegato, possono arricchirsi a vicenda.

Peraltro la messa tridentina è quella che è stata celebrata prima, durante il Concilio Vaticano II e pure dopo, per alcuni anni.[3]

Così Benedetto XVI, dopo che Giovanni Paolo II aveva aperto la strada, ha tentato di ricucire una ferita ecclesiale, di avviare dei correttivi teologici nella complessa questione liturgica, e di potenziare la forza di intercessione della Chiesa per il bene dell'umanità, contro il Male dilagante e feroce, in questi anni nei quali – come ha detto la Madonna a Medjugorje – «Satana è sciolto dalle catene».

È una delle cose a cui, comprensibilmente, Benedetto XVI tiene di più e che più ha suscitato le ire dei modernisti e la ribellione, anche aperta, di sfida, da parte di certi vescovi. Si sa infatti che certi cattoprogressisti hanno un'idea di tolleranza che non sopporta la libertà di espressione (anche liturgica) degli altri.

Con l'arrivo di Bergoglio ci si interrogava su ciò che avrebbe fatto: alcuni sostenevano che avrebbe confermato la linea di Benedetto XVI, altri assicuravano che l'avrebbe spazzata via (tale scelta sarebbe stata uno schiaffo al precedente Pontefice e ci avrebbe riportato a una situazione illiberale e lacerante).

Il 29 luglio 2013 Sandro Magister nota che hanno avuto ragione i secondi, almeno a considerare il decreto della congregazione vaticana per i religiosi emesso l'11 luglio «con l'approvazione esplicita dello stesso Papa».

Il decreto porta le firme del cardinale progressista brasiliano Braz de Aviz e del segretario della Congregazione, Rodríguez Carballo, bergogliano. E contiene il commissariamento dei Francescani dell'Immacolata.

Da quel momento il fondatore, padre Stefano M. Manelli, è stato estromesso da ogni responsabilità; i frati che avevano ruoli di responsabilità sono stati spediti in luoghi remoti, spesso all'estero; i movimenti laicali legati alla congregazione sono stati ibernati; il fiorentissimo seminario è stato chiuso e sono state sospese le ordinazioni diaconali e sacerdotali. Il commissario non ha potuto prendere il controllo delle riviste dell'ordine perché appartengono ai laici, così ha proibito ai religiosi della congregazione di collaborarvi.

Tutto questo senza alcuna motivazione comprensibile se non una controversia attorno alla celebrazione secondo il vecchio o il nuovo rito.

In sostanza, per tornare all'alternativa prospettata all'inizio dell'articolo, il Papa ha preso una decisione in «stile Bergoglio», ovvero a parole, formalmente, ha dichiarato di non voler toccare nulla della riforma liturgica di Benedetto XVI, ma con i fatti, in pratica, ha assestato un colpo al cuore del Pontificato ratzingeriano.

Lo ha fatto nel modo più sconcertante: prendendo un simbolo che fosse rappresentativo anche liturgicamente della stagione ratzingeriana, e riservandogli quel «trattamento» così duro. Come un capro espiatorio.

«*Unum castigabis, centum emendabis.*» Nel mondo ecclesiastico il messaggio è arrivato forte e chiaro. E ha intimorito tutti, specialmente quelle famiglie religiose che erano fiorite, con molte vocazioni e all'insegna dell'ortodossia, della preghiera e dell'ascesi, nel tempo di Giovanni Paolo II e di Benedetto XVI.

Invece esultano trionfalmente molti in quegli ordini che da decenni sono in crisi nera, crisi di vocazioni, crisi dottrinali e disciplinari. Quelli che avevano in gran dispetto il *Summorum Pontificum.*

Il pugno di ferro usato da papa Bergoglio contro i Francescani dell'Immacolata contrasta con il guanto di velluto usato invece nei confronti di coloro che storicamente si sono posti per anni in antagonismo col magistero della Chiesa.

Penso agli storici rappresentanti della Teologia della liberazione, riabilitati in Vaticano, e – per fare un esempio concreto – al caso di Miguel d'Escoto Brockmann.

Chi è costui? Figlio dell'ambasciatore del Nicaragua negli Stati Uniti, diventò prete nel 1961 e nell'ottobre 1977 si pronunciò pubblicamente a favore del Fronte Sandinista, un gruppo rivoluzionario marxista che nel 1979 prese il potere in Nicaragua.

D'Escoto fu ministro degli Esteri nel governo sandinista dal 1979 al 1990. Quando lui e altri preti, dell'area della Teologia della liberazione, entrarono nel governo sandinista, Giovanni Paolo II fece arrivare loro un severo ammonimento perché dei religiosi non potevano partecipare in prima persona alla politica e al governo (per di più a un governo d'impronta marxista).

D'Escoto rispose picche e così, nel 1984 (come si vede, la Santa Sede gli diede tutto il tempo per ravvedersi, ma invano), fu sospeso *a divinis* da Giovanni Paolo II con gli altri due.

Anche dopo la sconfitta dei sandinisti nel 1990 e la perdita del ministero, D'Escoto continuò a far politica e nel 2008 ha presieduto addirittura la sessione annuale dell'Assemblea Generale delle Nazioni Unite.

Nel 2014, arrivato papa Francesco, il celebre personaggio scrive una lettera chiedendo a Bergoglio il ritiro della sospensione *a divinis* per poter tornare a celebrare la messa.

Il 1° agosto il Pontefice ha accettato la richiesta revocando la sospensione, perché «sono mutate le epoche, i contesti e soprattutto è cambiato lui», spiegano in Curia il 4 agosto 2014. Infatti D'Escoto – a loro dire – «ha capito di aver sbagliato e il Pontefice ha compreso la sincerità del ravvedimento».[4]

Quanto sia cambiato padre D'Escoto e quanto ammetta di aver sbagliato lo si è visto il giorno dopo, 5 agosto, quando «La Prensa» di Managua ha riportato alcune sue dichiarazioni rilasciate in quelle ore alla tv governativa Canal 4.

Titolo dell'articolo: *D'Escoto: Fidel Castro è eletto da Dio*. Il religioso ed ex ministro, appena riammesso alla celebrazione eucaristica da Bergoglio, ha affermato: «Il Vaticano può mettere a tacere tutto il mondo, allora Dio farà in modo che le pietre parlino e che trasmettano il Suo messaggio. Tuttavia [Dio] non ha fatto questo, [ma] ha scelto il più grande latinoamericano di quasi tutti i tempi: Fidel Castro».

D'Escoto, che – dice «La Prensa» – è «attuale consigliere per gli affari di frontiera e per le relazioni internazionali del governo del presidente del Nicaragua, il sandinista Daniel Ortega» (ma non aveva abbandonato la politica?), ha anche aggiunto: «È attraverso Fidel Castro che lo Spirito Santo ci trasmette il messaggio, questo messaggio di Gesù sulla necessità di lottare per stabilire con forza e in maniera irreversibile il Regno di Dio in terra, che è la Sua alternativa al potere».

Dopo questa esaltazione teologica del tiranno di Cuba, che opprime da decenni un intero popolo con la dittatura comunista, D'Escoto si è rallegrato per il provvedimento di revoca della sospensione da parte di papa Francesco.

Certo D'Escoto è un personaggio famoso, importante, ha amicizie influenti, anche in Curia, ed è portato in palmo di mano nei salotti internazionali (non a caso è stato appena fatto un film su di lui).

Invece padre Stefano Manelli è un umile frate vissuto nella povertà e nel silenzio, lontano da qualunque salotto mondano.

Anche padre Manelli, figlio spirituale di padre Pio e fondatore dei Francescani dell'Immacolata, ha scritto a papa Francesco, ma la sua lettera – dove chiedeva di poter parlare con lui di ciò che è accaduto ai suoi confratelli – non ha avuto la considerazione e l'ascolto della lettera di D'Escoto.

I due sono casi esemplari.

Padre Manelli non ha disobbedito alla Chiesa come D'Escoto, non ha flirtato con ideologie anticristiane, non si è buttato in politica, non ha esaltato tiranni comunisti come Fidel Castro.

Ha vissuto la sua vocazione sempre nell'umiltà, con tanta preghiera e penitenza, cosicché la sua santità di vita ha attratto centinaia di giovani che hanno abbracciato la regola dei Francescani dell'Immacolata, una regola molto esigente e ascetica.

Quando, nel luglio 2013, senza alcun serio motivo, con l'approvazione del Papa è stato allontanato dalla sua famiglia religiosa che è stata stravolta (le è stato sottratto il suo carisma originario), padre Manelli ha accettato con obbedienza tutti i provvedimenti disciplinari. In silenzio.

Ha solo chiesto di poter parlare col Papa poiché tutti – come prevede il Codice di diritto canonico – hanno diritto di conoscere di cosa li si accusa e hanno diritto di difendersi.

Ma Bergoglio non lo ha ricevuto. Non ha tempo per ascoltare questo santo sacerdote. Riceve e parla per ore con Eugenio Scalfari, che poi tesse le sue lodi sulla «Repubblica», ma non padre Manelli.

Come si diceva, il caso dei Francescani dell'Immacolata ha delle grosse ripercussioni sulla vita della Chiesa.

Nel settembre 2013 la professoressa Lucrecia Rego de Planas, nella sua famosa lettera all'amico papa Bergoglio (che ho già citato), scriveva fra l'altro: «Mi ha fatto terribilmente male quando hai punito i Frati Francescani dell'Immacolata, perché celebravano la Santa Messa in rito antico con il permesso esplicito del tuo predecessore nella

Summorum Pontificum. E punirli significa andare contro gli insegnamenti dei Papi precedenti».

In effetti quando fu firmato il commissariamento, nel luglio 2013, Magister fece notare proprio tale strappo. Questi religiosi infatti erano «fedeli alla tradizione, nel pieno rispetto del magistero della Chiesa» e celebravano sia in rito antico che moderno, come tante altre comunità religiose, «applicando lo spirito e la lettera del *motu proprio Summorum Pontificum* di Benedetto XVI».

Un piccolissimo nucleo di dissidenti interni (proprio sul rito antico) ha fornito il pretesto al Vaticano per il commissariamento.

«Ma ciò che più stupisce» scriveva Magister «sono le ultime cinque righe del decreto dell'11 luglio: "In aggiunta a quanto sopra, il Santo Padre Francesco ha disposto che ogni religioso della congregazione dei Frati Francescani dell'Immacolata è tenuto a celebrare la liturgia secondo il rito ordinario e che, eventualmente, l'uso della forma straordinaria (*Vetus Ordo*) dovrà essere esplicitamente autorizzata [*sic!*] dalle competenti autorità per ogni religioso e/o comunità che ne farà richiesta". Lo stupore» proseguiva Magister «deriva dal fatto che ciò che qui viene decretato contraddice le disposizioni date da Benedetto XVI, che per la celebrazione della messa in rito antico "sine populo" non esigono alcuna previa richiesta di autorizzazione: "*Ad talem celebrationem secundum unum alterumve Missale, sacerdos nulla eget licentia, nec Sedis Apostolicae nec Ordinarii sui*". Mentre per le messe "cum populo" pongono alcune condizioni, ma sempre assicurando la libertà di celebrare.»[5]

È evidente che si è voluto – con un atto simbolico – spazzar via una pagina importantissima del Pontificato di Benedetto XVI, senza dirlo esplicitamente. E instaurando nella Chiesa un clima di timore e di repressione.

È stata proprio la dolorosa vicenda dei Francescani dell'Immacolata, dopo qualche mese di mio aperto sostegno a Bergoglio, a farmi capire che c'era qualcosa che non andava, qualcosa di grave.

Non si trattava più soltanto delle sorprendenti interviste del nuovo Pontefice, che avevano lasciato me e molti altri assai perplessi, ma ancora dubbiosi. Quello che era stato fatto ai Francescani dell'Immacolata era inequivocabile.

Firmai così un articolo, il 5 gennaio 2014, su «Libero», in cui esprimevo tutto il mio sconcerto. Ne riporto qualche brano:

> *Ma il Papa sa quello che – a nome suo – stanno facendo ai Francescani dell'Immacolata? Appena due giorni fa Francesco ha giustamente proclamato che «il Vangelo non si annuncia con le bastonate, ma con amore e gentilezza».*
>
> *Eppure sui Francescani dell'Immacolata – senza alcun motivo e alcuna colpa da parte loro – si è abbattuta una tempesta di «bastonate».*

Mi sconcertava, allora, che si stesse facendo tutto questo nel nome di papa Francesco. Continuavo a sperare che lui non sapesse tutto, che avesse approvato il decreto, ma non fosse al corrente delle sue conseguenze. Aggiungevo:

> *Fra l'altro i Francescani dell'Immacolata, nel disastro generale degli ordini religiosi (senza vocazioni, spesso in crisi dottrinale e disciplinare, con molti noti errori), dovrebbero essere portati ad esempio: infatti loro vivono radicalmente la povertà, vivendo solo di carità, hanno molte vocazioni, conducono una vita fortemente ascetica, fanno tante opere di carità per i poveri e i diseredati, annunciano la Buona Novella con zelo missionario e sono obbedienti alla Chiesa (in questi mesi di repressioni subiscono tutto con mitezza e nel silenzio).*

Facevo presente poi che molti fedeli, che conoscevano e stimavano questi bravi frati, erano scandalizzati da quanto stava accadendo. C'erano persone che avevano pianto per gli allontanamenti di questi religiosi dalle comunità dove avevano lavorato così bene. Mi chiedevo:

> *Perché tanta durezza contro religiosi che per i fedeli rappresentano un grande esempio di vita e un vero riferimento spirituale? Eppure non si è avuto un tale accanimento nemmeno nei casi di religiosi, preti e teologi in cui c'erano grossi problemi di dottrina, disciplina e altro.*

Rammentavo la catastrofe del post-Concilio, gli abbandoni della tonaca (a migliaia), le gravissime deviazioni dottrinali e disciplinari, le vere e proprie eresie propalate, gli abusi liturgici. Osservavo:

> *Anche la Compagnia di Gesù, come Bergoglio sa bene, è stata nella tempesta e alcuni suoi membri hanno alimentato la confusione teologica. Eppure non sono mai stati presi provvedimenti come quelli adottati oggi contro i Francescani dell'Immacolata. Secondo le statistiche ufficiali dal 1965 (quando finisce il Concilio) al 2005, i membri della Compagnia di Gesù (i gesuiti) sono crollati del 45 per cento, i salesiani del 24 per cento, i Frati minori del 41 per cento, i Cappuccini del 29 per cento, i Benedettini del 35 per cento, i Domenicani del 39 per cento.*
>
> *Al contrario i Francescani dell'Immacolata, famiglia religiosa nata negli anni Settanta da padre Stefano Maria Manelli e da padre Gabriele Maria Pellettieri, hanno attratto subito tante vocazioni. Riconosciuti dalla Chiesa nel 1990, con decreto pontificio del 1998, oggi sono circa 400 frati in 55 case nel mondo e altrettante suore con 47 case su tutto il globo. Anche le vocazioni – che in tutte le diocesi languono – fra loro crescono a ritmi impressionanti. Davvero una comunità benedetta da Dio.*

Concludevo ricordando la persecuzione che era stata inflitta a padre Pio e ricordavo che quei «provvedimenti restrittivi e punitivi molto duri» a lui imposti «erano del tutto ingiusti, come poi ha dimostrato la piena riabilitazione voluta da Paolo VI e la canonizzazione del frate stigmatizzato fatta da Giovanni Paolo II».

Che a nessuno accada di combattere contro Dio, come ebbe a dire il noto saggio. Che la vicenda dei Francescani dell'Immacolata – peraltro figli spirituali di padre Pio – non sia una replica.

Quel modo di governo «autoritario, brusco e personalista»[6] che Bergoglio attribuiva a se stesso da giovane, non è per caso continuato? Non si è evidenziato proprio in questa vicenda? Oppure non si è reso conto di ciò che aveva approvato? Vorrà e potrà il Papa rivedere tutta questa storia?

Vorremmo sperarlo se consideriamo con quanta umiltà e sincerità Bergoglio, da cardinale, riconosceva pubblicamente certi suoi errori del passato: «Sì, ho commesso molti errori. Errori e peccati ... Ciò che più mi fa male è di non essere stato abbastanza comprensivo e giusto».[7]

Ecco, non è mancata un po' di comprensione e di giustizia nei confronti dei Francescani dell'Immacolata?

Fra l'altro c'è il sospetto che siano finiti nel mirino anche perché sono quelli che non si sono arresi al modernismo e alle teologie progressiste, tanto che fra questi frati è fiorita pure una revisione critica del pensiero di Karl Rahner che – nella Chiesa di oggi – è più intoccabile dei dogmi della fede.

Del resto i provvedimenti punitivi sono stati firmati da chi ha avuto trascorsi nella Teologia della liberazione, come il cardinale brasiliano João Braz de Aviz, il capo della Congregazione vaticana che ha deciso il commissariamento.

In un'intervista di qualche tempo fa il prelato ha raccontato come visse quella fase della sua vita, ma curiosamente in quell'occasione non ha fatto sua la condanna degli errori della Teologia della liberazione che fu firmata da Giovanni Paolo II e da Joseph Ratzinger. Anzi ha affermato: «Rimango convinto che in quella vicenda è passato comunque qualcosa di grande per tutta la Chiesa».[8]

Sì, una grande catastrofe. Ecco ora nuovi disastri «progressisti» contro i Francescani dell'Immacolata. Se questi frati fossero stati seguaci di Rahner, Küng o della Teologia della liberazione, la loro vicenda avrebbe suscitato una protesta sui media. Invece sono fedeli alla Chiesa, dunque nessuno li difende.

Il rovesciamento delle parti è clamoroso. Infatti sul banco degli imputati ci sono dei cattolici obbedienti e a fare la parte del giudice un cardinale progressista che oggi detenieme il potere curiale.

Questo tipo di cattolici progressisti teorizzano il dialogo con tutti, di qualunque religione o ideologia, ma con i cattolici fedeli alla tradizione mostrano i denti. Anche per il cardinale Braz de Aviz, se si escludono i Francescani dell'Immacolata, il dialogo vale verso tutti.

Infatti ricordai in un mio articolo:

Quando era arcivescovo di Brasilia partecipò tranquillamente fra i relatori a un convegno del «Fórum Espiritual Mundial» con l'ex frate Leonardo Boff, leader della Tdl, Nestor Masotti, presidente della Federazione Spiritista Brasiliana, Ricardo Lindemann, presidente della Società Teosofica in Brasile e Hélio Pereira Leite, Gran Maestro del Grande Oriente.[9]

Il tema di questo forum, tenutosi a Brasilia fra 6 e 10 dicembre 2006,[10] era: «Valorizzare la diversità per la costruzione di una solidarietà planetaria».

E la «diversità» dei Francescani dell'Immacolata? Quella non va valorizzata per il cardinale Braz de Aviz? Egli intende valorizzare solo le «diversità» dei nemici della Chiesa? Vuole costruire (solo) con loro «una solidarietà planetaria»?

Anche nella Chiesa solo progressisti e modernisti meritano valorizzazione, dialogo e solidarietà?

In effetti, appena arrivato a capo della Congregazione per i religiosi, Braz de Aviz iniziò subito il dialogo con le progressiste Congregazioni religiose femminili degli Stati Uniti che tanto filo da torcere dettero a Benedetto XVI.

Braz a questo proposito fece una specie di critica alla Santa Sede: «Abbiamo ricominciato ad ascoltare... Senza condanne preventive».[11]

Invece i Francescani dell'Immacolata? Ascoltare padre Manelli e i suoi frati no? La condanna preventiva contro di loro c'è stata e pesante.

Non è stupefacente? Tempo fa la testata online «Vatican Insider» titolava: *In Italia ci sono sempre meno frati e suore*. Ma il Vaticano, al tempo di Bergoglio, non si preoccupa di questo. Si pensa a colpire uno dei pochi ordini le cui vocazioni aumentano.

Così da maggio 2014, il cardinale Braz de Aviz è passato a occuparsi pure delle suore Francescane dell'Immacolata nominando anche lì una «visitatrice». È la solita storia (anche peggio, perché in questo caso non ci sono nemmeno dei dissidenti che hanno dato il pretesto). Perciò si rende evidente l'intento che muove tutta questa politica.

Come se non bastasse c'è il fondato timore che il Vaticano di Francesco ora abbia anche l'intenzione di «aggiornare» pure la clausura secondo «l'idea di Chiesa» di Bergoglio, la cui parola d'ordine più ripetuta è «uscire».

Infatti il solito cardinale Braz de Aviz, in data 29 aprile 2014, ha inviato «a tutte le comunità claustrali» una lettera di tre pagine dove si informa che il Papa ha intenzione di fare una «revisione/elaborazione di alcuni importanti documenti relativi alla vita claustrale» e «ha dato mandato a questa Congregazione di portare avanti la elaborazione di una nuova istruzione sulla vita contemplativa e la clausura delle monache».

In allegato c'è il solito questionario con i dati da fornire e le risposte da dare. Fra le claustrali questa lettera ha creato una certa ansia, in alcune una vera preoccupazione.

La clausura è il cuore orante della Chiesa, la sua perenne adorazione sulla terra, il luogo dove il Male è più contrastato e tutto il dolore della Chiesa e del mondo diventa implorazione di grazie e di salvezza.

Si intenderà procedere anche qui a una «modernizzazione» analoga a quella dei Francescani dell'Immacolata? Sarebbe drammatico.

Pensando a questi religiosi e religiose (e alle monache di clausura) di fronte allo smarrimento dell'attuale momento storico nella Chiesa, immersa nella tempesta, viene in mente questa pagina di Léon Bloy: «Il portiere della storia non guarda le loro ragioni, ma guarda i loro visi. Per cancellare di colpo tante immagini deprimenti bastano dieci visi di monaci perduti in fondo a un monastero o quella contadina spagnola che intravidi un giorno nel più fitto segreto di una chiesetta di Toledo con le braccia allargate in un gesto sovrano, eretta come una regina, mentre pregava in ginocchio. Ma bisogna dunque frugare nei monasteri e nelle cappelle castigliane per raccogliere i riflessi morenti di un fuoco che deve incendiare il mondo?».

Il pensiero incompleto

> Con l'idee donna Prassede si regolava come dicono che si deve far con gli amici: n'aveva poche; ma a quelle poche era molto affezionata. Tra le poche ce n'era per disgrazia molte delle storte; e non eran quelle che le fossero men care … Come diceva spesso agli altri, e a se stessa, tutto il suo studio era di secondare i voleri del cielo, ma faceva spesso uno sbaglio grosso: prendere per cielo il suo cervello.
>
> ALESSANDRO MANZONI, *I promessi sposi*

Si dice che padre Bergoglio sia stato un appassionato lettore dei *Promessi sposi*. Dunque conosce sicuramente la figura di donna Prassede.

Le parole che le dedica lo scrittore – che ho citato nell'esergo – mi ricordano certi preti, intellettuali o teologi «moderni» e innovatori che – per così dire – amano più civettare con le mode ideologiche del momento che immergersi nella bellezza e nel rigore della dottrina cattolica.

Certo, ha ragione papa Bergoglio quando sottolinea che l'incontro con Cristo è anzitutto l'incontro con le persone da lui redente e con la vita della comunità cristiana. E non un convegno di studi sui decreti del Concilio di Nicea. Questo è scontato.

Però la dottrina cattolica è l'intelligenza dell'avvenimento cristiano. Senza la quale è impossibile far proprio lo sguardo di Gesù sulle cose, il suo cuore o fare un serio atto di fede.

Soprattutto è impossibile, senza la dottrina, un annuncio vero del Vangelo, specie per sacerdoti, vescovi, teologi, catechisti. Il messaggio di papa Bergoglio rischia di venire recepito come un «liberi tutti» rispetto alla dottrina cattolica e al pensiero cattolico.

C'è da restare perplessi se persino per i gesuiti – che per secoli sono stati un pilastro della dottrina della Chiesa – papa Bergoglio ha indicato ora il dovere di avere «un pensiero incompleto».

Non basta la tolleranza per chi ha «un pensiero incompleto», è prescritto il dovere di averlo: «Il gesuita deve essere una persona dal pensiero incompleto, dal pensiero aperto».

Così ha dichiarato nell'intervista con padre Spadaro per la rivista dei gesuiti. Inoltre, il Papa ha rifiutato come «una deformazione» quelle «epoche (in cui) nella Compagnia si è vissuto un pensiero chiuso, rigido, più istruttivo-ascetico che mistico».[1]

Cosa significhi questo «pensiero incompleto» non è affatto chiaro.

Ma da altre pagine di papa Francesco si capisce che c'è da preoccuparsi. Per esempio nella *Evangelii Gaudium* se la prende con «quanti sognano una dottrina monolitica difesa da tutti senza sfumature» (n. 40) e poi scrive: «A volte, ascoltando un linguaggio completamente ortodosso, quello che i fedeli ricevono, a causa del linguaggio che essi utilizzano e comprendono, è qualcosa che non corrisponde al vero Vangelo di Gesù Cristo» (n. 41).

Allora cosa si dovrebbe fare? Usare un linguaggio non ortodosso? Non si era mai sentito un Papa che mettesse in guardia dal linguaggio dell'ortodossia. In duemila anni di storia della Chiesa non si trova un solo atto del magistero o un solo santo che dica una cosa del genere.

Papa Giovanni, per esempio, il Papa del Concilio, affermava:

> *Di tutti i mali che, per così dire, avvelenano gli individui, i popoli, le nazioni, e così spesso turbano l'animo di molti, causa e radice è l'ignoranza della verità. E non l'ignoranza soltanto, ma talvolta anche il disprezzo e uno sconsiderato disconoscimento del vero. Di qui errori d'ogni genere, che penetrano negli animi e si infiltrano nelle strutture sociali, tutto sconvolgendo con grave rovina dei singoli e dell'umana convivenza.*

E proseguiva:

> *Tutti perciò sono tenuti ad abbracciare la dottrina dell'evangelo. Se la si rigetta, vengono messi in pericolo i fondamenti stessi della verità, dell'onestà e della civiltà. ... Coloro poi che, con ardire temerario, impugnano di proposito la verità conosciuta, e parlando, scrivendo, operando, usano le armi della menzogna per attirarsi il favore del popolo semplice e per plasmare a loro modo l'animo dei giovani, ignaro e molle come cera, quale abuso non commettono, quale opera riprovevole non compiono essi mai!*[2]

Papa Bergoglio non sembra avere come priorità l'annuncio e la difesa della Verità, o l'approfondimento della dottrina cattolica. Durante un colloquio informale con i religiosi dell'America Latina, il 6 giugno 2013, disse che dovevano rischiare «nuovi orizzonti» e se poi «arriva una lettera della Congregazione per la Dottrina (della Fede) che dice che è stato detto questo o quello ... non preoccupatevi. Spiegate quello che c'è da spiegare, ma andate avanti».[3]

Per Bergoglio sembra che la cura pastorale sia una cosa contrapposta alla dottrina. Ha obiettato il cardinale Müller, prefetto dell'ex Sant'Uffizio: «Si tratta di un malinteso, come se la dottrina fosse un sistema teorico riservato ad alcuni specialisti di teologia. No, la dottrina, oltre alla Parola di Dio, ci dà la vita e la più autentica verità della vita».[4]

È davvero strano il caso di un Papa che polemizza con «chi tende in maniera esagerata alla "sicurezza" dottrinale» e invita preti e religiosi a non preoccuparsi dell'ortodossia. Dunque vanno bene l'approssimazione o l'ignoranza della dottrina?

San Francesco di Sales ammoniva: «L'ignoranza degli ecclesiastici è da temersi più del peccato, perché con essa non si perde solo se stessi, ma si avvilisce il sacerdozio. La scienza in un prete è l'ottavo sacramento della gerarchia ecclesiastica. Vi scongiuro fratelli carissimi di darvi seriamente alla scienza; e le maggiori disgrazie sono avvenute perché l'arca della scienza si è trovata in altre mani che in quelle dei leviti».[5]

Veramente Bergoglio pensa che per evangelizzare sia necessario non usare «un linguaggio completamente ortodosso» e mettere in secondo piano la dottrina?

Prendiamo san Paolo, l'Apostolo per antonomasia, colui che ha letteralmente fatto la prima evangelizzazione. Compì una grande impresa missionaria e fu tanto ortodosso da urtare le suscettibilità, ieri come oggi.

Com'è noto, premettendo «io non mi vergogno del Vangelo», nella *Lettera ai Romani* enucleava – in maniera severa – alcune categorie di peccatori relative alla sessualità di allora, che poi sono le stesse di oggi, e concludeva: «Poiché hanno disprezzato la conoscenza di Dio, Dio li ha abbandonati in balìa d'una intelligenza depravata, sicché commettono ciò che è indegno».

Tuonava ancora più esplicitamente nella *Prima Lettera ai Corinzi* elencando le varie categorie di peccatori (*1Cor* 6,9-10), cosa che oggi gli procurerebbe qualche guaio.

Un'invettiva che mette tutti in guardia. Esagerava? Di certo violava il «politically correct», ieri come oggi.

Papa Bergoglio vuole forse dirci che nel suo annuncio san Paolo usava un linguaggio troppo ortodosso e perciò non corrispondeva al «vero Vangelo di Gesù Cristo»? Bocciamo san Paolo?

E san Francesco di cui il Papa porta il nome? Solo chi non lo conosce può pensare che abbia evangelizzato venendo a patti sulla verità, parlando di farfalle o di inquinamento.

Il cardinal Biffi, celebrandone la festa ad Assisi nel 2004, disse che vedeva in giro «un francescanesimo di maniera, svigorito in un estetismo senza convinzioni esistenziali», un brodino tale «che tutti lo possano assumere senza ripulse e drammi interiori, stemperato in una religiosità indistinta che non inquieti nessuno».

Invitava dunque a conoscere l'opera e la figura di Francesco «nella loro verità». La verità di questo santo è l'adesione totale e assoluta al Vangelo, letteralmente. Sine glossa. Senza accomodamenti con la mentalità dominante.

Senza quelle concessioni allo spirito dei tempi che oggi si teorizza in nome del «dialogo col mondo» e dell'«apertura alla modernità».

Per capire san Francesco – come suggeriva Biffi – bisogna rileggere le sue (quasi sconosciute) lettere considerandole scritte per i tempi odierni.

Scopriremo che oggi Francesco verrebbe sicuramente liquidato dai media – e da qualche autorevole ecclesiastico – come «un fanatico», un «fondamentalista», un cattolico «integralista e reazionario», un «dottrinario».

Prendiamo la lettera che scrisse «a podestà, consoli, magistrati e reggitori dei popoli». Pensate che abbia fatto loro l'elenco dei problemi sociali, parlando di disoccupazione, pace, ambiente o economia? No. Li esortò potentemente a professare la fede cattolica per salvare le anime loro e quelle dei loro popoli:

> *Ricordate e pensate che il giorno della morte si avvicina. Vi supplico allora, con rispetto per quanto posso, di non dimenticare il Signore, presi come siete dalle cure e dalle preoccupazioni del mondo. Obbedite ai suoi comandamenti, poiché tutti quelli che dimenticano il Signore e si allontanano dalle sue leggi sono maledetti e saranno dimenticati da lui. E quando verrà il giorno della morte, tutte quelle cose che credevano di avere saranno loro tolte.*

Proseguiva:

> *E quanto più saranno sapienti e potenti in questo mondo, tanto più dovranno patire le pene nell'inferno. Perciò vi consiglio, signori miei, di mettere da parte ogni cura e preoccupazione e di ricevere devotamente la comunione del santissimo corpo e sangue del Signore nostro Gesù Cristo in sua santa memoria.*

Poi aggiungeva:

> *Siete tenuti ad attribuire al Signore tanto onore fra il popolo a voi affidato, che ogni sera si annunci, mediante un banditore o qualche altro segno, che siano rese lodi e grazie all'onnipotente Signore Iddio da tutto il popolo. E se non farete questo, sappiate che dovrete renderne ragione (cfr.* Mt 12,36*) a Dio davanti al Signore vostro Gesù Cristo nel giorno del giudizio.*

In un'altra lettera ai semplici fedeli laici raccomandò di stringersi alla «dolcezza» e «soavità» del Signore Gesù, osservando i comandamenti e facendo penitenza.

Chi invece non segue Cristo è esortato a convertirsi e se persevera nel peccato è accoratamente ammonito dal santo di Assisi: «Costoro sono prigionieri del diavolo ... essi vedono e riconoscono, sanno e fanno il male, e consapevolmente perdono la loro anima».

Perché «chiunque muore in peccato mortale ... il diavolo rapisce l'anima di lui ... e tutti i talenti e il potere e la scienza e la sapienza che credevano di possedere sarà loro tolta ... e andranno all'inferno dove saranno tormentati eternamente».

Non sembrano le stesse cose che papa Francesco dice nei suoi colloqui con le personalità del mondo laico che lo frequentano, come Eugenio Scalfari. Decisamente no.

Dobbiamo pensare che pure il santo di Assisi – così rigidamente ortodosso – rientri fra quelle categorie deprecate da Bergoglio, come «il cristiano restaurazionista, legalista» quello che «vuole tutto chiaro e sicuro», che «tende in maniera esagerata alla "sicurezza" dottrinale», che «ha una visione statica e involutiva»?

C'è anche una lettera di san Francesco ai sacerdoti.

In essa non chiama i sacri ministri all'azione sociale fra le classi popolari o all'apertura verso il nuovo, ma li esorta principalmente a tributare il massimo onore «al santissimo corpo e sangue del Signore nostro Gesù Cristo».

Il santo infatti è addolorato perché da molti «il corpo del Signore viene collocato e lasciato in luoghi indegni, viene trasportato senza nessun onore e ricevuto senza le dovute disposizioni e amministrato senza riverenza».

Sembra qui di sentir riecheggiare la preoccupazione di Benedetto XVI. Bisogna riconoscere che anche in questo i Francescani dell'Immacolata sono veramente figli spirituali del santo di Assisi.

Infine nella sua *Regola non bollata* invita i suoi frati a dare testimonianza a Cristo (fino al martirio) anche «tra i saraceni e gli altri infedeli» (del resto lui stesso andò ad annunciare Cristo al Sultano e molto presto i suoi frati ricevettero il martirio).

Il santo non ritenne la testimonianza un deteriore «proselitismo». Infatti per lui la conversione era la via della salvezza. Non sembra proprio che avesse un «pensiero incompleto».

Lo stesso sant'Ignazio di Loyola, fondatore della Compagnia di Gesù, era ben rigoroso nell'ortodossia e aveva a cuore che non si deviasse dalla retta dottrina. Infatti arrivava a scrivere: «I predicatori e i fautori di eresia e, praticamente, tutti coloro che si vedessero infettare gli altri di questa peste dovrebbero essere colpiti con gravi pene».

Sul come rapportarsi con i protestanti era decisamente troppo drastico: «Chi qualificherà gli eretici come evangelici dovrebbe pagare una multa, perché il demonio non goda che i nemici del Vangelo e della croce di Cristo usurpino un nome contrario ai fatti. Gli eretici debbono essere chiamati con il loro nome, perché si provi orrore nel nominarli e non si copra con un'etichetta religiosa un veleno mortale».[6]

Parole così drastiche sono dovute al fatto che era appena scoppiato lo scisma protestante e divampava uno scontro drammatico e sanguinoso. Era il tempo in cui Lutero tuonava che bisognerebbe arrestare il Papa e strappare la lingua a lui e ai suoi.

Ma è un salto un po' troppo lungo passare da questo giudizio di sant'Ignazio alla sua totale antitesi, che è il discorso che papa Bergoglio ha fatto a Caserta. L'esatto contrario.

La giusta prospettiva è un'altra. È quella indicata dalla *Dominus Iesus* di Ratzinger che però, a Caserta, papa Bergoglio ha praticamente messo in soffitta con un tratto di penna.

Bergoglio ritiene che lasciar perdere l'ortodossia porti più frutti?

In realtà tutti i grandi della Chiesa del passato e della nostra generazione, quelli che hanno affascinato grandi masse di persone, sono sempre stati fedelissimi alle verità della fede e hanno sempre usato un linguaggio completamente ortodosso (per esempio padre Pio, don Bosco, Madre Teresa, Massimiliano Kolbe, Giovanni Paolo II, don Giussani, Joseph Ratzinger).

Dimenticare o occultare la verità non costruisce la Chiesa né permette alcun lavoro missionario serio.[7]

C'è poi una considerazione storica da fare. Abbiamo già visto all'opera quel «pensiero incompleto» e «aperto» a cui accenna Bergoglio. Gli anni del post-Concilio sono stati un diluvio di discorsi «non completamente ortodossi».

Paolo VI ne è stato angosciato per tutti gli anni del suo Pontificato.

> *C'è un grande turbamento in questo momento nel mondo e nella Chiesa, e ciò che è in questione è la fede. Capita ora che mi ripeta la frase oscura di Gesù nel Vangelo di san Luca: «Quando il Figlio dell'uomo ritornerà, troverà ancora la fede sulla terra?». Capita che escano dei libri in cui la fede è in ritirata su punti importanti, che gli episcopati tacciano, che non si trovino strani questi libri ... Ciò che mi colpisce, quando considero il mondo cattolico, è che all'interno del cattolicesimo sembra talvolta predominare un pensiero di tipo non cattolico, e può avvenire che questo pensiero non cattolico all'interno del cattolicesimo diventi domani il più forte. Ma esso non rappresenterà mai il pensiero della Chiesa.*[8]

La tragedia del post-Concilio fu proprio questo dilagare di teorie e discorsi che fecero dire a Giovanni Paolo II, appena eletto:

> *Bisogna ammettere realisticamente e con profonda e sofferta sensibilità che i cristiani oggi, in gran parte, si sentono smarriti, confusi, perplessi e perfino delusi; si sono sparse a piene mani idee contrastanti con la Verità rivelata e da sempre insegnata; si sono propalate vere e proprie eresie, in campo dogmatico e morale, creando dubbi, confusioni, ribellioni; si è manomessa la Liturgia; immersi nel «relativismo» intellettuale e morale, e perciò nel permissivismo, i cristiani sono tentati dall'ateismo, dall'agnosticismo, dall'illuminismo vagamente moralistico, da un cristianesimo sociologico, senza dogmi definiti e senza morale oggettiva.*[9]

È questo il «pensiero incompleto e aperto» che si dovrebbe adottare? Oggi c'è chi vuole riportare la Chiesa in questa notte?

In attesa di risposte non ci resta che vedere qualche esempio (scelto fra tanti altri) del «pensiero incompleto». Può aiutare a capire.

Cronache vaticane

> Una specie di mondanizzazione davvero deplorevole. Il mondo corre verso la perdizione, e la Chiesa corre a perdersi nel mondo ... Ho sentito un parroco dire, in chiesa: Rallegriamoci, stringiamoci la mano ... Gesù vi augura cordialmente una bella giornata, il buon giorno! ... Presto allestiremo un bar per la comunione del pane e del vino, offriremo tramezzini e spumante ... Non c'è rimasto nulla, nulla di stabile, tutto è in movimento. Invece di tutto questo, noi abbiamo bisogno d'una roccia, salda.[1]
>
> EUGÈNE IONESCO

Padre Antonio Spadaro sj, intervistatore ed esegeta di papa Bergoglio, spiega: «Il suo è un pensiero incompleto, aperto. Il che non significa che sia inconcludente, come insinua qualcuno».

A me pare che sia «incompleto» anzitutto nel senso di approssimativo. Lo si vede anche nell'uso di certe parole che Bergoglio utilizza in un'accezione del tutto diversa da quella propria. Per esempio, nel viaggio a Caserta ha usato «parresia» dicendo che significa «l'audacia di andare avanti», mentre in realtà significa parlare chiaro, parlare in faccia. Analoghi errori si notano nel suo impiego di termini come «pelagiano», «gnostico» e «panteista».

Ma vediamo qualche esempio di pensieri incompleti.

Dixit

C'è una citazione prediletta da papa Bergoglio. La ripropone di continuo. La prima volta da Papa citò questa frase subito dopo l'elezione, durante il discorso ai cardinali nella sala clementina:

> *Egli, il Paraclito, è il supremo protagonista di ogni iniziativa e manifestazione di fede. ... Io ricordo quel Padre della Chiesa che lo definiva così:* «Ipse harmonia est». *Il Paraclito che dà a ciascuno di noi carismi diversi, ci unisce in questa comunità di Chiesa.*[2]

Dopo di allora ha citato quel «Padre della Chiesa» e la frase «*Ipse harmonia est*», riferita allo Spirito Santo, una miriade di volte. Per esempio il 19 maggio 2013 (omelia di Pentecoste, nella messa con i movimenti ecclesiali) o il 4 ottobre 2013, ad Assisi, nella cattedrale di San Rufino, parlando ai religiosi. Ma già la citava da cardinale, come si vede nell'intervista rilasciata a «30 Giorni» nel 2007.[3]

C'è solo un problema: che non esiste un Padre della Chiesa che abbia detto quella frase. Pure in Vaticano, dove sistemano tutti i discorsi papali per la pubblicazione sugli «Acta Apostolicae Sedis», non l'hanno trovato e quindi la frase compare senza attribuzione. Tuttavia, nessuno glielo dice, quindi Bergoglio continua a citare quel – non meglio identificato – «Padre della Chiesa».

Avrei taciuto volentieri anch'io se alla fine quella citazione improbabile, durante l'incontro di Caserta del 28 luglio 2014 con il pastore pentecostale Giovanni Traettino, non fosse diventata la base «teologica» della nuova visione ecumenica che Bergoglio vuole dare alla Chiesa.

Infatti ha detto: «La Chiesa è una nella diversità. E, per usare una parola bella di un evangelico che io amo tanto, una "diversità riconciliata" dallo Spirito Santo. [Perché] Lui fa entrambe le cose: fa la diversità dei carismi e poi fa l'armonia dei carismi. Per questo i primi teologi della Chiesa, i primi padri – parlo del secolo III o IV – dicevano: "Lo Spirito Santo, Lui è l'armonia", perché Lui fa questa unità armonica nella diversità».[4]

Considerato che nessun Padre della Chiesa ha mai pronunciato quella frase, sembra un po' debole una teologia ecumenica fondata su di essa che – addirittura – spazza via la *Dominus Iesus*, la quale ha dietro di sé tutta la solidità della teologia cattolica.

Se questo è un esempio di «pensiero incompleto» forse è meglio che la Chiesa lo eviti. Anche perché Bergoglio dimentica che il vero terreno d'incontro con i protestanti (soprattutto americani), in questi anni, è stato il diritto alla vita e la difesa dei cristiani perseguitati e della libertà religiosa nel mondo.

Post scriptum. A occhio e croce quella citazione, più che nella patristica, andrebbe cercata nei testi filosofici del XVII-XVIII secolo. Leibniz, per esempio. Una filosofia di certo molto lontana dal cattolicesimo.

L'essenziale

Uno dei passi «rivoluzionari» di papa Bergoglio, nella lunga conversazione con padre Spadaro, è questo: «Non possiamo insistere solo sulle questioni legate ad aborto, matrimonio omosessuale e uso dei metodi contraccettivi. Questo non è possibile. Io non ho parlato molto di queste cose, e questo mi è stato rimproverato. Ma quando se ne parla, bisogna parlarne in un contesto. Il parere della Chiesa, del resto, lo si conosce, e io sono figlio della Chiesa, ma non è necessario parlarne in continuazione».

Questa è una chiara critica ai predecessori che certo non avevano «insistito solo su questo», ma anzitutto sull'annuncio di Gesù Cristo che tocca i cuori, asciuga le lacrime degli uomini e solleva il loro viso dalla polvere.

Tuttavia avevano considerato la distruzione della famiglia e 50 milioni di aborti all'anno nel mondo una tragedia davanti alla quale non si può tacere (compresi i 50 milioni di donne ferite terribilmente da questo dramma).

Paolo VI, Giovanni Paolo II e Benedetto XVI come i profeti biblici hanno avvertito il mondo che la rivoluzione nichilista in corso sta cambiando i connotati dell'umanità. E grandi santi come Madre Teresa hanno sostenuto questo grido profetico con la loro voce e la loro testimonianza.

Adesso, stando alle parole di Bergoglio, essi dovrebbero essere ascritti alla categoria degli «ossessionati». Ecco qua:

Gli insegnamenti, tanto dogmatici quanto morali, non sono tutti equivalenti. Una pastorale missionaria non è ossessionata dalla trasmissione disarticolata di una moltitudine di dottrine da imporre con insistenza. L'annuncio di tipo missionario si concentra sull'essenziale, sul necessario, che è anche ciò che appassiona e attira di più.

Quindi, evitando «insegnamenti dogmatici e morali» papa Bergoglio si è concentrato sull'essenziale, per esempio sul tema dei «pettegolezzi» nelle parrocchie. Ne parla in continuazione, come ha documentato una giornalista ultrabergogliana, Stefania Falasca, in un articolo su «Avvenire» uscito il 31 agosto 2014 con questo titolo: *La maldicenza uccide e non è mai innocente.*

I Papi precedenti si erano sbagliati. Non è l'aborto[5] che ha fatto un miliardo di vittime in cinquant'anni, ma la maldicenza. Questo è «il crimine che i cristiani poco considerano» (occhiello dell'articolo falaschiano).

Un'ultima cosa. Padre Livio Fanzaga ha messo in guardia con parole di fuoco dall'abbandono dei principi non negoziabili: «Il Diavolo prospetta la pace universale in cambio – per esempio – della resa sui valori non negoziabili, sostenendo che non serve continuare a discutere e far polemiche, quando basterebbe dar via libera a ogni ideologia a sostegno di aborto, divorzio, eutanasia, matrimoni omosessuali, etc per vedere realizzata finalmente la concordia tra gli uomini. In questo contesto, come reagire? Occorre essere intransigenti, non scendere a compromessi con la verità del Vangelo, essere luce del mondo e sale della terra, annunciando sempre e ovunque che solo Cristo è la nostra pace e che senza Dio non c'è via per la vera pace nel mondo».

Padre Fanzaga prosegue: «Stiamo dunque attenti ogni volta che ci battono le mani o ci fanno i complimenti, perché potremmo forse aver imboccato la strada della falsa pace, fatta di falso ecumenismo, di compromesso, di silenzi e tradimenti della verità. In fondo, è Gesù stesso che ci offre nel Vangelo un criterio di verità, preannunciando: "Hanno perseguitato me, perseguiteranno anche voi" (*Gv* 15,20). Se saremo perseguitati, sapremo che staremo camminando sulle orme di Cristo, nella verità».[6]

Poveri cristiani

Botte da orbi sui cristiani, sempre, nei discorsi di papa Bergoglio. Lo dice la stessa Stefania Falasca, commentatrice ultrabergogliana che su «Avvenire» svolge il ruolo di esegeta del Papa: «Cristiani da salotto, cristiani di pasticceria, cristiani omicidi... Omicidi? Sì. Proprio così. E chi sono? Sono quelli che sparlano ... Non usa mezzi termini papa Francesco».[7]

Nemmeno con i suoi predecessori ha usato mezzi termini. A Scalfari, papa Bergoglio dichiarò: «I Capi della Chiesa spesso sono stati narcisi, lusingati e malamente eccitati dai loro cortigiani. La corte è la lebbra del Papato».[8]

Viene in mente quanto disse nel 1970 Paolo VI:

> *Esiste in molti uno stato d'animo di radicale insofferenza verso lo «ieri» della Chiesa: uomini, istituzioni, costumi, dottrine, tutto è senz'altro accantonato, se porta l'impronta del passato. È così che uno spirito critico implacabile condanna in questi irrefrenabili innovatori tutto il «sistema» ecclesiastico di ieri: essi non vedono più che colpe e difetti, inabilità e inefficienza nelle espressioni della vita cattolica degli anni trascorsi; con conseguenze che si presterebbero a molte e gravi considerazioni, e che oscurano quel senso storico della vita della Chiesa, ch'è pur preziosa caratteristica della nostra cultura. Esso è sostituito da una facile simpatia a tutto ciò ch'è fuori della Chiesa; l'avversario diventa simpatico ed esemplare, l'amico invece diventa antipatico e intollerabile. Se questo processo non è moderato, esso dà luogo perfino alla persuasione che sia lecito prospettare l'ipotesi d'una Chiesa del tutto diversa da quella odierna e nostra; una Chiesa inventata, si dice, per i tempi nuovi ... Questa deviazione è pur troppo possibile.*[9]

Nuove esegesi

Parlando della moltiplicazione dei pani e dei pesci compiuta da Gesù e riferita dai Vangeli, papa Bergoglio, in un videomessaggio per «la campagna contro la fame nel mondo» della Caritas, nel 2013, dichiara: «La parabola della moltiplicazione dei pani e dei pesci ci insegna proprio questo: che se c'è volontà, quello che abbiamo non finisce, anzi ne avanza e non va perso».[10]

La parabola? Ma quale parabola? L'evangelista Matteo riferisce fatti (*Mt* 14,13-21). Evidentemente sarà stato un lapsus, si pensò.

Ma poi papa Bergoglio torna su quella pagina e aggrava il problema, infatti il 16 maggio 2013, ricevendo il comitato esecutivo di Caritas Internationalis, a proposito dei pani e dei pesci del Vangelo dice testualmente: «Non si moltiplicarono. No, non è la verità: semplicemente non finirono, come non finì la farina e l'olio della vedova. Non finirono. Quando uno dice "moltiplicare" può confondersi e credere che faccia una magia... No, semplicemente è la grandezza di Dio e dell'amore che ha messo nel nostro cuore, che – se vogliamo – quello che possediamo non termina».[11]

Stando a queste parole chiunque «se vuole» può dunque sfamare cinquemila uomini (più donne e bambini) con soli cinque pani e due pesci, come fece Gesù secondo la testimonianza di san Matteo.

In attesa di vedere chi è capace di fare questo con la semplice volontà, dobbiamo prendere atto che il Papa qui sembra negare pubblicamente un miracolo di Gesù riferito dai Vangeli, uno dei miracoli più importanti, significativi e clamorosi.

Non solo. Asserisce che quanti ritengono che Gesù abbia fatto davvero la «moltiplicazione dei pani e dei pesci», come la Chiesa afferma da duemila anni, hanno creduto che Gesù abbia fatto «una magia».

I miracoli sarebbero da liquidare come «magie»? Certo, la critica razionalista ai Vangeli da due secoli nega i miracoli presenti nei Vangeli perché nega l'esistenza del soprannaturale, e una certa esegesi «progressista» interpreta quelle pagine come simboli dei «miracoli» che può fare la solidarietà sociale. Ma nessun Papa ha mai fatto affermazioni che negano la realtà dei miracoli.

Tra il dire e il fare

Sul «Fatto Quotidiano» del 24 agosto 2014 un articolo riporta queste parole appena pronunciate dal Papa: «Un cristiano sa dare. La sua vita è piena di atti generosi – ma nascosti – verso il prossimo». Subito dopo, nello stesso articolo, si fa sapere (e senza alcuna ironia, ma anzi con ammirazione) che «il Santo Padre ha appena donato senza tanto clamore un milione di dollari ai rifugiati del Kurdistan, come ha reso noto il cardinale Ferdinando Filoni inviato da Francesco in Iraq».

Senza tanto clamore? A proposito di contraddizioni, qualcuno, considerata la cifra, ha anche ricordato una delle tipiche dichiarazioni di papa Bergoglio che si guadagnò in passato il titolo dei giornali: *San Pietro non aveva un conto in banca.*[12] Dichiarazione a cui aggiunse una nota polemica nei confronti di chi era venuto prima di lui («una Chiesa ricca non ha vita») e tutto questo gli procurò molti elogi, ma fu anche utilizzato da coloro che da sempre attaccano la Chiesa per le sue ricchezze.

Nuovo decalogo

Il 7 luglio 2014 la rivista argentina «Viva» ha pubblicato un'intervista a papa Bergoglio nella quale egli fornisce un decalogo per vivere felici e in pace.

La cosa è stata rilanciata e amplificata come un distillato di saggezza epocale. Ma è difficile capire cosa ci sia da ammirare nella massima che Bergoglio ha posto come prima regola per la felicità: «Vivi e lascia vivere».

È questa la «filosofia di vita» del Papa? È per questo che Gesù Cristo ha accettato di subire il supplizio della croce? Si resta perplessi.

C'è chi ha preso tutto molto sul serio (forse troppo) e ha ricordato in proposito una delle visioni della beata Anna Caterina Emmerich (1774-1824) che ebbe molte rivelazioni sul passato e sul futuro della Chiesa:

> *Vidi in una città, una riunione di ecclesiastici, di laici e di donne, che erano seduti insieme a mangiare e a fare scherzi frivoli, e sopra di loro una nuvola nera che scorreva su un piano immerso*

nell'oscurità. In mezzo a questa nebbia, vidi Satana seduto in una forma orribile e, intorno a lui tanti accompagnatori per quante persone c'erano nella riunione che si teneva sotto. Tutti questi spiriti malvagi erano continuamente in movimento e occupati a spingere il male in questa riunione di persone. Parlavano loro all'orecchio e agivano su di esse in tutti i modi possibili.

La mistica descrive la preoccupante situazione spirituale di queste persone e aggiunge:

> *Gli ecclesiastici erano di quelli che avevano come principio: «Vivi e lascia vivere. Nella nostra epoca non bisogna restare da parte, né essere misantropi, bisogna gioire con chi gioisce».*[13]

Francamente non scomoderei la Emmerich per quella banale (e infelice) battuta. Però colpisce che in tutto il decalogo del Papa per vivere felici, abbastanza terra terra («procedi con calma», «preserva il tempo libero», «rispetta il pensiero degli altri senza proselitismo»), sia completamente assente Dio.

Problemi

Se si chiede a un Papa qual è il male più grave che affligge il mondo oggi, ci si aspetta che dica che è la mancanza di Dio, del Padre, del significato della vita, lo smarrimento della verità, del senso del bene e del male. Egli magari ricorderà le parole di Gesù: «Io sono la via, la verità e la vita» (*Gv* 14,6), «Senza di me non potete far nulla» (*Gv* 15,5).

Invece, papa Bergoglio no. Basta vedere l'incipit della sua famosa intervista a Scalfari. Lui risponde così: «I più gravi dei mali che affliggono il mondo in questi anni sono la disoccupazione dei giovani e la solitudine in cui vengono lasciati i vecchi... Questo, secondo me, è il problema più urgente che la Chiesa ha di fronte a sé».[14]

Ora, questi sono problemi seri e certamente riguardano in prima persona gli Stati, i governi, i partiti, i sindacati e tutti noi. Ma la Chiesa è nel mondo per occuparsi di occupazione e di pensioni? Non sarà un pensiero troppo incompleto?

Dio si è fatto uomo ed è morto e risorto per noi per avere una riforma del «welfare state» e un miglioramento dei livelli occupazionali giovanili?

Un giorno del 1992 a don Luigi Giussani fu posta una domanda simile: qual è il compito dei cristiani?

Rispose così: «Testimoniare Cristo. Testimoniarlo adoperando gli arnesi della propria professione. Fosse pure quella di essere ammalati, incurabili, in un letto. Siamo stati scelti solo per questo, per la missione. Che questa salvezza, che è la persona di Cristo, possa essere incontrata».

Scomunica incompleta

La scomunica nella Chiesa è una cosa seria. Molto seria. Per questo i giornali, giustamente, hanno dato molto risalto alla cosiddetta «scomunica ai mafiosi» che papa Bergoglio ha lanciato in Calabria il 21 giugno 2014.[15]

Ma tale scomunica agli effetti canonici esiste o è solo una cosa mediatica?

Il 7 luglio 2014, intervistato dalla «Repubblica», il cardinale Velasio De Paolis, definito «fra i più stimati canonisti del Vaticano», ha dichiarato: «Tecnicamente non è facile rispondere. Il delitto di mafia all'interno del Codice di diritto canonico non esiste … Nello stesso tempo il Papa non ha mostrato di voler cambiare il Codice».

Quindi la scomunica non c'è. Ma allora cosa intendeva dire il Papa?

> *Con le sue parole ha voluto intendere che coloro che commettono certi crimini … sono di per sé fuori dalla grazia di Dio e come tali non possono più accedere ai sacramenti. È un po' la medesima cosa che accade, ovviamente con i dovuti distinguo, per un divorziato risposato.*[16]

Dunque tanto rumore per nulla? Di fatto però parroci, cappellani e vescovi di quelle terre sono rimasti col cerino in mano senza sapere cosa fare. Si è trattato di una scomunica incompleta, anzi *interrupta*. Solo per i media.

Il pane e l'anima

La scelta di papa Bergoglio di celebrare il Giovedì Santo in un istituto, dove ha voluto che per la lavanda dei piedi, fra coloro che rappresentavano gli apostoli, vi fosse anche una ragazza musulmana, ha stupito.

Lucrecia Rego de Planas ha scritto che «è una violazione della legge liturgica». Ma soprattutto è emblematica per la commistione che il Papa argentino ha fatto fra diverse religioni. Come se fosse indifferente l'appartenenza a un'altra fede. Peraltro il gesto è stato pure interpretato erroneamente da certi musulmani, che lo hanno considerato un atto di sottomissione.

A proposito di indifferenza alle diverse confessioni, in un'intervista rilasciata a un'emittente argentina nell'estate 2013, papa Bergoglio affermava: «Se c'è un bambino che ha fame e non è istruito, ciò che ci deve interessare è che smetta di avere fame e riceva un'educazione. Se l'educazione gliela danno i cattolici, i protestanti, gli ortodossi o gli ebrei, a me non interessa. A me interessa che lo educhino e gli tolgano la fame. Su questo dobbiamo metterci d'accordo».

È un pensiero singolare. Dunque per Bergoglio va bene se un'organizzazione protestante – come può capitare oggi in Sudamerica – distribuisce panini nei quartieri poveri di Buenos Aires e insegna ai ragazzi a mandare al diavolo il Papa, a non ritenere l'eucarestia il vero corpo e sangue di Gesù, e insegna pure a giudicare idolatra la venerazione della Madonna e dei santi?

Non crede, il Papa, che la salvezza della propria anima valga più di un panino? Nel Vangelo si legge: «Che giova all'uomo guadagnare il mondo intero se poi perde la sua anima?» (*Mc* 8,36).

Sempre nel Vangelo è il tentatore a pensare che, per il pane, ogni uomo sia pronto a svendere la propria dignità e la verità. Nei tempi moderni anche certe ideologie hanno insegnato che il pane è ben più importante della libertà e della propria anima.

Invece molti altri hanno testimoniato l'opposto. Anche tanti cristiani. Ricordo, ai giorni nostri, il caso dei cristiani del Nord Iraq che – per non rinnegare la propria fede – sono stati disposti a perdere tutto (la casa, i beni, il lavoro) e a mettere a rischio pure la vita. E voglio ricordare anche i casi di mamme cristiane come Meriam (in Sudan) o Asia Bibi (in Pakistan) che hanno sopportato e sopportano la galera e la condanna a morte, con enormi sofferenze, per non rinnegare la propria fede e per salvare la propria anima.

C'è una frase di padre Alfred Delp, il gesuita tedesco che nel 1944 fu messo a morte dai nazisti, che Benedetto XVI ama particolarmente e cita spesso: «Il pane è importante, la libertà è più importante, ma la cosa più importante di tutte è la costante fedeltà e l'adorazione mai tradita».

Avrebbe potuto tradire e così aver salva la vita. Invece non rinnegò e salvò la propria anima. Diventando un esempio. Vorremmo un Papa che indicasse esempi così, invece di diffondere certi «pensieri incompleti» sul primato del pane.

Parte quarta

IL TEMPO DELLE PROFEZIE?

La verità è spesso molto inverosimile.[1]

SIGMUND FREUD

Fatima e dintorni

> Ci troviamo oggi di fronte al più grande combattimento che l'umanità abbia mai visto. Non penso che la comunità cristiana l'abbia compreso totalmente. Siamo oggi davanti alla lotta finale tra la Chiesa e l'Anti-Chiesa, tra il Vangelo e l'Anti-Vangelo. Una cosa è tuttavia certa: la vittoria finale appartiene a Dio e ciò si verificherà grazie a Maria, la Donna della Genesi e dell'apocalisse che combatterà alla testa dell'esercito dei suoi figli e figlie contro le forze del nemico, di Satana, e schiaccerà la testa del serpente.
>
> KAROL WOJTYŁA

C'è qualcosa di curioso e strano nell'ostentazione con cui Bergoglio ha voluto qualificarsi subito come vescovo anziché come Papa. Risente probabilmente di una certa teologia progressista che da tempo cerca di ridimensionare il Papato riducendolo a un episcopato come tutti gli altri, sia pure un *primus inter pares*.

Ma fece molta impressione, in quel suo primo saluto dalla Loggia centrale di San Pietro, la sera del 13 marzo 2013, il fatto che Bergoglio si definì per quattro volte vescovo senza mai pronunciare la parola «Papa» o «Vicario di Cristo».

Anche nell'Annuario pontificio del 2013 si è presentata una novità eclatante. Infatti il nuovo Papa, alla pagina 23, ha voluto essere indicato con la sola dicitura su due righe: «Francesco / vescovo di Roma». Invece tutti gli altri titoli si trovano alla pagina successiva che nell'edizione del 2012 era bianca.

In precedenza Benedetto XVI, come gli altri Papi, era indicato subito e contemporaneamente con tutti i titoli: «Vicario di Gesù Cristo, Successore del Principe degli Apostoli, Sommo Pontefice della Chiesa Universale, Primate d'Italia, Arcivescovo e metropolita della provincia romana, Sovrano dello Stato della Città del Vaticano, Servo dei Servi di Dio».

È evidente che nella scelta di Bergoglio c'è la precisa intenzione di autodefinirsi principalmente come «vescovo di Roma» e di «collocare visibilmente in secondo piano»[1] gli altri suoi titoli. Dunque, un vescovo vestito di bianco.

Un altro piccolo dettaglio. Sotto la foto ritratto del Pontefice c'è la semplice firma «Francesco», in italiano, mentre papa Ratzinger firmava in latino e con i segni del titolo pontificio: «Benedictus PP XVI».

Non è stupefacente questa ostentazione del solo titolo di vescovo?

In effetti Bergoglio è sicuramente vescovo perché è stato consacrato il 27 giugno 1992 dal cardinale Quarracino. Dunque è vescovo. Ma bisogna capire se è anche Papa canonicamente eletto.

Lui ignorava i problemi di validità del voto che lo ha eletto in quel Conclave, ma paradossalmente, alla luce di quanto si è scoperto, presentandosi come vescovo e non come Papa ha detto letteralmente la verità. A sua insaputa.

Questa è la strana situazione in cui ci troviamo: nel «recinto di Pietro» c'è Benedetto XVI, che è «Papa emerito», ma non governa la Chiesa, e c'è Jorge Mario Bergoglio, che si definisce «vescovo di Roma» e probabilmente non è stato eletto validamente Papa, ma governa la Chiesa.

Una Chiesa con due Papi in questa situazione fa seriamente pensare alla più importante e autorevole profezia del secondo millennio cristiano, ovvero la visione del Terzo Segreto di Fatima, a cui la Chiesa e i Pontefici del Novecento hanno dato un riconoscimento straordinario e unico.

In quella visione, la cui descrizione è stata pubblicata dal Vaticano nel giugno del 2000, si parla infatti di «un vescovo vestito di bianco» (e tale è oggi, a tutti gli effetti, Bergoglio) e poi si parla del «Santo Padre» che è definito con queste parole: «Mezzo tremulo con passo vacillante, afflitto di dolore e di pena».

Si pensava che quella visione avesse carattere simbolico, si immaginava che il «vescovo vestito di bianco» (che – aggiunge suor Lucia – «abbiamo avuto il presentimento fosse il Santo Padre») fosse la stessa persona che successivamente viene qualificata senz'altro come «il Santo Padre» e che troverà il martirio.

Questa resta tuttora l'interpretazione più accreditata.

Tuttavia, dopo la svolta del febbraio-marzo 2013 quella visione è sembrata a molti la descrizione letterale dell'attuale momento storico della Chiesa, caratterizzato dalla presenza di «un Vescovo vestito di bianco» e del Santo Padre Benedetto XVI. La scoperta della probabile invalidità del Conclave del marzo 2013 potrebbe portare ancora più conferme a questa scuola di pensiero.

Tuttavia non c'è la sicurezza che sia l'interpretazione giusta. Oltretutto se così fosse, e quindi se si riferisse a questo nostro tempo, significherebbe che grava su di noi la cupa profezia della «grande città mezza in rovina» con molti cadaveri.

È la profezia di una grande, catastrofica prova che ci aspetta, che aspetta proprio la nostra generazione?

A dire il vero, se guardiamo i segni dei tempi, come per l'addensarsi di un terribile temporale, si vedono davvero le nubi scure sia di una devastazione materiale imminente, sia di una catastrofe spirituale che ormai ci ha portato quasi sull'abisso.

Poi nella visione del Terzo Segreto c'è la scena finale – com'è noto – ed è il massacro dei cristiani, del vecchio e afflitto Pontefice, dei vescovi e dei fedeli. Dobbiamo pensare che tale visione riguardi proprio il momento attuale?

Nel 2006, quando eravamo ben lungi dall'attuale situazione e nemmeno potevo immaginare quello che sarebbe poi accaduto, nel libro *Il quarto segreto di Fatima*, a proposito dell'espressione «vescovo vestito di bianco», scrivevo parole che – rilette oggi – fanno davvero riflettere:

> *In effetti c'è pure chi ipotizza che si possa intravedere proprio qualcosa del genere [la crisi della Chiesa] nella strana frase di suor Lucia: «[e vedemmo] un Vescovo vestito di Bianco, abbiamo avuto il presentimento che fosse il Santo Padre».*

Perché – ci si è chiesto – qui la veggente ricorre a una complicata perifrasi (un Vescovo vestito di Bianco) quando, poche righe dopo, nomina espressamente e direttamente il Papa chiamandolo «il Santo Padre»?

La formula «Vescovo vestito di Bianco» che «abbiamo avuto il presentimento fosse il Santo Padre», in questa parte del Segreto, è solo un modo un po' involuto per designare il Papa o potrebbe riferirsi a qualcuno che indosserà l'abito pontificio, ma senza essere il Papa o senza esserlo legittimamente?

In effetti può non essere casuale una tale espressione perché è di per sé inspiegabile, complicata e illogica: sarebbe stato sensato casomai dire «un uomo vestito di bianco», perché è questo che i bambini vedevano. Ma come può Lucia aver visto «un Vescovo vestito di Bianco»? Nessuno ha scritto in faccia che è un vescovo, l'essere vescovo non è un aspetto visibile come l'essere biondi o bruni.

L'uso della parola «vescovo», ma «vestito di bianco», fa pensare che possa trattarsi veramente di un Papa illegittimo, di un antipapa, di un usurpatore.

Suor Lucia afferma di aver scritto il Segreto con la diretta assistenza della Vergine, «parola per parola»,[2] *quindi l'uso di quella formula è stato direttamente ispirato dall'alto. Cosa significherebbe una cosa simile?*

Il «Vescovo vestito di Bianco» è una persona diversa da colui che – chiamato precisamente «il Santo Padre» – poco dopo attraversa la città in rovina, angosciato e umiliato, e viene barbaramente massacrato?

È chiaro che una simile ipotesi apre la strada a un'interpretazione della visione del tutto diversa da quella che è stata data nel 2000.

Ma si tratta solo e sempre di una ipotesi, in quanto quell'espressione può essere dovuta anche al fatto che per la prima volta i bambini vedevano il Papa.

Per conoscerne l'interpretazione corretta bisognerebbe leggere appunto l'altra parte del Terzo Segreto, quello in cui la visione è spiegata dalla Madonna stessa. Ed è questo il testo a causa del quale Lucia era terrorizzata, il testo che si è secretato e di cui, anzi, è addirittura negata l'esistenza. Cos'è che lo rende tanto spaventoso ed esplosivo?[3]

Naturalmente nel 2007 parlavo dell'interpretazione da dare a quell'espressione – «Vescovo vestito di Bianco» – senza alcun riferimento concreto.

Oggi che si è prodotta proprio una situazione del genere, con un vero «vescovo vestito di bianco» e insieme un Papa anziano, è impressionante rileggere queste parole: «Potrebbe riferirsi a qualcuno che indosserà l'abito pontificio, ma senza essere il Papa o senza esserlo legittimamente».

A dirimere tutti questi interrogativi potrebbe essere la spiegazione di questa visione che – con ogni probabilità – era contenuta in quella parte del Terzo Segreto che non è stata pubblicata.[4]

È lì che si spiega come dobbiamo interpretare la frase sul «vescovo vestito di bianco» e tutto il resto? È leggendo quelle righe – tuttora sconosciute – che si può capire perché suor Lucia era così terrorizzata da non riuscire a scriverle?

Cosa poteva atterrire una suora di clausura che – nelle prime due parti del Segreto – aveva già descritto l'inferno, la rivoluzione bolscevica, le persecuzioni alla Chiesa e la seconda guerra mondiale?

È noto che ci sono due frasi che suor Lucia scrisse e che si ritiene facciano parte proprio delle righe ancora segretate. La prima dovrebbe essere l'incipit: «Nel Portogallo si conserverà sempre il dogma della fede». La seconda è il finale: «Alla fine il mio Cuore Immacolato trionferà».

Cosa significa quell'incipit sul Portogallo?

Padre Joaquín Alonso, l'archivista ufficiale di Fatima di cui era il maggiore esperto, commentava così le parole della Madonna sul Portogallo:

> *Questa frase insinua con chiarezza uno stato critico della fede, di cui soffriranno altre nazioni e cioè una crisi della fede. Dunque nel periodo che precede il trionfo del Cuore Immacolato di Maria si produrranno cose terribili che sono l'oggetto del Terzo Segreto. Quali? Se «in Portogallo si conserverà sempre il dogma della fede» ... se ne può dedurre chiaramente che in altre parti della Chiesa questi dogmi o si oscureranno o anche si perderanno ... È dunque probabile che il testo si riferisca concretamente alla crisi della fede della Chiesa e alla negligenza dei Pastori stessi.*[5]

In seguito padre Alonso tornerà sull'argomento spiegando che in questa parte del Segreto si parlerebbe di «lotte intestine nel seno della Chiesa e anche di gravi negligenze pastorali dell'Alta Gerarchia», di «deficienze dell'Alta Gerarchia della Chiesa».

Bisogna tener presente che padre Alonso vedeva spesso suor Lucia e – in quanto incaricato dal vescovo di curare l'edizione critica dei documenti di Fatima – la interrogava e, se parlava, non poteva farlo a suo arbitrio.

Questa parte ancora inedita del Segreto che preannuncerebbe – insieme a una devastazione della città degli uomini – un'apocalittica crisi della Chiesa, a partire dai suoi vertici, dovrebbe essere – come ho detto – la spiegazione della visione rivelata il 26 giugno 2000.

Peraltro le «ultime notizie» da Fatima, con certe pagine inedite della veggente pubblicate dalle suore del suo monastero, rivelano cosa mise suor Lucia in grado di superare la paura di scrivere e confermano che la parte «inedita» del Segreto ha attinenza con l'apostasia nella Chiesa e con un'immane sciagura per il mondo.[6]

Si riferisce a questo nostro tempo? La nostra generazione sta dunque per assistere (sta assistendo?) a un'apocalittica crisi della Chiesa e a una sanguinosa distruzione bellica?

Fa riflettere una strana allusione fatta da Benedetto XVI durante il suo improvviso viaggio a Fatima, il 13 maggio 2010: «Possano questi sette anni che ci separano dal centenario delle Apparizioni (2017) affrettare il preannunciato trionfo del Cuore Immacolato di Maria a gloria della Santissima Trinità».

Sappiamo infatti che il trionfo del Cuore Immacolato di Maria – nel Terzo Segreto di Fatima – è la promessa che la Madonna fa a conclusione del Messaggio Segreto e – storicamente – dovrebbe essere la conclusione della grande prova vissuta per un secolo dalla Chiesa.

Un piccolo dettaglio davvero singolare è la data che è legata a Fatima: il 13 maggio. È la data della prima apparizione, nell'anno 1917. Il 13 maggio è il giorno in cui la Chiesa celebra ogni anno proprio la Madonna di Fatima.

Ebbene, quasi cento anni prima dell'apparizione nel villaggio portoghese, il 13 maggio 1820, un'importante mistica tedesca, beatificata da Giovanni Paolo II, ebbe una visione assai preoccupante che – anch'essa – aveva al centro proprio il misterioso riferimento a «due Papi».

Anna Caterina Emmerich è una monaca agostiniana tedesca nata nel 1774 e morta nel 1824. Giovanni Paolo II l'ha beatificata il 3 ottobre 2004 parlando delle sue straordinarie grazie mistiche e il riferimento era – in particolare – alla sua descrizione della passione di Cristo.[7]

La Emmerich è nota, fra l'altro, per la sua visione della casa della Madonna e dell'apostolo Giovanni a Efeso, visione che nel XX secolo ha permesso il ritrovamento archeologico di quell'importante sito.

Molte altre sue visioni però – raccolte e trascritte da Clemens Brentano – riguardavano la Chiesa in epoche diverse, sia del passato sia del futuro.

Ce ne sono alcune, finora quasi sconosciute, che sono tornate di grande attualità da quando la Chiesa di Roma si trova con due Papi in Vaticano, fatto assolutamente inedito in tutta la sua lunga storia.

Dopo il marzo 2013, brani di queste visioni sono stati pubblicati in un breve articoletto del «Foglio» che poi, nei suoi contenuti, è stato rilanciato su molti siti internet critici verso Bergoglio.

C'è anche un riferimento temporale il quale, stando a quell'articolo, confermerebbe che si tratta proprio di una profezia sul nostro tempo.

Infatti la Emmerich parla di un'epoca futura (rispetto a lei) in cui sarà stata riformata la liturgia cattolica: «La Messa era breve. Il Vangelo di san Giovanni non veniva letto alla fine».

In effetti fra il 1967 e il 1969 è stata fatta una riforma liturgica che contiene proprio queste innovazioni, insieme ad altre. Quindi alcune di quelle visioni della Emmerich potrebbero riguardare il periodo storico successivo al 1969.

Non solo. C'è un altro «dettaglio» temporale importantissimo che la mistica tedesca ci fornisce: «Se non sbaglio sentii che Lucifero sarà liberato e gli verranno tolte le catene, cinquanta o sessant'anni prima degli anni 2000 dopo Cristo, per un certo tempo».[8]

Questa è una rivelazione importantissima perché la si ritrova, negli stessi termini, nella terribile visione che ebbe papa Leone XIII a fine Ottocento e – più recentemente – nei messaggi della Madonna di Medjugorje. E in tutti e tre i casi è il preannuncio di un tempo di prova durissima per la Chiesa che comincia nella seconda metà del XX secolo. Ma andiamo avanti.

In particolare nelle visioni profetiche della Emmerich – secondo l'articolista del «Foglio» – c'è «un tempo futuro di coesistenza di due Papi».

Ecco la citazione della Emmerich relativa alla visione del 13 maggio (sic!) 1820:

> *Vidi anche il rapporto tra i due Papi … Vidi quanto sarebbero state nefaste le conseguenze di questa falsa chiesa. L'ho veduta aumentare di dimensioni; eretici di ogni tipo venivano nella città [di Roma]. Il clero locale diventava tiepido, e vidi una grande oscurità.*

Questa «chiesa che va formandosi, nella profezia emmerichiana» scriveva «Il Foglio», «è una chiesa "falsa", dalla dottrina corrotta (più avanti dirà protestantizzata) e dall'infestazione di un clero "tiepido". Ma tutto questo non impedì alla chiesa di "aumentare di dimensioni" (il riferimento, per molti, è al cosiddetto "effetto Bergoglio"…)».

Secondo l'articolista del «Foglio», la Emmerich avrebbe preannunciato anche «il cambio di dimora e la clausura di quello che oggi è il Papa emerito». In effetti, ecco le sue parole:

> *Vedo il Santo Padre in grande angoscia. Egli vive in un palazzo diverso da quello di prima e vi ammette solo un numero limitato di amici a lui vicini. Temo che il Santo Padre soffrirà molte altre prove prima di morire. Vedo che la falsa chiesa delle tenebre sta facendo progressi, e vedo la tremenda influenza che essa ha sulla gente. (10 agosto 1820)*

Ma le visioni della mistica – per l'articolista del «Foglio» – si caratterizzano soprattutto per la drammatica invasione delle idee protestanti nella Chiesa cattolica:

> *Poi vidi che tutto ciò che riguardava il protestantesimo stava prendendo gradualmente il sopravvento e la religione cattolica stava precipitando in una completa decadenza. La maggior parte dei sacerdoti erano attratti dalle dottrine seducenti ma false di giovani insegnanti, e tutti loro contribuivano all'opera di distruzione. In quei giorni, la Fede cadrà molto in basso, e sarà preservata solo in alcuni posti, in poche case e in poche famiglie che Dio ha protetto dai disastri e dalle guerre. (1820)*

Si cita ancora un passo della Emmerich sulla perniciosa «grande chiesa» che avrebbe soppiantato la vera Chiesa cattolica e che avrebbe accolto ecumenicamente al suo interno dottrine e sette un tempo condannate:

> *Vidi che molti pastori si erano fatti coinvolgere in idee che erano pericolose per la chiesa. Stavano costruendo una chiesa grande, strana, e stravagante ... Tutti dovevano essere ammessi in essa per essere uniti e avere uguali diritti: evangelici, cattolici e sette di ogni denominazione. Così doveva essere la nuova chiesa ... Ma Dio aveva altri progetti. (22 aprile 1823)*

Se consola la frase finale, perché prefigura un intervento del buon Dio, è anche vero, come scrive «Il Foglio», che «stupisce la consonanza con molti aspetti, più o meno oscuri, della chiesa di oggi».

Queste immagini profetiche sono molto inquietanti, tuttavia non sono così lineari e conseguenti da permettere una categorica identificazione col momento attuale.

D'altra parte diverse cose fanno riflettere e il riferimento ai «due Papi» induce facilmente a identificare quella profezia con il tempo presente perché – come ho detto – solo oggi, in duemila anni di storia della Chiesa, convivono due Papi in Vaticano e nella Chiesa (in passato ci sono stati momenti con Papi e antipapi, ma si opponevano dilaniando la cristianità e la loro non era certo una convivenza «nel recinto di Pietro»).

Ho dunque cercato di capirne di più. Ho provato a verificare le fonti. Anzitutto il testo *Visioni* della Emmerich, pubblicato dall'editore Cantagalli, fa capire che le profezie della mistica tedesca derivano da una congerie di visioni

– sul passato e sul futuro della Chiesa – in cui è molto difficile trovare un ordine e un riferimento storico oggettivo.

Nel 1820 le fu dato di vedere «sette periodi di tempo» che però non poté definire e identificare. Poté cogliere tuttavia «l'intera devastazione portata dalla miscredenza alla Chiesa e il futuro rinnovamento della medesima».[9]

Organizzato con un ordine tematico, questo libro in effetti propone le immagini profetiche che abbiamo visto sul la crisi della Chiesa.

Però non c'è qui la visione dei «due Papi» del 13 maggio 1820. C'è invece la visione profetica sul «ritiro» di un Papa che – anch'essa – ci proietta ai giorni nostri: «Non so come stanotte giunsi a Roma, mi trovai vicino alla chiesa di S. Maria Maggiore e vidi colà molta gente povera e devota piena di paura e preoccupazione a causa del ritiro del Papa. Per questo motivo c'era inquietudine e la gente si era recata a supplicare la Madre di Dio ... Vidi allora apparire la Madre di Dio, la quale mi disse che il pericolo sarebbe aumentato e perciò la gente dovrebbe pregare ferventemente in modo devoto ... e pregare in special modo affinché la chiesa delle tenebre ricada di nuovo nell'abisso (25 agosto)».[10]

Un'altra visione evidentemente coglie un momento successivo al «ritiro» del Pontefice anche se è accaduta prima di quella citata. Inoltre in questa seconda visione si continua a chiamarlo Papa e Santo Padre e – ovviamente – non si sa se e quanto corrisponda alla situazione attuale: «Vedo il Santo Padre in grande assillo; abita in un altro palazzo circondato da poche persone di fiducia, le sue forze stanno per confrontarsi con la fazione cattiva.[11] Se le forze del male avranno la meglio egli soffrirà ancora grandi tribolazioni prima della sua morte. Vedo la chiesa delle tenebre in crescita e influire in modo negativo sul sentimento del mondo».[12]

La Emmerich parla della «pena d'animo» del Santo Padre, stanchissimo, e della Chiesa, della necessità di pregare, del Pontefice che resta «nascosto per sfuggire alle sinistre minacce».

Spiega: «Si nasconde perché non può più reggere, gli è vicino un prete che è un suo devotissimo amico, ricolmo della grazia di Dio, che vede e annota molto, e comunica tutto fedelmente al Santo Padre».

La mistica spiega di aver parlato «in preghiera» con questo sacerdote e di avergli rivelato quali sono gli «altissimi funzionari e fiduciari stessi del Santo Padre» con cattive intenzioni, affinché il Papa si guardi da «chi gli era vicino, ma che in realtà era suo nemico (10 agosto 1820)».[13]

Una visione del Natale 1819 è così riferita: «Io vidi intorno alla Chiesa di Pietro un'enorme quantità di persone, alcune occupate a distruggerla e molte altre, invece, a ricostruirla. Vidi il Papa in preghiera circondato da falsi amici, i quali spesso agivano in contrasto alle sue disposizioni».[14]

In una visione del 7 ottobre 1820 vede il Vaticano «avvolto dalle fiamme. Fui molto turbata, nessuno tentava di spegnere quell'incendio ed ebbi l'impressione che gli abitanti volessero forse essere bruciati». Poi vide il Papa vecchio e malato e lei gli parlò «dei vescovi che sarebbero stati insediati e gli parlai pure del pericolo di lasciare Roma. Secondo me non avrebbe dovuto farlo altrimenti, senza la sua presenza in città, tutto sarebbe caduto nella confusione». Lui però «era persuaso di lasciare la città e mi rispose che questo pericolo non poteva essere evitato».[15]

Ho provato a cercare fonti più antiche per trovare la profezia dei «due Papi» e ho finalmente trovato una vita della Emmerich in tedesco, scritta dal padre K.E. Schmoeger. Ho potuto reperirne solo una traduzione francese, in tre volumi, pubblicata a Parigi nel 1872.

Ecco dunque il testo della visione del 13 maggio 1820: «Questa notte, dalle ventitré alle tre del mattino, ho avuto una visione delle più mirabili su due Chiese e due Papi e su un'infinità di cose antiche e nuove».[16]

Dopo racconta una delle cose antiche che ha visto e qui si capisce il significato di quel giorno, il 13 maggio, in cui avvenne la visione e, un secolo dopo, la prima apparizione di Fatima.

La mistica si è trovata nella Roma del VII secolo, precisamente quando papa Bonifacio IV chiese in dono, all'imperatore bizantino Foca, il Pantheon che ospitava le statue degli dèi pagani e che, in effetti, nel 609 fu trasformato in chiesa cattolica e riempito delle statue dei santi.

Per questo evento – che segnò simbolicamente la definitiva vittoria del cristianesimo sul paganesimo – il Papa istituì la festa di tutti i santi fissandone la data – appunto – al 13 maggio.

Questo è l'antefatto perché poi la visione attraversa i secoli e la mistica vede accadere l'inverso: il sorgere cioè «a Roma» di «un'altra chiesa tenebrosa», piena di idoli, e il suo prevalere sulla Chiesa vera: «Allora io vidi anche il rapporto tra l'uno e l'altro Papa, tra l'uno e l'altro tempio».

Le fu detto che una Chiesa era «molto ridotta di numero e povera di appoggi umani, ma era forte di volontà» perché era quella che nei secoli «aveva rovesciato tanti dèi e riunito tanti culti nel suo unico culto».

Invece l'altra chiesa «era forte per numero di aderenti, ma poco solida di volontà perché – consentendo il falso tempio – aveva abbandonato l'unico vero Dio e la sola vera religione, perdendosi in tanti falsi dèi e false religioni».

Poi la mistica spiega: «Vidi il seguito di questa contraffazione della Chiesa. La vidi accrescersi e vidi eretici di tutte le condizioni venire a Roma. Vidi aumentare la tiepidezza del clero locale e vidi che si produsse un grande oscuramento. Allora la visione si allargò in tutte le direzioni. Vidi dappertutto le comunità cattoliche oppresse, vessate, rinchiuse e private di tutte le libertà. Vidi che molte chiese erano state chiuse. Vidi dovunque una grande miseria. Vidi guerre e sangue versato. Vidi un popolo feroce, ignorante intervenire con violenza, ma questo non durò a lungo. Ebbi di nuovo una visione in cui la chiesa di San Pietro era scalzata dalle sue fondamenta, seguendo un piano messo a punto dalla setta segreta, proprio mentre essa era danneggiata dalle tempeste. Ma io vidi anche il soccorso che arrivava nel momento della più grande afflizione. Vidi di nuovo la Santa Vergine porsi sopra la chiesa e stendere su di essa il suo mantello».

Quindi arrivò un nuovo Papa «insieme dolce e severo» e vide «tutto rinnovarsi e la chiesa che s'innalzava fino al cielo».

Di solito viene citato anche questo passo: «Essi hanno costruito una grande chiesa, strana e stravagante; tutti dovevano entrarci per unirsi e avere gli stessi diritti; evangelici, cattolici, sette di ogni tipo: doveva essere una vera comunione di profani, vi sarebbe stato un solo pastore e un solo gregge. Doveva anche esserci un Papa, ma che non possedesse nulla e fosse un [semplice] dipendente [salariato, impiegato]. Tutto era preparato preventivamente e molto cose erano già fatte: ma nella posizione dell'altare non c'era che desolazione e abominazione. Tale doveva essere la nuova chiesa ed era per questo che si dava fuoco all'edificio dell'antica chiesa. Ma Dio aveva altri disegni».

È un brano che è stato considerato in relazione ai tempi attuali. Tuttavia subito dopo c'è un'altra frase enigmatica («il Cardinale si vide sul punto di morire, si pentì, confessò i suoi peccati e tornò in vita») che non si capisce a chi e cosa possa riferirsi e fa pensare che si tratti di una vicenda del passato recente per la Emmerich.

Tuttavia è pur vero che questa congerie di immagini, fatti e visioni, anche nei profeti biblici, poteva essere al tempo stesso riferita a fatti prossimi e futuri. E spesso lo era.

Un'altra visione fu così riferita dalla Emmerich: «Ho visto dei nuovi martiri, non del tempo presente, ma nel futuro: tuttavia vedo che già li opprimono. Ho visto quelli della setta segreta minare senza sosta la grande Chiesa e ho visto insieme a loro un'orribile bestia che è venuta dal mare ... In questo tempo ho visto da una parte all'altra del mondo molte persone buone e pie, soprattutto degli ecclesiastici, vessati, imprigionati e oppressi ed ebbi la percezione che un giorno sarebbero stati martirizzati».

Altri elementi di queste visioni sono le profanazioni delle chiese e gli abusi commessi durante le liturgie, il rischio terribile che il Papa lasci Roma, il tentativo, in un certo luogo, di fare di una chiesa cattolica un tempio luterano e una «grande tribolazione» dovuta al fatto che «si pretendeva dal clero una concessione che esso non poteva fare» (e vide dei vecchi sacerdoti piangere). Infine «l'odio tutto speciale verso la devozione del rosario» da parte dei nemici della Chiesa e «l'importanza di tale devozione».

Infine una visione simbolica. La mistica vede il Papa su un trono collocato come in un giardino. Poi in diversi altri giardini i vescovi e gli episcopati sotto forma di piante, fiori e frutti. E i canali di comunicazione, come tanti fili e raggi che li uniscono al seggio di Roma: «Vidi sulla terra, nel giardino, l'autorità spirituale del momento e vidi al di sopra, nell'aria, l'approccio di nuovi vescovi. Così per esempio vidi in aria, sopra un giardino dove si trovava il severo superiore, un nuovo vescovo con tutti i simboli episcopali. E vidi attorno a lui dei protestanti che volevano farlo discendere nel giardino ma non alle condizioni che il Papa aveva posto. Essi cercavano di farlo scivolare giù con tutti i mezzi, danneggiavano certe parti del giardino o ci gettavano delle cattive sementi. Li ho visti a volte in un luogo altre volte in un altro, coltivare o lasciare a riposo il terreno, e non togliere via le macerie ecc. Tutto era pieno di trappole e di rovine. Li vidi intercettare e deviare le vie che andavano al Papa. E vidi in seguito che quando essi introducevano il vescovo nel modo che si erano riproposti, egli era un intruso, introdotto contro la volontà del Papa e [vidi] che egli non possedeva legittimamente l'autorità spirituale».

Un'ultima significativa citazione: «Vidi» disse un giorno la Emmerich «una quantità di ecclesiastici colpiti da scomunica e non sembravano preoccuparsene e nemmeno saperlo. E ancora essi sono scomunicati, quando prendono parte a certi affari, entrano in associazioni e aderiscono a opinioni su cui pesa l'anatema. Io vedo questi uomini circondati da una nebbia come fosse un muro di separazione. Si capisce così quanto Dio tiene conto dei decreti, degli ordini e degli atti di difesa del capo della Chiesa e [quanto Dio] li mantiene in vigore anche quando gli uomini non si preoccupano di trasgredirli e se ne ridono».

Padre Livio Fanzaga ha osservato che la beatificazione della Emmerich nel 2004 «ha il sapore di un intervento provvidenziale, come se il cielo volesse richiamare l'attenzione sulle sue visioni profetiche durante questa fase della storia della salvezza in cui esse si realizzano».[17]

C'è poi un «dettaglio» importante. Lo stesso riferimento a Satana sciolto dalle catene prima del 2000 si trova anche nella chiara e drammatica visione profetica che ebbe papa Leone XIII, il grande Papa della *Rerum Novarum* che – fra Otto e Novecento – concepì la dottrina sociale della Chiesa e spalancò ai cattolici il vasto campo dell'impegno sociale e politico.

Leone XIII, che fu Papa dal 1878 al 1903, cioè subito dopo la traumatica conquista piemontese di Roma (avvenuta sotto Pio IX) e la fine del «potere temporale», nelle sue tante encicliche espresse il duro giudizio della Chiesa su socialismo, liberalismo, capitalismo, massoneria e protestantesimo.

Mentre con la *Aeterni Patris* (1879) indicò ai cattolici l'opera di san Tommaso d'Aquino come la guida per la riflessione filosofica e teologica. Uno dei tanti suoi intelligenti e decisi atti di governo.

Premetto tutto questo per far capire che parliamo di un grande Papa, che è stato un ottimo Pontefice, dotato di saggezza, senso della realtà, consapevolezza del momento storico, prudenza e coraggio.

Ebbene il fatto misterioso di cui parliamo gli accadde il 13 ottobre 1884. Quel giorno, assistendo a una seconda messa di ringraziamento «a un tratto lo si vide drizzare energicamente il capo, poi fissare qualche cosa al di sopra del capo del celebrante. Guardava fisso, senza batter palpebra, ma con un senso di terrore e di meraviglia, cambiando colore e lineamenti».

Dicono i testimoni che «finalmente, come rivenendo in sé, dando un leggero, ma energico tocco di mano, si alza. Lo si vede avviarsi verso il suo studio privato. I familiari lo seguono con premura e ansiosi. Gli dicono sommessamente: "Santo Padre, non si sente bene? Ha bisogno di qualcosa?". Risponde: "Niente, niente". Dopo una mezz'ora fa chiamare il Segretario della Congregazione dei Riti e, porgendogli un foglio, gli ingiunge di farlo stampare e di farlo pervenire a tutti gli Ordinari del mondo».[18]

Si trattava della famosa preghiera a san Michele Arcangelo, protettore della Chiesa, che da allora fu fatta recitare alla fine della Santa Messa in tutte le chiese del mondo: era una lunga invocazione al capo delle milizie celesti perché incatenasse Satana all'inferno impedendogli di dilagare nel mondo contro la Chiesa e le anime (questa preghiera fu inopinatamente cancellata dopo il Concilio).

Degno di nota il fatto che Benedetto XVI abbia voluto far fare una statua in onore di san Michele Arcangelo da collocare nei giardini vaticani, a protezione della piccola città del Papa, e che – essendo stata terminata sotto Francesco – i due Papi insieme, apponendo i loro due stemmi e i loro due nomi sotto la raffigurazione, abbiano voluto benedirla e inaugurarla solennemente insieme.

Ma per quale motivo Leone XIII scrisse quella preghiera? E cosa gli era successo durante la messa? Cosa aveva visto e sentito?

Il Papa disse che si trattava del futuro della Chiesa. In effetti Leone XIII ebbe la visione dei demoni che si addensavano sul Vaticano e sulla basilica di San Pietro che – assalita dalle forze infernali – tremava paurosamente.

Il Papa udì un misterioso e agghiacciante dialogo nel quale Satana sfidava il Signore affermando che se avesse avuto mano libera avrebbe distrutto la sua Chiesa in cento anni.

Si può cogliere in questa «sfida» apocalittica il disprezzo di sempre che Lucifero ha verso gli uomini che accusa davanti al Creatore di essere al servizio suo, di Satana, e non figli di Dio.

Mentre, nel consentire questa sfida, da parte del Signore c'è il suo amore appassionato ed eterno che vuole le sue creature liberamente capaci – con la sua grazia – di opporsi al Maligno, vincerlo e ottenere così l'immenso dono della salvezza e della divinizzazione.

È per questo – secondo le parole del cardinale Ivan Dias a Lourdes nel 2008 – che nell'ultimo secolo Dio ha inviato la Madonna sulla terra con apparizioni tanto straordinarie e profetiche, per avvertire, sostenere e confortare i suoi figli immersi nella grande battaglia.

Dunque Leone XIII non solo scrisse quella preghiera a san Michele Arcangelo facendola recitare, da quel momento in poi, alla fine della messa in tutte le chiese, ma – come sottolineò il cardinale Nasalli Rocca – il Papa «scrisse di sua mano uno speciale esorcismo contenuto nel Rituale Romano. Questi esorcismi egli raccomandava ai vescovi e ai sacerdoti di recitarli spesso nelle loro diocesi e parrocchie. Egli lo recitava spessissimo lungo il giorno».[19]

Dunque nella redazione originale di questo misterioso esorcismo *in satanam et angelos apostaticos* (contro satana e gli angeli apostati), scritto da Leone XIII e inserito obbligatoriamente nel *Rituale Romanum*, si leggeva questa enigmatica formula: «Ecco la Chiesa, Sposa dell'Agnello Immacolato, saturata di amarezza e abbeverata di veleno da nemici molto astuti; essi hanno posato le loro empie mani su tutto ciò che c'è di più sacro. Laddove fu istituita la sede del beato Pietro e la cattedra della Verità, là hanno posto il trono della loro abominazione nell'empietà; in modo che colpito il pastore, il gregge possa essere disperso».[20]

È una formula che sconcerta e per questo, alcuni anni dopo, quell'esorcismo venne accorciato e questa fu una delle frasi cancellate. Per prudenza.

Perché poteva essere «male interpretata» come si disse anche di quella parte del Segreto di Fatima che non è mai stata rivelata. Lo sconcerto che suscita la frase tagliata dall'esorcismo è simile al terrore che attanagliava suor Lucia quando non riusciva a scrivere quel testo. Avevano qualcosa di terribile in comune?

Peraltro va detto che la tremenda visione di Leone XIII pare sia avvenuta il 13 ottobre 1884 e anche questa data è significativa perché il 13 ottobre 1917, esattamente trentatré anni dopo, sarà il giorno dell'ultima apparizione di Fatima.

Quella in cui la Madonna – raccogliendo la sfida dei giornali laici portoghesi e dei nemici dei tre pastorelli – dette un segno, come preannunciato il 13 luglio precedente. Il segno fu il più clamoroso della storia della Chiesa perché vi assistettero 70.000 persone, anche miscredenti e giornalisti convenuti a Cova da Iria proprio per vedere se sarebbe accaduto qualcosa di straordinario.

Tutti rimasero terrorizzati al vedere il sole che ruotava e sembrava precipitare sulla terra, un segno che è un chiaro rimando all'Apocalisse e alla Donna che sconfigge il drago. La folla lì presente vede quel segno che l'indomani fu descritto nei giornali portoghesi. Anche quelli laici.

Sia la visione di Leone XIII, che il Segreto di Fatima e le visioni della Emmerich hanno al centro il Papato. Il dramma del Papato. E stabiliscono che al culmine dello scatenamento di Satana quello sarà l'obiettivo supremo delle forze infernali. Non a caso da Fatima a Medjugorje la Madonna insiste nel chiedere preghiere per il Papa.

Ma come si calcolano i «cento anni» di questo scatenamento di Satana del quale Leone XIII ha riferito? Da quale data?

La storiografia laica ha individuato il cosiddetto «secolo breve», che poi è il secolo dello scatenamento dei demoni, il secolo del totalitarismo, dei genocidi, delle ideologie del nichilismo. E lo si fa iniziare dalla Grande Guerra '14-18, quella che aprì il vaso di Pandora facendo esplodere tutto.

Nel cuore di quella «inutile strage», come la chiamò papa Benedetto XV, nel 1917, abbiamo l'apparizione di Fatima che fu la profezia del secolo satanico che cominciava con la guerra e – subito dopo – irrompe la «rivoluzione d'ottobre» (sempre nel 1917) che dà inizio agli orrori.

Questo vorrebbe dire che oggi (nel centenario della Grande Guerra) saremmo allo scadere dei cento anni e stiamo vivendo l'offensiva finale e totale, quella in cui il Nemico di Dio tenta il tutto per tutto, l'assalto definitivo.

Ma è sensato prendere alla lettera i «cento anni» e farli partire – come qualcuno fa, basandosi sulla storiografia laica – dalla Grande Guerra? Non c'è il rischio di fomentare millenarismi e insensate mitologie apocalittiche?

Credo che un minimo di distanza critica da tutto questo dovremmo conservarla, anche ricordando l'ammonimento biblico: «I miei pensieri non sono i vostri pensieri, le vostre vie non sono le mie vie» (*Is* 55,8).

Personalmente ritengo che le visioni della Emmerich sui «due Papi» siano troppo frammentarie e generiche per essere proiettate sul presente con assoluta sicurezza. Oltretutto hanno molti riferimenti al passato, per cui è lecito avere qualche dubbio. Ma soprattutto queste profezie sono tutte condizionate come quella biblica a Ninive, quindi la loro piena realizzazione non è scontata.

Ciò vale anche per la visione profetica di Leone XIII che mi pare si sia realizzata perché l'attacco alla Chiesa e al Papato è stato da allora una drammatica costante e continua tuttora, nelle forme più diverse.

Come peraltro profetizzò anche la Madonna a Fatima dicendo che il Santo Padre dovrà molto soffrire.

Infine fanno riflettere, a mio avviso, quelle parole enigmatiche pronunciate da Benedetto XVI il 13 maggio 2010 durante il suo improvviso pellegrinaggio a Fatima: «Possano questi sette anni che ci separano dal centenario delle Apparizioni (2017) affrettare il preannunciato trionfo del Cuore Immacolato di Maria a gloria della Santissima Trinità».

L'Ante-Papa

> In questa luce non era in ogni senso in torto il rimprovero mosso dai Giansenisti ai Gesuiti di portare con le loro teorie il secolo all'incredulità.
>
> JOSEPH RATZINGER[1]

C'è un curioso fenomeno. La caratteristica originaria dei gesuiti era il famoso quarto voto di obbedienza al Papa («*perinde ac cadaver*»). E da subito sono stati in effetti il valoroso «corpo scelto» del Papato.

In seguito però le cose sono cambiate. E dopo il Concilio la Compagnia di Gesù non è stata più la soluzione, ma è diventata il problema. E se nella nostra generazione si vuol trovare addirittura un cardinale che ha apertamente e pubblicamente dissentito dal magistero dei Papi basta considerare il caso del gesuita Carlo Maria Martini.

Come faceva Martini a giustificare il suo pubblico antagonismo verso i Papi quando era tenuto alla sequela e alla loro difesa pubblica non solo dalla porpora e dall'episcopato, ma anche dal quarto voto fatto in quanto gesuita?

Lo faceva con un curioso sofisma. Lo si può vedere nel libro intervista con Georg Sporschill, *Conversazioni notturne a Gerusalemme*, pubblicato da Mondadori nel 2008.

Ecco il brano: «In Italia i mezzi di comunicazione tentano spesso di servirsi di questo coraggioso alto prelato come di un antipapa a causa della sua mentalità aperta. Il cardinale si limita a sorridere e a dire: "Sono, semmai, un ante-Papa, un precursore e preparatore per il Santo Padre"».

La furbizia del giochetto di parole è sufficiente per dire che Martini teneva in grande considerazione il voto fatto da gesuita (e pure l'obbligo che aveva come vescovo e cardinale)?

Del resto, quella dell'obbedienza al «Papa futuro», che permette di eludere l'obbedienza al Papa vivente, è una questione molto seria. Emersa proprio nella Compagnia di Gesù. Com'è possibile che nell'ordine che ha il «quarto voto», quello di obbedienza al Papa, circoli una simile idea? E perché e come è sorta?

Anzitutto va detto che il «sogno» del Papa futuro, come Papa riformatore, va ben oltre la Compagnia. E non è nato lì.

Lo si trova in ambito modernista nei primi anni del Novecento. Dunque fra Otto e Novecento non ci sono solo le profezie soprannaturali sul Papato futuro che abbiamo visto nel capitolo precedente.

Ci sono anche i «sogni» di coloro che dalla parte riformatrice e progressista-modernista hanno vagheggiato o auspicato una sorta di «rivoluzione» a Roma. Nelle loro intenzioni ovviamente quei «sogni» miravano a ottenere una «conversione» evangelica del Papato.

Ma per la Chiesa in realtà i contenuti di quei sogni erano incubi. Penso per esempio all'inquietante vaticinio-auspicio che fu espresso dal caposcuola del modernismo,[2] Ernesto Buonaiuti,[3] il quale intuì che la «riforma» della Chiesa di Roma non poteva essere il prodotto di una rivoluzione traumatica arrivata dal basso o dall'esterno, ma per vincere doveva essere imposta dall'alto, dai vertici stessi della Chiesa, come una trasformazione soft del cattolicesimo in protestantesimo.[4]

Dunque non un ribaltamento del cattolicesimo contro Roma, ma con Roma, attraverso Roma. Magari «per via pastorale», ovvero dicendo che non si vuole intaccare la dottrina. In realtà stravolgendola. Non dal basso, ma dall'alto.

Quindi, in un certo senso, è il «sogno» di un Papato modernista, dove questo termine va preso nella sua accezione teologica, come corrente che – secondo il giudizio di papa san Pio X – è «la sintesi di tutte le eresie».

C'è un altro «sognatore», un teologo (guarda caso) gesuita, Karl Rahner (1904-1984), che per una parte della Chiesa ha rappresentato il pericolo pubblico numero uno,[5] mentre per un'altra parte del mondo cattolico e dell'establishment teologico è stato il faro assoluto.

Il maestro di questo gesuita è stato Martin Heidegger, uno dei pensatori più originali e più discussi del Novecento.

Rahner è stato considerato il teologo più influente del dopo Concilio, una specie di superdogma. Tanto che nella Chiesa degli ultimi decenni i teologi hanno potuto impunemente mettere in discussione tutto, dalla resurrezione di Cristo alla verginità di Maria, dalla storicità dei vangeli ai miracoli di Gesù, ma la sola cosa che non è ammesso mettere in discussione è appunto Rahner, come ben sanno i Francescani dell'Immacolata che, nella loro attività culturale e teologica, avevano dato un giudizio critico su Rahner e, con l'arrivo di Bergoglio, hanno subìto quello che si è visto.[6]

Dunque un grande teologo, Leo Scheffczyk – che Giovanni Paolo II volle creare cardinale e che Ratzinger definiva «mio amico e collega» – ha spiegato qual era il «sogno» di Rahner» nelle pagine del suo saggio *La Chiesa*.[7]

Parlando delle «dichiarazioni sul futuro della Chiesa» nel genere «del visionario» troviamo appunto Karl Rahner «con il suo "sogno della chiesa", nel quale l'autore ... pone domande molto chiare al Pontificato del futuro. Secondo questa visione, il primato dottrinale papale dovrebbe presentarsi nel futuro sotto un'altra forma e con un'altra funzione, soprattutto in vista dell'unità della chiesa. Il Papa, nelle sue dichiarazioni dottrinali, dovrebbe partire dalle "convinzioni oggi presenti nella chiesa". In questo modo, evidentemente, egli non è più vincolato al *depositum fidei* ... Nel caso in cui diventassero necessarie decisioni cattedratiche (le meno amate), il Papa dovrebbe eseguire dapprima una consultazione sulla verità da definire».

Del «sognatore» Rahner – prosegue Scheffczyk – «dopo aver ridotto in modo mirabile il ministero dottrinale del Papa (soprattutto tramite la richiesta non realistica di una consultazione democratica e dopo aver gettato il sospetto sulle dichiarazioni dottrinali autentiche), non sorprende più neanche la conclusione secondo la quale la Santa Sede dovrebbe dichiararsi pronta al riconoscimento dei ministeri delle comunità evangeliche. I fedeli dotati di senso critico dovrebbero rispondere che ciò può avvenire solo sacrificando la verità della successione apostolica e della necessità dell'ordine sacramentale».[8]

Quanto è stato condiviso questo «sogno» di un Papa futuro che «rinnovasse», per dirla con un eufemismo, ma sostanzialmente rovesciasse il cattolicesimo bimillenario?

Rahner ha influenzato tanti ecclesiastici e basta scorrere alcuni loro nomi per capire molte cose: Carlo Maria Martini, Karl Lehmann (già presidente della Conferenza episcopale tedesca), Hans Küng, di cui fu assistente Walter Kasper (grande elettore di Bergoglio e relatore voluto da Bergoglio stesso al Concistoro sui temi del prossimo Sinodo).

Lo stesso Bergoglio è stato allievo del padre Juan Carlos Scannone, gesuita a sua volta allievo di Karl Rahner ed esponente di quella «teologia del popolo» che è considerata la via argentina alla Teologia della liberazione. Quindi abbiamo un «Pontificato» di ambiente rahneriano.

Il caso però più interessante è proprio quello di Carlo Maria Martini il quale appoggiò la candidatura di Bergoglio contro Ratzinger già al Conclave del 2005.

«Otto anni dopo, nel marzo del 2013» ha scritto Sandro Magister «furono ancora i "martiniani" a volere l'elezione dello stesso Bergoglio a Papa. Questa volta con successo. E oggi essi vedono diventare realtà, nei primi atti di papa Francesco, ciò che per Martini era solo un "sogno".»

In effetti il biografo di Martini e martiniano di ferro, Marco Garzonio, lo ha scritto a chiare note prendendo spunto dalle parole che Bergoglio ha dedicato a Martini in alcune interviste:

> *A colui che fu arcivescovo di Milano in oltre un ventennio difficilissimo, Francesco esprime pubblicamente un debito di riconoscenza straordinario: l'aver per anni indicato ai pontefici allora regnanti, Karol Wojtyła e Joseph Ratzinger, il modello di una Chiesa*

> *«sinodale», cioè un'istituzione in cui il Papa governa non da monarca assoluto, ma per «servizio», aiutato da vescovi e cardinali ...*
> *E, come vescovo di Roma, senza cioè pretese egemoniche e di proselitismo («una solenne sciocchezza», dice Bergoglio), spiana la via all'ecumenismo e al dialogo interreligioso su cui Martini incentrò il suo episcopato, prendendosi più di un rimbrotto ufficiale in quanto poco attento, appunto, al proselitismo.*

Garzonio ricorda che per Martini tutto questo era «un sogno»:

> *Pose le sue idee come meta magari lontana, ma non tacque. ... Ancora di «sogno» dovette parlare quasi vent'anni dopo, con amarezza e delusione ... Martini ci credeva e non rinunciò mai al «sogno», che ora Bergoglio cerca di far camminare perché si trasformi in realtà.*[9]

Ma vediamo quali erano i contenuti che Martini sognava di vedere nel suo Papa futuro, mentre portava avanti la sua lunga opposizione a Giovanni Paolo II, a Benedetto XVI e anche a Paolo VI per la *Humanae Vitae*.[10]

Lo dice specialmente nei suoi ultimi libri e interviste dove Martini poté meglio esprimere il suo pensiero. Che già si era manifestato durante il suo episcopato, per esempio attraverso la «Cattedra dei non credenti».[11]

In *Conversazioni notturne a Gerusalemme*, per esempio, Martini ci fa sapere che – malgrado nel Vangelo Cristo pretenda di essere «la via», l'unica via – ce ne sono tante altre che vanno egualmente bene: «Sarai felice di essere cattolico, e altrettanto felice che l'altro sia evangelico o musulmano. Queste diverse famiglie esistono per aiutare il maggior numero possibile di persone a trovare una patria in Dio» (p. 33). «Un grande modello è per me anche il Mahatma Gandhi. Ha percorso la via di un indù, la via verso Dio, cui Gesù conduce noi cristiani» (p. 114). «Tutte le Chiese, tutte le religioni hanno infatti l'obiettivo di realizzare il bene nel mondo» (p. 26). «Il buddhismo e lo yoga possono essere meravigliosi aiuti per una vita spirituale profonda» (p. 26).

Del resto – afferma Martini – «non puoi rendere Dio cattolico. Dio è al di là dei limiti e delle definizioni che noi stabiliamo» (pp. 20-21). Concetto che è una contraddizione in termini perché il termine «cattolico» significa proprio «universale» quindi per ciò stesso non pone «limiti».

Pure a chi è ateo Martini non intende fare alcun annuncio (del tipo di quelli che Gesù ordina di fare ai suoi apostoli): «Non intendo convincerlo di nulla» dice il prelato (p. 9).

Vi ricorda qualcuno questo rifiuto del proselitismo, questo porre sullo stesso piano le diverse religioni e questa temeraria affermazione per cui «Dio non è cattolico»? Vi sembra di sentire Bergoglio? È proprio così. E molte altre sono le cose che Bergoglio riprende da Martini.

Diceva erroneamente Martini: «L'idea che i sacerdoti non debbano sposarsi è nata dal monachesimo» (p. 32). Oppure chiedeva le «nuove risposte» sulla «comunione per divorziati e risposati» (p. 42).

Sui temi etici critica la *Humanae Vitae* di Paolo VI e il magistero di Giovanni Paolo II arrivando a dire che la Chiesa dovrebbe chiedere scusa dei «propri errori» e per la «limitatezza delle proprie vedute» (p. 94).

Si ha la sensazione che Bergoglio segua questo libretto come il suo canovaccio. Per esempio, quando a Martini viene posta la domanda sull'omosessualità, il cardinale risponde: «Nella mia cerchia di conoscenze vi sono coppie omosessuali, persone stimate e altruiste. Non mi è mai stato chiesto, né mai mi sarebbe venuto in mente, di giudicarle» (p. 98).

Argomento che somiglia molto alla risposta successivamente data da Bergoglio: «Chi sono io per giudicare?».

In molte pagine di questo libro di Martini c'è la vaghezza e la retorica che è anche tipica di Bergoglio. Per esempio: «Io non mi preoccupo di nessuno, purché siano in cammino» (p. 43); «Ritengo che una scelta sbagliata sia preferibile a non scegliere affatto».

Commentava Camillo Langone sul «Foglio» del 17 novembre 2008: «Quest'ultima frase, già infelice di suo, è infelicissimamente collocata nella stessa pagina (64) in cui si parla di brigatisti rossi. Compagni che sbagliavano, però capaci di scelte, e in cammino. Il cammino, il percorso, sono continuamente sulla bocca di questo agente di viaggi del cristianesimo low cost, surrogato che impegna poco e affascina ancor meno».

Si resta stupiti a leggere quelle affermazioni di Martini. Anche sull'Islam: «I terroristi non possono appellarsi al Corano» (p. 115). Sicuri? Parrebbe il contrario...

Come si vede, Bergoglio sta tutto in queste pagine e nelle ultime interviste di Martini. Padre Sporschill sj, che scrisse questo libro di conversazioni, in una intervista successiva all'elezione di Bergoglio (Martini è morto pochi mesi prima del Conclave) rivendicò a Martini il merito di aver «lanciato» Bergoglio fin dal 2005. Il suo dirsi «Ante-Papa», dichiarò il gesuita, «è stato profetico».

Bergoglio Papa è dunque la realizzazione del sogno di Martini. Anche di Rahner e di Buonaiuti? Padre Sporschill conclude: «Con Francesco mi sembra che la realtà abbia superato la fantasia».[12]

Dunque il «Papa del futuro» è arrivato. La «rivoluzione» è già apparecchiata. Il mondo lo acclama, tutti i media solitamente anticattolici e miscredenti lo esaltano. Tutti i poteri mondani lo omaggiano. Sarà un segno di autenticità?

Il planetario successo mondano di Bergoglio (preceduto dalle acclamazioni mondane per Martini) rappresenta il trionfo o il fallimento dei gesuiti? Ce lo dice Martini stesso:

> *Un giorno [S. Ignazio] affermò che si sarebbe preoccupato dell'ordine solo quando non fosse più stato oggetto di persecuzione. I confratelli gli chiesero cosa volesse dire. Se non diamo più fastidio, fu la sua risposta, siamo venuti meno alla nostra missione.*[13]

Ecco perché oggi sant'Ignazio avrebbe molto di che preoccuparsi. E così pure chi ama la Chiesa.

La profezia di Ratzinger

Ci sono molte pagine di Joseph Ratzinger che, per profondità, acume e «sensus fidei» fanno cogliere in lui un'anima veramente profetica.

Di intuizioni profetiche, disseminate nelle sue opere, che illuminano questo tempo, ce ne sono molte e ne scelgo tre. La prima sembra la perfetta descrizione della «bolla mediatica» dell'epoca odierna, dell'attuale ottimismo clericale e la perfetta lettura di quello che nasconde.

Ratzinger riferisce che nei primi anni Settanta un amico fece un viaggio in Olanda e fu in grado di riferire quello che aveva visto di quella Chiesa olandese che pretendeva di essere all'avanguardia.

Lealmente «ci parlò di tutti i fenomeni di disfacimento di cui avevamo già udito qualcosa: seminari vuoti, ordini religiosi senza vocazioni, preti e religiosi che in gruppi voltano le spalle alla loro vocazione, la scomparsa della confessione, la drammatica caduta della frequenza alla Messa e via dicendo».

Ma la «sorpresa» arrivò con le conclusioni dell'amico: «A dispetto di tutto, una Chiesa grandiosa, perché non c'era da nessuna parte pessimismo, tutti andavano incontro al futuro pieni di ottimismo. Il fenomeno dell'ottimismo generale faceva dimenticare ogni decadenza e ogni distruzione».

La cosa sconcertò Ratzinger che fece varie ipotesi per spiegarsi questo atteggiamento. Ecco la principale: «Questo ottimismo metodico veniva prodotto da coloro che desederavano la distruzione della vecchia Chiesa e che, senza tanto rumore con il mantello di copertura della riforma, volevano costruire una Chiesa completamente diversa, di loro gusto, che però non potevano iniziare per non scoprire troppo presto le loro intenzioni. Allora il pubblico ottimismo era una specie di tranquillante per i fedeli, allo scopo di creare il clima adatto a disfare possibilmente in pace la Chiesa e acquisire così dominio su di essa. ... Quest'ottimismo dell'orgoglio, dell'apostasia, si sarebbe servito dell'ottimismo ingenuo dell'altra parte, anzi l'avrebbe alimentato, come se quest'ottimismo altro non fosse che speranza certa del cristiano, la divina virtù della speranza, mentre era in realtà una parodia della fede e della speranza».[1]

La seconda profezia di Ratzinger illumina e conforta i cristiani sul duro ed entusiasmante compito di questi tempi presenti: «Ritenere che, quando si dà il proprio assenso a tutto ciò che è considerato moderno, si vada nella direzione indicata da Giovanni XXIII o dal Concilio, questo sarebbe davvero un grosso errore. Essere uomini coraggiosi può anche significare, in verità, essere non conformisti, opporsi a qualcosa che piace onestamente a tutti e, con questo, finire momentaneamente anche in condizione di minoranza. In ultima istanza, il mondo viene sempre segnato da quelle minoranze coraggiose, che hanno qualcosa da offrire e da proporre, e non da superficiali ed effimeri fenomeni di massa».[2]

La terza «profezia» di Ratzinger sembra la perfetta e dolorosa fotografia del futuro prossimo che aspetta i cristiani dopo la prova attuale e i disastri che si annunciano a breve. Ecco le sue parole:

Dalla crisi di oggi verrà fuori domani una Chiesa che avrà perduto molto. Essa diventerà più piccola, dovrà ricominciare tutto da capo ... Essa riconoscerà di nuovo nella fede e nella preghiera il suo proprio centro e sperimenterà di nuovo i sacramenti come servizio divino e non come un problema di struttura liturgica ... Essa farà questo con fatica ... Il processo sarà lungo e faticoso, proprio come fu molto lungo il cammino che portò dai falsi estremismi alla vigilia della rivoluzione francese, quando anche per i vescovi era diventato di moda mettere in ridicolo dei dogmi e forse lasciare perfino intendere che non si riteneva neppure sicura l'esistenza di Dio, fino al rinnovamento del XIX secolo. Ma dopo la prova di queste divisioni uscirà da una Chiesa interiorizzata e semplificata una grande forza. Gli uomini infatti saranno indicibilmente solitari in un mondo totalmente pianificato. Essi sperimenteranno, quando Dio sarà per loro interamente sparito, la loro totale e paurosa povertà. Ed essi scopriranno allora la piccola comunità dei credenti come qualcosa di totalmente nuovo. Come una speranza che li riguarda, come una risposta a domande ch'essi da sempre di nascosto si sono poste. A me sembra certo che si stanno preparando per la Chiesa tempi molto difficili. La sua vera crisi è appena incominciata ... Ma la Chiesa conoscerà una nuova fioritura e apparirà agli uomini come la patria, che ad essi dà vita e speranza oltre la morte.[3]

Joseph Ratzinger scrisse questa pagina nel 1969. Con questi doni di sapienza (e di profezia) Dio lo plasmava per il grande compito di raccogliere attorno a sé quella Chiesa piccola, umile e luminosa, che sarebbe passata attraverso la «grande prova».

Ho un'ultima segreta speranza: che padre Bergoglio si fermi, rifletta davanti a quegli occhi di Gesù che incontrò – come ha ricordato – un giorno della sua giovinezza, cambi direzione e decida di aiutare Benedetto XVI in quest'opera dolorosa e gloriosa. Il suo potrebbe essere un grande segno.

Postfazione

Memorandum per l'inquisitore

> La austerità del dogma in cui crediamo e per il quale siamo pronti, se Dio ci dà la Grazia, anche al martirio, la vorrebbero stirare come la trippa per coprire tutto quel che fa comodo a loro e poi buttarcela in faccia col sospetto di eretici.[1]
>
> DON LORENZO MILANI

Criticare il Papa? Sicuramente molti lettori cattolici si saranno posti questa domanda. E io stesso ho mosso le mie osservazioni critiche non certo a cuor leggero. È sempre drammatico per un cattolico opporsi a Simon-Pietro. Non lo si fa.

Ma allora, mi direte, questo libro?

Potrei giustificare i giudizi critici sull'operato di papa Francesco contenuti in queste pagine sostenendo che – in base a quanto ho scoperto – è quantomeno dubbio che sia Papa legittimamente eletto.

Finché non mi verrà dimostrato che Benedetto non è più Papa e che la violazione delle norme, al Conclave del 2013, non c'è stata, io resto convinto che quell'elezione sia nulla e invalida.

O potrei giustificarmi richiamando i casi di opposizione ai Papi viventi da parte di vescovi e cardinali progressisti. Ma non li condivido perché io difendo il magistero costante della Chiesa e non li voglio usare come mia giustificazione.

Allora qual è la mia autodifesa?

L'affido tutta alla sana dottrina cattolica e rivendico la libertà dei figli di Dio anche nel caso in cui ci trovassimo di fronte a un Papa canonicamente eletto e perfettamente legittimato.

Ecco i miei argomenti:

> *Certamente se io dovessi portare la religione in un brindisi dopo un pranzo … allora io brinderei per il Papa. Ma prima per la coscienza e poi per il Papa.*
>
> …
>
> *[La coscienza] è la messaggera di colui che, nel mondo della natura come in quello della grazia, ci parla velatamente, ci istruisce e ci guida. La coscienza è il primo di tutti i vicari di Cristo.*
>
> John Henry Newman, *Lettera al Duca di Norfolk*

> *Per Newman la coscienza rappresenta un completamento intimo e una limitazione del principio della Chiesa. Al di sopra del Papa, come espressione della pretesa vincolante dell'autorità ecclesiastica, resta comunque la coscienza di ciascuno, che deve essere obbedita prima di ogni altra cosa, se necessario anche contro le richieste dell'autorità ecclesiastica. L'enfasi sull'individuo, a cui la coscienza si fa innanzi come supremo e ultimo tribunale, e che in ultima istanza è al di là di ogni pretesa da parte di gruppi sociali, compresa la Chiesa ufficiale, stabilisce inoltre un principio che si oppone al crescente totalitarismo e che distingue la vera obbedienza ecclesiale da una tale pretesa totalitaria.*
>
> Joseph Ratzinger[2]

Ho voluto proporre questi pensieri di John Henry Newman, commentati da Joseph Ratzinger perché essi esprimono al meglio la vera dottrina cattolica, così dimenticata in tempi di clericalismo come quello attuale. Ed esprimono lo stato d'animo con cui ho scritto le pagine che seguono.

Qualcuno se ne stupirà, resterà meravigliato che la Santa Chiesa sia un tale luogo di libertà dei figli di Dio. Invece è proprio così. Tanto è vero che il citato brano di Ratzinger è tratto dal suo commento alla *Gaudium et Spes*, numero 16, che secondo Ratzinger, con il Concilio Vaticano II, è proprio sulla linea di Newman.[3]

Del resto la seconda frase di Newman è citata pure nel *Catechismo della Chiesa cattolica*, n. 1778.

Naturalmente qua per coscienza si intende la retta coscienza, con tutte le necessarie precisazioni del magistero che abbiamo visto a proposito dell'uso equivoco del termine «coscienza» nei dialoghi Scalfari-Bergoglio.

Quindi siamo agli antipodi di quel tipo di coscienza che poi null'altro è che l'opinione (ovvero sudditanza alla mentalità dominante).

Con questa sottolineatura del primato della (retta) coscienza, Newman e la Chiesa stessa vogliono così difendere l'individuo dal totalitarismo e mostrare quanto la vera obbedienza ecclesiale sia opposta rispetto all'obbedienza richiesta dal totalitarismo. E – potremmo dire – opposta anche rispetto all'obbedienza cieca e opportunistica del clericalismo, un cancro, questo, da cui tante volte Benedetto XVI ci ha messo in guardia.

La «retta coscienza» invece è davvero la voce e la legge di Dio nel cuore umano. Che essa possa indurre anche a porre domande, osservazioni critiche o anche a mettersi (sia pure con umiltà e rispetto) «contro le richieste dell'autorità ecclesiastica» (come scrive Ratzinger), soprattutto in forza del magistero di sempre della Chiesa, è dottrina assolutamente cattolica.

San Roberto Bellarmino afferma che «è lecito resistere al Pontefice che sta distruggendo la Chiesa».[4]

A prescindere dal fatto che l'elezione di Bergoglio sia valida, oppure invalida e nulla (cosa comunque decisiva e da chiarire), a me pare che abbiamo assistito dopo il 13 marzo 2013 a una serie di fatti, scelte e dichiarazioni che sono risultati e risultano palesemente distruttivi per la Chiesa (e ritengo di averlo qui dimostrato).

Per non dire di quelli che potrebbero prodursi se il Sinodo sulla famiglia imboccasse la direzione indicata dalla relazione del cardinale Kasper, voluta da Bergoglio e da costui elogiata dopo che era stata contestata dalla stragrande maggioranza dei cardinali.

Lo smarrimento in cui si trova il popolo cristiano di fronte a certe prese di posizione è evidente.

Il grande dottore san Tommaso d'Aquino (ne riprendo le citazioni dal libro di Roberto De Mattei *Vicario di*

Cristo) in diverse opere ha insegnato che – in alcuni casi straordinari – è addirittura doveroso opporsi pubblicamente al Papa, come san Paolo si contrappose pubblicamente a san Pietro:

> *Essendovi un pericolo prossimo per la fede, i prelati devono essere ripresi, perfino pubblicamente, da parte di quelli che sono loro soggetti. Così san Paolo, che era soggetto a san Pietro, lo riprese pubblicamente, in ragione di un pericolo imminente di scandalo in materia di fede. E, come dice il commento di sant'Agostino, «lo stesso san Pietro dette l'esempio a coloro che governano, affinché essi, allontanandosi qualche volta dalla buona strada, non rifiutino come indebita una correzione venuta anche dai loro soggetti»* (ad Gal, *2,14)*.[5]

Sempre l'Aquinate, in un'altra opera, a proposito della critica pubblica di san Paolo a san Pietro, scrive:

> *La riprensione fu giusta e utile, e il suo motivo non fu di poco conto: si trattava di un pericolo per la preservazione della verità evangelica ... Il modo della riprensione fu conveniente, perché fu pubblico e manifesto. Perciò san Paolo scrive: «Parlai a Cefa» cioè a Pietro «di fronte a tutti», perché la simulazione operata da san Pietro comportava un pericolo per tutti. In* 1Tim *5,20 leggiamo: «Coloro che hanno peccato, riprendili di fronte a tutti». Questo si deve intendere dei peccatori manifesti, e non di quelli occulti, perché con questi ultimi si deve procedere secondo l'ordine proprio della correzione fraterna.*[6]

Da sottolineare che quell'episodio è esemplare. Con esso la Sacra Scrittura – dice san Tommaso – fornisce il paradigma di comportamento sia per i pastori che per i semplici fedeli:

> *Ai prelati [fu dato esempio] di umiltà, perché non rifiutino di accettare richiami da parte dei loro inferiori e soggetti, e a coloro che erano soggetti [all'autorità][fu dato] esempio di zelo e libertà, perché non temano di correggere i loro prelati, soprattutto quando la colpa è stata pubblica ed è ridondata in pericolo per molti.*[7]

Del resto, lo stesso Francesco ha sollecitato questo rapporto critico con i pastori e con lui stesso quando ha detto: «Vi chiedo, per favore, di importunare i pastori, disturbare i pastori, a tutti noi pastori, perché noi diamo a voi il latte della grazia, della dottrina e della guida. Importunare!».[8]

E nella storia della Chiesa tutto questo è già accaduto, non solo al tempo di Pietro e Paolo.

Santa Caterina da Siena scriveva ai Papi (e ai cardinali) del suo tempo, stanziatisi ad Avignone, lettere che li richiamavano vigorosamente ai loro doveri e li esortavano a non fare la volontà degli uomini, ma quella di Dio (e sottolineo che in quei casi si trattava solo del governo della Chiesa e non di questioni dottrinali, che sono perfino più gravi).

Non è ammirabile e degno di riflessione che Dio si sia servito, per correggere i suoi Vicari in terra e salvare la Chiesa, di una ragazza del popolo, analfabeta? E non è egualmente ammirabile che quei Papi abbiano avuto l'umiltà di accettare il richiamo e la correzione di chi non aveva alcun titolo?

«Altri tuoi predecessori ascoltarono i miei mezzi. E se la Chiesa è ancora Romana è perché un Pontefice si arrese a Caterina.» Così si legge in un Dettato dell'Eterno Padre a Maria Valtorta indirizzato a papa Pio XII (23 dicembre 1948).[9]

Voglio menzionare due lettere di santa Caterina. La prima a papa Urbano VI:

> *Io Catarina, serva e schiava de' servi di Gesù Cristo, scrivo a voi nel prezioso sangue Suo; con desiderio di vedervi fondato in vero lume …*
>
> *Ora è tempo vostro da sguainare questo coltello; odiare il vizio in voi e nei sudditi vostri, e nei ministri della Santa Chiesa.*
>
> *In voi, dico; perché in questa vita veruno è senza peccato: e la carità si debbe prima muovere da sé, usarla prima in sé coll'affetto delle virtù, e nel prossimo nostro.*
>
> *Sicché, tagliare il vizio; e se il cuore della creatura non si può mutare, né trarlo de' difetti suoi, se non quanto Dio nel trae, e la creatura si sforzi coll'auditorio di Dio a trarne il veleno del vizio; almeno, santissimo Padre, siano levati dalla Santità vostra il disordinato vivere e' scelerati modi e costumi loro …*
>
> *E perciò, se io parlo quello che pare che sia troppo e suoni presunzione; il dolore e l'amore mi scusi dinnazi a Dio e alla Santità vostra.*

Ché, dovunque io mi volgo, non ho dove riposare il capo mio.

Se io mi volgo costì (che dove è Cristo, debbe esser vita aeterna); e io vedo che nel luogo vostro, che sete Cristo in terra, si vede l'inferno di molte iniquità, col veleno dell'amore proprio ...

Riluca nel petto vostro la margarita della santa giustizia, senza veruno timore.

La seconda è una lettera a papa Gregorio XI:

Soltanto passando attraverso il crogiolo sarete quello che dovrete essere, il dolce vicario di Cristo in Terra! ...

Fate dunque tutto quello che è in vostro potere acciocché non veniate ad agire secondo la volontà degli uomini, piuttosto secondo la volontà di Dio che altro non chiede, e per lo quale motivo vi ha posto a sì tanto supremo vicariato.

Ma voi avete bisogno dell'aiuto di Gesù Cristo Crocifisso e con voi i vescovi che sono chiamati a consigliarvi, perocché molti sono fra loro corrotti e neanco ferventi sacerdoti, liberatevi di costoro, ponete il vostro santo desiderio in Cristo Gesù, ripudiate i sollazzamenti del marciume della corruzione, abbiatelo a distinguere da questo: se non sapete soffrire, non siete degno!

Voi fate le veci del dolce Cristo Gesù, e come Lui dovete desiderare soltanto il bene delle anime, dovete bere il calice dell'amarezza, dovete farvi dare il fiele.

Oh quanto sarà beata l'anima vostra e mia che io vegga voi essere cominciatore di tanto bene.

Ovviamente mi si dirà: «Ma tu non sei santa Caterina!». Certamente. Ho ben chiari i miei infiniti limiti. Ma non si deve seguire l'esempio dei santi? Inoltre voglio far notare che – quando aveva l'ardire di scrivere queste lettere – nemmeno lei era «santa Caterina», bensì solo Caterina Benincasa, una giovane terziaria domenicana, figlia del popolo di Siena e analfabeta (le sue lettere venivano da lei dettate e da un certo momento in poi furono scritte direttamente grazie a un dono soprannaturale).

Lei dunque parlava come semplice battezzata e va a onore di quei Papi l'aver dimostrato quell'umiltà che san Tommaso chiedeva alle autorità ecclesiastiche, avendo ascoltato una semplice donna analfabeta del popolo cristiano: «Così lo Spirito Santo può servirsi dei più umili per illuminare i sapienti e i più eminenti in dignità».[10]

Anche per questa libertà nel seguire con coraggio la propria coscienza, ispirata da Dio, la santa senese – che è pure «Dottore della Chiesa» – è stata proclamata poi patrona di Roma, d'Italia e d'Europa.

Santi o non santi, a quella sequela alla propria retta coscienza siamo tenuti tutti. E a essa mi sono attenuto anche io come giornalista che ha il dovere di cercare la verità, qualunque essa sia, e di non confondere il Bene con il Male.

Una delle svolte fondamentali della mia vita è avvenuta quando avevo circa 14 anni. Frequentavo il liceo, erano gli anni in cui le scuole erano tutte di sinistra, dominate dal conformismo marxista, e a me capitò fra le mani un libriccino di Aleksandr Solženicyn, *Vivere senza menzogna*.[11]

Fu una folgorazione. Da allora ho sempre cercato di seguire questa stella polare: vivere senza menzogna. Qualunque sia il costo che comporta. Sono stato confermato in queste convinzioni dal grande Pontificato di Benedetto XVI che ci ha insegnato – nel pieno della tempesta sulla pedofilia – che non si serve Dio e la Chiesa con la menzogna o con l'omertà. Ma solo e sempre con la verità. Anche quando è dolorosa.

È un dovere umano e cristiano, lo è stato perfino sotto i regimi totalitari come quelli conosciuti nel Novecento.

Per questo ho sempre amato i giovani della «Rosa bianca». Sono stati pronti al martirio (per mano dei carnefici nazisti) dicendo tutto con un motto tratto dal Vangelo: «*Et si omnes ego no*» (anche se tutti ti tradiranno, si scandalizzeranno di te, io no). Il loro eroismo, il loro esempio insegnano che si deve dire la Verità anche quando si è soli contro tutti. Questa è la suprema libertà. Il Manzoni lo spiegò con la sua poesia:

Non ti far mai servo:
... il santo Vero
mai non tradir: né proferir mai verbo,
che plauda al vizio, o la virtù derida.[12]

A proposito del Manzoni vorrei ricordare che lui, il maggiore scrittore cattolico di quei tempi (e non solo), nel 1861 volle decisamente andare a Torino a votare – come senatore del Regno – per Roma capitale sebbene la sua annessione da parte sabauda fosse frutto di una grave aggressione alla Chiesa e avesse avuto l'irriducibile opposizione del Papa e della Chiesa tutta.

Ben sappiamo quale colossale conflitto storico fra Stato e Chiesa scatenò quell'annessione, cionondimeno il maggiore scrittore cattolico, in disaccordo con il Papa, si schierò pubblicamente dall'altra parte senza che questo intaccasse minimamente la sua fede e la sua appartenenza alla Chiesa cattolica.

E si potrebbe ricordare il più grande poeta cattolico di tutti i tempi, Dante, che con il suo poema sacro ha meritato addirittura un'enciclica di papa Benedetto XV, *In praeclara summorum*, del 1921.

Ebbene nella *Divina Commedia* – come ricordano i commentatori – «non esita a condannare all'Inferno Papi, anzi la maggior parte dei Papi a lui contemporanei ... tuttavia egli ha cura di far sempre salva, nella condanna dei Papi peccatori, la reverenza, la "debita subiezione" (*Cv* IV, VIII, 11), al loro ufficio».[13]

Questo perché nel medioevo erano cristiani, non clericali (il contrario di quello che siamo oggi), cioè sapevano distinguere bene la persona e i suoi errori dall'ufficio.

Scrive Gustave Thibon:

> *Il passato sapeva distinguere le istituzioni dalle persone: si poteva disprezzare un re o un Papa (il medioevo non se n'è astenuto!) senza mettere per nulla in discussione il principio della monarchia o del Papato. Si sapeva che un'istituzione sana – un'istituzione venuta da Dio – restava feconda anche attraverso il più imperfetto degli uomini. I capi politici e religiosi erano allora degli anelli di congiunzione tra Dio e gli uomini: si attribuiva più importanza a ciò che essi trasmettevano che non a ciò che erano. L'altare sosteneva il prete, il trono il re. Oggi si chiede al re di portare il trono, al prete di sostenere l'altare. Le istituzioni si giustificano agli occhi delle folle solo attraverso il genio o il magnetismo di qualche individuo. Questa esigenza porta con sé due rovinose conseguenze: impone agli sventurati «portatori» delle istituzioni un grado di tensione e di attività veramente inumano, e, correlativamente, lega la sorte delle istituzioni ai miserabili casi individuali.*[14]

Sarebbe necessario ricordarcelo oggi. Del resto, nel caso attuale, le mie domande, il mio sconcerto e lo scandalo per certi fatti sono condivisi da tantissimi che chiedono di dar voce alla loro sofferenza.

Tante persone che lottano con le durezze della vita tenendo accesa la fiamma della fede, padri, madri e figli per i quali la luce di Cristo è la sola speranza della vita, anche nella prova.

Scriveva il santo padre Kolbe:

> *L'obbedienza, ed essa sola, è quella che ci manifesta con certezza la divina volontà. È vero che il superiore può errare, ma chi obbedisce non sbaglia. L'unica eccezione si verifica quando il superiore comanda qualcosa che chiaramente, anche in cose minime, va contro la legge divina. In questo caso egli non è più interprete della volontà di Dio.*[15]

A maggior ragione mi sembra si debba prendere la parola pubblicamente se e quando ci sono fondati dubbi sulla canonicità di un'elezione al Papato.

Se poi in queste pagine ho ecceduto nelle osservazioni critiche o se ho usato espressioni che possono sembrare una mancanza di rispetto verso l'autorità ecclesiastica me ne rammarico. Non era mia intenzione.

Io ho semplicemente obbedito al grido della mia coscienza, che tanti, troppi, fingono di non sentire. Perché costa troppo esporsi. Ratzinger ha scritto:

> *Mi sembra significativo che Newman, nella gerarchia delle virtù sottolinei il primato della verità sulla bontà o, per esprimerci più chiaramente: egli mette in risalto il primato della verità sul consenso, sulla capacità di accomodazione di gruppo.*
>
> *Direi quindi: quando parliamo di un uomo di coscienza, intendiamo qualcuno dotato di tali disposizioni interiori.*
>
> *Un uomo di coscienza è uno che non compra mai, a prezzo della rinuncia alla verità, l'andar d'accordo, il benessere, il successo, la considerazione sociale e l'approvazione da parte dell'opinione dominante.*
>
> *In questo Newman si ricollega all'altro grande testimone britannico della coscienza: Tommaso Moro, per il quale la coscienza*

non fu in alcun modo espressione di una sua testardaggine soggettiva o di eroismo caparbio.

Egli stesso si pose nel numero di quei martiri angosciati, che solo dopo esitazioni e molte domande hanno costretto se stessi a obbedire alla coscienza: a obbedire a quella verità, che deve stare più in alto di qualsiasi istanza sociale e di qualsiasi forma di gusto personale.

Si evidenziano così due criteri per discernere la presenza di un'autentica voce della coscienza: essa non coincide con i propri desideri e coi propri gusti; essa non si identifica con ciò che è socialmente più vantaggioso, col consenso di gruppo o con le esigenze del potere politico o sociale.[16]

Scrivere queste pagine mi è costato un grande sacrificio materiale e tanta sofferenza morale. Mi hanno detto che potrebbe essere una sorta di suicidio professionale. Può darsi. Ci mettiamo nelle mani di Dio.

Se c'è stata da parte mia presunzione o superbia nel modo di esporre le mie critiche, credo che il dolore sia già una purificazione. E metto in preventivo l'umiliazione degli attacchi personali che di sicuro arriveranno da chi non vuole confrontarsi con i contenuti del libro.

Con l'aiuto delle preghiere degli amici sopporteremo tutto. Alla fine la verità ci farà liberi.

Note

[1] Antonio Rosmini, *Delle cinque piaghe della Santa Chiesa*, Rizzoli 1996, pp. 7-8.

[2] *Ivi*, pp. 212-213. «È il Signore che dice: "Vai qua, vai di là, fai questo ...", ti suscita quella creatività che a tanti Santi è costata molto. Pensate al Beato Antonio Rosmini, colui che ha scritto *Le cinque piaghe della Chiesa*, è stato proprio un critico creativo, perché pregava. Ha scritto ciò che lo Spirito gli ha fatto sentire, per questo è andato nel carcere spirituale, cioè a casa sua: non poteva parlare, non poteva insegnare, non poteva scrivere, i suoi libri erano all'indice. Oggi è Beato! Tante volte la creatività ti porta alla croce. Ma quando viene dalla preghiera, porta frutto» (Papa Francesco, Dialogo con i sacerdoti di Caserta, 27 luglio 2014), http://it.radiovaticana.va/news/2014/07/27/testo_del_dialogo_del_papa_con_i_sacerdoti_di_caserta/1103505.

La messa è finita?

[1] Lettera 16.

[2] Lettera 255.

[3] È la Costituzione apostolica, emanata da Giovanni Paolo II e tuttora vigente, che regola la sede vacante e l'elezione del Romano Pontefice.

[4] Papa Francesco, Udienza generale del 18 giugno 2014.

[5] Mi riferisco, per esempio, all'articolo di Roberto De Mattei, *Liquefazione della Chiesa* («Il Foglio», 12 novembre 2013) e al prolisso e contraddittorio volume di Enrico Maria Radaelli, *La Chiesa ribaltata*, Gondolin 2014.

[6] De Mattei (*op. cit.*) scrive testualmente che non c'è da stupirsi ricordando «le origini di CL e le radici del pensiero del suo fondatore, don Luigi Giussani. L'orizzonte ciellino era, ed è rimasto, quello della "nouvelle théologie" progressista».

[7] Benedetto XVI ha sempre voluto sottolineare questo giudizio storico e in maniera fortissima lo ha spiegato all'inizio del suo Pontificato, con il discorso alla Curia romana del 22 dicembre 2005 e poi con il discorso al clero romano del 14 febbraio 2013, tre giorni dopo l'annuncio della sua rinuncia (è in qualche modo il discorso che chiude il suo Pontificato).

[8] Intervista di «Jesus» al cardinale Giuseppe Siri, gennaio 1983. C'è in particolare una pagina del cardinale Siri sul Vaticano II che merita di essere rilet-

ta e andrebbe consigliata a lefebvriani e progressisti: «È sembrato a qualcuno che fosse sproporzionato l'ansito per la difesa della libertà (c'è in proposito un'intera dichiarazione), e perfino pericolosa la fermezza del suo riconoscimento. Ma il timore aveva per origine una dimenticanza: nulla rimane umano se non rimane la giusta libertà, come la storia comprova; si è parlato di libertà giusta, quella che sgorga dalla natura e non è mai dimenticata nell'ordine voluto da Dio. Il Concilio di Trento aveva difeso l'uomo contro l'attentato di una ideologia negatrice sul piano teoretico; il Concilio Vaticano II ha difeso l'uomo contro le aberranti e copiose lesioni della sua libertà, cioè l'ha difeso nella sua umanità. La tirannia, in qualunque modo effettuata, è come la faccia della notte e tutte le tirannie hanno – da qualunque processo sorgano – un fondo sempre e sostanzialmente identico; la libertà vera e giusta è come la faccia del giorno e tutte le giuste libertà, in qualunque modo si affermino, hanno sempre la stessa sostanziale fisionomia. Certe insistenze, certe ripetizioni, certe apparenti lungaggini del Concilio nel difendere dai molti attentatori l'onesta libertà degli uomini, possono esser state nei singoli persin testardaggine, ma nel Concilio sono diventati soltanto e purissimamente l'espressione del volto della Chiesa, non solo divino, ma anche profondamente umano» (Cardinal Giuseppe Siri, 31-12-1965). Don Giuseppe Virgilio, studioso del Concilio, ha commentato: «Questo passaggio del Cardinal Siri mi sembra la più bella ed originale ermeneutica del Concilio Vaticano II, perché salda assieme il Decreto sulla Giustificazione del Concilio di Trento (decisamente antiluterano) con la dichiarazione *Dignitatis Humanae*, considerata da molti la "magna carta del progressismo". Questo è il vero *sensus ecclesiae*, questa è la vera tradizione» (dal sito «Oblatio rationabilis»).

[9] http://www.unavox.it/ArtDiversi/DIV621_Lettera_a_papa_Francesco.html.

[10] Cfr. Marco Tosatti, *Papa, metri quadrati e demagogia*, http://www.lastampa.it/2014/07/25/blogs/san-pietro-e-dintorni/papa-metri-quadri-e-demagogia-uCRxtqDklEqdUbaG0sSaUI/pagina.html.

[11] Sandro Magister, in «L'Espresso», n. 3, 2014, http://chiesa.espresso.repubblica.it/articolo/1350699.

[12] «La Stampa», 3 gennaio 2014. Naturalmente sarebbe giustissimo se avesse detto che, dopo il peccato originale, un uomo non può non peccare, ma il peccato comunque inquina la sua umanità, la diminuisce, la abbrutisce, mentre le parole di Bergoglio danno quasi a intendere che sia il peccato stesso a costituire e compiere l'umanità dell'uomo.

[13] http://www.news.va/it/news/omelia-santa-marta-perche-vantarsi-dei-peccati.

[14] San Tommaso d'Aquino, *Summa Theol.* II-II, q. 112, a. 2.

[15] Adriano Sofri, che certo non è sospettabile di antibergoglismo, né di spirito di crociata, commentando la dichiarazione più «audace» di papa Bergoglio, fatta in aereo di ritorno dal viaggio in Corea il 18 agosto 2014, ha scritto: «Caro papa Francesco, ti dirò una cosa ovvia, ma vera, che la tua idea che sia lecito "fermare gli aggressori" è giusta (non è solo lecito, è doveroso), ma che la condizione, "che non significa bombardare", annulla la premessa … Il desiderio umanissimo e cristiano di fermare gli aggressori senza impiegare mezzi adeguati alla loro brutalità, lascerebbe alla loro mercé donne bambini vecchi e uomini, di tutte le fedi e nazioni» («Il Foglio», 20 agosto 2014).

[16] http://www.antoniosocci.com/2014/08/massacro-in-corso-di-cristiani-compresi-donne-e-bambini-qualcuno-in-vaticano-deve-vergognarsi-davanti-a-dio-e-agli-uomini-vergogna/. L'inviato del papa in Iraq, cardinale Filoni, dopo aver riferito gli orrori lì perpetrati, anzitutto contro i cristiani, alla domanda: «A chi spetta chiedere l'intervento internazionale?» ha testualmente risposto: «Spetta innanzitutto al governo centrale iracheno e alle autorità regionali curde. Sono loro che devono farlo» («Corriere della Sera», 22 agosto 2014). La Chiesa no? Il Papa no?

[17] http://www.zenit.org/it/articles/i-patriarchi-orientali-legittimo-l-uso-della-forza-per-difendere-i-cristiani-in-iraq.

[18] http://press.vatican.va/content/salastampa/it/bollettino/pubblico/2014/08/13/0568/01289.html#. Traduzione in lingua italiana.

[19] http://www.informazionecorretta.it/main.php?mediaId=16&sez=120&id=54342&print=preview.

[20] Scrive Sandro Magister: «[Francesco] non ha speso una sola parola quando la giovane madre sudanese Meriam era in carcere con i figlioletti, condannata a morte solo perché cristiana, ricevendola però una volta liberata grazie alle pressioni internazionali. Non ha detto nulla – a parte un volatile tweet – per le centinaia di studentesse nigeriane rapite da Boko Haram, nonostante la campagna mondiale promossa anche da Michelle Obama con il motto: "Bring back our girls". Tace sulla sorte di Asia Bibi, la madre pakistana in carcere da cinque anni, in attesa dell'appello contro la sentenza che l'ha condannata a morte con l'accusa di aver offeso l'islam. Eppure la campagna per la liberazione di Asia Bibi vede ovunque impegnatissimo il mondo cattolico e di lei è stata resa pubblica all'inizio di quest'anno un'accorata lettera al Papa. Che non le ha risposto. Sono silenzi che fanno tanto più impressione in quanto praticati da un Papa di cui si conosce la generosissima disponibilità a scrivere, a telefonare, a portare aiuto, ad aprire le porte a chiunque bussi da lui, non importa se povero o ricco, buono o cattivo» (http://chiesa.espresso.repubblica.it/articolo/1350853).

[21] Ne parlano il «Telegraph» (http://www.telegraph.co.uk/news/worldnews/the-pope/9931030/Pope-Francis-run-in-with-Benedict-XVI-over-the-Prophet-Mohammed.html) e il quotidiano argentino «Clarín» (http://edant.clarin.com/suplementos/zona/2006/10/08/z-03801.htm).

[22] La reazione del Vaticano fu sdegnata, ma il portavoce di Bergoglio, padre Guillermo Marcó, disse più tardi di aver parlato a titolo personale. Dal Vaticano si fecero pressioni perché il cardinal Bergoglio lo sconfessasse e lo sollevasse dall'incarico. Ma non risulta che vi siano state tali pubbliche sconfessioni. Tuttavia il portavoce «fu sostituito qualche mese dopo», secondo alcuni per un suo scontro col ministro dell'Interno argentino (Fausto Carioti, *Il Bergoglio filoislamico che attaccava Ratzinger*, in «Libero», 22 agosto 2014); secondo altri, fu sollevato dall'incarico da Bergoglio proprio in seguito alle dichiarazioni sul Papa e alle conseguenti pressioni vaticane.

[23] Da *Regula Pastoralis*.

[24] «La Repubblica», 1° ottobre 2013, http://www.repubblica.it/cultura/2013/10/01/news/papa_francesco_a_scalfari_cos_cambier_la_chiesa-67630792.

[25] *Ibid*.

Parte prima. Il segreto di tre grandi Papi

[1] Luigi Giussani, *L'attrattiva Gesù*, Tischreden del 1994.

Viva il concilio, viva il Papa

[1] Cit. in Joseph Ratzinger, *Chiesa, ecumenismo e politica*, Edizioni Paoline 1982, p. 103.

[2] Carlo Maria Martini, *Conversazioni notturne a Gerusalemme*, sottotitolo: *Sul rischio della fede*, Mondadori 2008. Scritto a quattro mani col gesuita viennese Georg Sporschill. Lo scisma protestante è stato una delle più grandi tragedie della storia della Chiesa. Non solo ha strappato alla fede cattolica metà Europa, e poi quei continenti colonizzati dalle potenze protestanti, ma dopo lo scisma si scatenarono «guerre di religione» che provocarono conseguenze terribili di scristianizzazione.

[3] Papa Giovanni XXIII, Allocuzione nel solennissimo rito di apertura del Concilio Ecumenico Vaticano II, dell'11/10/1962.

[4] Si era cominciato con la Costituzione sulla Sacra liturgia perché il Concilio voleva con ciò affermare il primato di Dio: «Questo inizio corrisponde alla parola della Regola benedettina: Operi Dei nihil praeponatur» ha osservato Joseph Ratzinger. Che poi aggiungeva: «La Costituzione sulla Chiesa, che segue poi come secondo testo del Concilio, la si dovrebbe considerare a essa interiormente collegata. La Chiesa si lascia guidare dalla preghiera, dalla missione di glorificare Dio ... Nella storia del post-Concilio certamente la Costituzione sulla liturgia non fu più compresa a partire da questo fondamentale primato dell'adorazione, ma piuttosto come un libro di ricette su ciò che possiamo fare con la liturgia. Nel frattempo ai creatori della liturgia sembra che sia uscito di mente, occupati come sono in modo sempre più incalzante a riflettere come si possa configurare la liturgia in modo sempre più attraente, comunicativo, coinvolgendovi attivamente sempre più gente, che la liturgia in realtà è "fatta" per Dio e non per noi stessi. Quanto più però noi la facciamo per noi stessi, tanto meno attraente essa è, perché tutti avvertono chiaramente che l'essenziale va sempre più perduto». Intervento del cardinale Joseph Ratzinger al Convegno internazionale sull'attuazione del Concilio Vaticano II, 27 febbraio 2000 («L'Osservatore Romano», 4 marzo 2000).

[5] Don Giuseppe Virgilio, che mi ha fatto conoscere questo documento, si chiede «quale credito il Papa desse a queste voci cosi allarmate circa lo svolgimento del Concilio». E risponde: «Riteniamo, e per l'altissimo senso di responsabilità che Paolo VI aveva del suo ufficio, e per le analoghe allarmate segnalazioni riscontrabili in alcuni pubblici discorsi dello stesso periodo, che il Papa condividesse, se non del tutto, almeno in parte, quelle voci. Il fatto stesso che le abbia trasmesse al cardinal Bea per una valutazione spingono a pensare in tal senso» (Don Giuseppe Virgilio, *Paolo VI dimenticato. La Chiesa può dirsi conservatrice*, Ed. Youcanprint 2014, p. 20).

[6] La «protestantizzazione» del cattolicesimo operata da certi teologi sarà poi denunciata dallo stesso Paolo VI di fronte allo svolgersi degli eventi (vedi Udienza generale, 28 gennaio 1976).

[7] *Acta Synodalia Sacrosancti Concilii Oecumenici Vaticani II*, Volumen V. Processus Verbales. Commissio de concilii laboribus coordinandis (Sessiones

XVIII-XXIII: 15 Octobris 1964 - 1 Decembris 1965). Moderatores (30 Octobris 1963 - 26 Octobris 1965), p. 208.

[8] http://www.vatican.va/roman_curia/congregations/cfaith/documents/rc_con_cfaith_doc_19660724_epistula_it.html.

[9] Discorso al Seminario Lombardo, 7 dicembre 1968.

[10] Francisco Pérez de Anton, *Il gatto in sacrestia. Origini e ragioni del declino della Chiesa cattolica nel mondo*, Liberlibri 2004, p. 59. Una delle famiglie religiose che hanno vissuto la crisi più grave è la Compagnia di Gesù, sia per lo spaventoso sbandamento dottrinale che per la crisi interna. Pérez de Anton scrive: «La Compagnia di Gesù aveva nel 1965 più di 36.000 membri. Nel 1983 ne aveva perduti 10.000, e da allora a oggi altri 4000, ovvero quasi il 40 per cento dei suoi effettivi. La Compagnia è oggi un ordine invecchiato, dove l'età media dei suoi adepti è di 64 anni».

[11] Da Jean Guitton, *Paolo VI segreto*, San Paolo 2002, pp. 152-153.

[12] Giovanni Paolo II, *Alzatevi, andiamo*, Mondadori 2004, p. 127.

[13] Dal discorso al convegno per le missioni al popolo («L'Osservatore Romano», 7 febbraio 1981).

[14] Dall'intervista-testimonianza di Benedetto XVI a Wlodzimierz Redzioch per il libro *Accanto a Giovanni Paolo II. Gli amici e i collaboratori raccontano*, Ares, 2014 (questo brano è stato anticipato su «Avvenire» del 7 marzo 2014).

[15] *Irmão de Leonardo Boff defende Bento 16 e critica Teologia da Libertação*, in «Folha de S. Paulo», 11 marzo 2013.

[16] In Don Divo Barsotti, *I cristiani vogliano essere cristiani*, San Paolo 2006, p. 173.

[17] Vedi Antonio Socci, *I segreti di Karol Wojtyła*, Rizzoli 2009.

[18] Da «Libero», 22 agosto 2002.

[19] *Ibid.*

[20] «Corriere della Sera», 29 ottobre, 2004 http://archiviostorico.corriere.it/2004/ottobre/29/Giussani_giorno_ebrei_cristiani_saranno_co_9_041029077.shtml.

[21] Il testo dell'intervista di Roberto Fontolan a don Giussani per il video sui cinquant'anni di CL, trasmesso da Rai1 il 10 settembre 2004 («Tracce», n. 9, ottobre 2004).

[22] Marco Damilano, *Il partito di Dio*, Einaudi 2006, p. 16.

Wojtyła chiama, Ratzinger risponde

[1] Questa omelia fu tenuta l'8 dicembre 2008 a Lourdes, dove il prelato era stato inviato da Benedetto XVI, per i 150 anni delle apparizioni.

[2] In Vaticano circola la voce che Giovanni Paolo II, nell'ultimo periodo, stesse valutando la possibilità di rendere nota quella (seconda) parte del Terzo Segreto di Fatima che non fu rivelata nel 2000, quando fu pubblicato il testo della visione.

Si tratta di quella parte che, dai tempi di Giovanni XXIII, si pensò non fosse di origine soprannaturale (ma frutto di considerazioni di suor Lucia), ma che – ad avviso di diversi studiosi – fu così giudicata a causa del suo contenuto terribile per la Chiesa e drammatico per il mondo.

È molto probabile che questa «rivelazione» sia davvero stata fatta in modo implicito, ovvero non ufficiale, attraverso Joseph Ratzinger a cui Giovanni Paolo II, significativamente, affidò le meditazioni della Via Crucis del venerdì santo del 2005, quello che consapevolmente papa Wojtyła sapeva essere il suo ultimo venerdì santo.

[3] Marco Damilano, *Il partito di Dio*, Einaudi 2006, p. 17.

[4] Omelia del Cardinal Ratzinger per la morte di Paolo VI, 10 agosto 1978.

[5] Testimonianza raccolta da Wlodzimierz Redzioch nel libro *Accanto a Giovanni Paolo II*, Ares 2014.

[6] L. Giussani, *L'attrattiva Gesù*, Quasi Tischreden del 1994.

Il pastore e i lupi

[1] http://www.vatican.va/holy_father/benedict_xvi/homilies/2013/documents/hf_ben-xvi_hom_20130106_epifania_it.html.

[2] «In quei giorni, Paolo diceva agli anziani della Chiesa di Efeso: "Vegliate su voi stessi e su tutto il gregge, in mezzo al quale lo Spirito Santo vi ha costituiti come custodi per essere Pastori della Chiesa di Dio che si è acquistata con il Sangue del proprio Figlio. Io so che dopo la mia partenza verranno fra voi dei lupi rapaci, che non risparmieranno il gregge; perfino in mezzo a voi sorgeranno alcuni a parlare di cose perverse, per attirare i discepoli dietro di sé. Per questo vigilate, ricordando che per tre anni, notte e giorno, io non ho cessato, tra le lacrime, di ammonire ciascuno di voi…"» (*At* 20,28-38).

[3] «Dopo aver ripetutamente esaminato la mia coscienza davanti a Dio, sono pervenuto alla certezza che le mie forze, per l'età avanzata, non sono più adatte per esercitare in modo adeguato il ministero petrino…» (*Conscientia mea iterum atque iterum coram Deo explorata ad cognitionem certam perveni vires meas ingravescente aetate non iam aptas esse ad munus Petrinum aeque administrandum*).

[4] Massimo Franco, *La crisi dell'impero vaticano*, Mondadori 2013, p. 9.

[5] Cit. in Valerio Gigliotti, *La tiara deposta*, Olschki 2014, p. 401.

[6] *Ivi*, p. 399.

[7] Jean Guitton, in un suo celebre libro di memorie, riporta qualche brano di una conversazione del 1976 con Paolo VI, quando anch'egli stava esaminando la possibilità di dimettersi (cosa che poi non fece). Il colloquio fra i due amici si riferisce a un articolo dello stesso filosofo cattolico dove si affermava che «il Papato non è una funzione, ma uno stato, e che non si danno le dimissioni dalla paternità». Guitton osservava, inoltre, che «se si sapesse che un Papa darà le dimissioni a 80 anni» (l'età oltre la quale i cardinali non possono più entrare in Conclave), «si vedrà diminuita la sua autorità via via che si avvicina al termine; e che bisogna lasciare a Dio il segreto dell'ultima ora» (Jean Guitton, *Paolo VI segreto*, San Paolo 2002, p. 136).

[8] Basta citare il bellissimo discorso pronunciato alla sua ultima udienza generale, il 27 febbraio 2013.

[9] «Nel mondo di oggi, soggetto a rapidi mutamenti e agitato da questioni di grande rilevanza per la vita della fede, per governare la barca di san Pietro e annunciare il Vangelo, è necessario anche il vigore sia del corpo che dell'animo, vigore che, negli ultimi mesi, in me è diminuito in modo tale da dover riconoscere la mia incapacità di amministrare bene il ministero a me affidato…» (Papa Benedetto XVI, *Declaratio*, 10 febbraio 2013).

[10] Cfr. monsignor Georg Gänswein, nell'intervista a «Famiglia cristiana» del 10 febbraio 2014.

[11] Luigi Chiappetta, *Prontuario di Diritto canonico e concordatario*, Edizioni Dehoniane 1994, Presentazione del Card. Camillo Ruini, p. 1073, voce «Romano Pontefice», num 3. In caso di rinunzia.

[12] *Avviso di pericolo: una Chiesa con due Papi*. L'articolo è stato scritto da Fantappiè espressamente per l'autorevole sito di Sandro Magister: http://chiesa.espresso.repubblica.it/articolo/1350457.

[13] Hans Küng, *Una battaglia lunga una vita*, Rizzoli 2014, pp. 1093-1094.

[14] «In questi ultimi mesi, ho sentito che le mie forze erano diminuite, e ho chiesto a Dio con insistenza, nella preghiera, di illuminarmi con la sua luce per farmi prendere la decisione più giusta non per il mio bene, ma per il bene della Chiesa. Ho fatto questo passo nella piena consapevolezza della sua gravità e anche novità, ma con una profonda serenità d'animo. Amare la Chiesa significa anche avere il coraggio di fare scelte difficili, sofferte, avendo sempre davanti il bene della Chiesa e non se stessi» (Papa Benedetto XVI, 27 febbraio 2013).

[15] http://chiesa.espresso.repubblica.it/articolo/1337492.

Balla coi lupi

[1] Santa Caterina da Siena, Lettera n. 218.

[2] Paolo Rodari e Andrea Tornielli, *Attacco a Ratzinger*, Piemme 2010, pp. 5-6.

[3] http://www.antoniosocci.com/2011/09/dimissioni-del-papa-preghiamo-che-dio-ce-lo-conservi-a-lungo/.

[4] http://www.antoniosocci.com/2011/09/dimissioni-del-papa-2-le-ragioni-della-sua-sofferenza-e-cio-che-bisogna-fare/. Il 23 settembre 2007, a soli due anni dall'inizio del Pontificato di Benedetto XVI, firmavo un editoriale su «Libero» dove si poteva leggere questo accorato appello: «Santità, governi lei la Chiesa che sta andando in rovina! Per carità, non lasci il gregge di Cristo, già smarrito e provatissimo, in altre mani. I cardinali a cui lei ha improvvidamente consegnato il governo sono altra cosa da lei ... Non abbia paura. Non fugga. Sia coraggioso. Così sarà veramente benedetto e il suo Pontificato sarà una benedizione per la Chiesa. A gloria di Dio». E aggiungevo: «Ma chi comanda in Vaticano? Benedetto XVI è forse stato esautorato di fatto? O è clamorosamente boicottato?». L'esempio più recente che citai era il boicottaggio curiale del Motu proprio *Summorun Pontificum*. Mi chiedevo: «C'è qualcuno in Vaticano che conta più del Papa e provvede a sabotare nella sostanza ciò che il Papa decide e firma? ... Cosa sta accadendo Oltretevere? Il professor Giuseppe De Rita, che conosce bene gli ambienti di Curia, in un'intervista recente al "Corriere della Sera", dichiarò che il Papa "scrive libri e dà l'idea di aver deciso di non comandare", mentre altri hanno "la tentazione di farlo". ... Ma è impossibile che abbia rinunciato a fare il Papa. Il fatto è che Benedetto XVI è praticamente solo nel Palazzo apostolico e la barca di Pietro è sballottata qua e là dalle burocrazie clericali (sì, c'è una casta anche nella Chiesa)».

[5] http://cordialiter.blogspot.it/2014/08/circa-le-dimissioni-di-benedetto-xvi.html.

[6] Hans Küng, *Una battaglia lunga una vita*, Rizzoli 2014, pp. 1046-1047.

«Katéchon»

[1] http://archiviostorico.corriere.it/2010/gennaio/20/anche_Benedetto_XVI_Pio_XII_co_9_100120010.shtml.

[2] Giuseppe Vacca, nella sua relazione a Norcia, ha affermato il valore sociale e pubblico della predicazione cristiana. Se, infatti, «l'età moderna iniziò dal "come se Dio non esistesse" che accompagnava l'emergere dalle guerre di religione dello Stato-nazione europeo, che relegava le religioni in uno spazio proprio ... a conclusione del ciclo storico dello Stato-nazione come soggetto egemonico della modernità, dinanzi al rischio della "catastrofe antropologica", può essere il "come se Dio esistesse" il principio di una nuova alleanza tra fede e ragione? Se il contenuto della fede» dice Vacca «è il sapere dell'amore, un sapere che non si attinge da nessun'altra esperienza, ma solo dal riconoscimento dell'Altro, non solo è storicamente giustificato il ruolo pubblico della religione, ma è anche necessario che quel sapere venga trasmesso e insegnato». È evidente che questa poteva essere l'alba di una vera rivoluzione culturale mai vista nei secoli moderni. Una primavera che, tuttavia, l'uscita di scena di Benedetto XVI ha gelato.

[3] «Non vi ricordate come io, quand'ero tra voi, vi dicevo tali cose? Perciò voi sapete che cosa sia *quel che lo trattiene* [=*katéchon*], affinché sia manifestato a suo tempo. Perché è già al lavoro il mistero d'iniquità, ma è necessario che sia tolto di mezzo chi finora lo trattiene. Allora sarà la manifestazione dell'*empio* e il Signore Gesù lo *distruggerà con il soffio della sua bocca* e lo annienterà all'apparire della sua venuta, l'iniquo, la cui venuta avverrà nella potenza di Satana, con ogni specie di portenti, di segni e prodigi menzogneri, e con ogni sorta di empio inganno per quelli che vanno in rovina perché non hanno accolto l'amore della verità per essere salvi» (*2Tes* 2,5.10).

[4] Anche nel *Gesù di Nazaret* (Rizzoli 2007) il Papa fa un accenno all'Anticristo: «La violenza non instaura il regno dell'umanesimo. È al contrario uno strumento preferito dall'anticristo – per quanto possa essere motivata in chiave religioso-idealistica. Non serve all'umanesimo, bensì alla disumanità». Inoltre, in una successiva occasione è stata evocata e ben meditata, in Vaticano, la figura dell'Anticristo. È accaduto con gli esercizi spirituali predicati al papa Benedetto dal cardinale Biffi (immagino che i temi siano stati concordati): si è meditato proprio sulla profezia dell'Anticristo (vedi *Le cose di lassù*, Cantagalli 2007). Per questo Biffi ha citato il *Racconto dell'Anticristo* di Vladimir Solovëv, scritto nella primavera del 1900.

Il profeta

[1] Elisabetta Piqué, *Francesco. Vita e rivoluzione*, Lindau 2013, p. 14.

[2] «La Repubblica», 20 agosto 2014. Di fronte alla drammaticità della situazione la posizione di papa Bergoglio non sembra proprio quella del *katéchon*. È l'uomo del «chi sono io per giudicare»... I suoi stessi interventi sulla sanguinosa persecuzione dei cristiani in Iraq a opera del Califfato sono esempio di una reticenza clamorosa (mai una volta sono nominati l'Islam o l'islamismo). Rifiutandosi di affermare la moralità dell'uso della forza per difendere gli inermi minacciati di massacro, Bergoglio rompe pure con la secolare dottrina cattolica dell'«ingerenza umanitaria» o della «guerra giusta». Lo stesso Massimo Cacciari, nell'intervista citata, coglie questa discontinuità: «Si tratta

di una svolta radicale nella teologia politica della Chiesa … ma questo è un bel problema … Francesco considera legittimo un intervento nella misura in cui viene deciso dall'Onu – siamo in presenza di una laicizzazione dell'idea cattolica di guerra giusta … La posizione di Francesco è fragilissima. La sua è una posizione che potrebbe sostenere un Renzi o una Merkel. Se mi permette, io dal Papa mi aspetto qualcosa di più, ossia che mi dica che bisogna intervenire sulla base di valori considerati assoluti».

[3] «Il Foglio», 7 agosto 2014.

Il mistero della rinuncia

[1] Luigi Giussani, *«Tu» (o dell'amicizia)*, I libri dello spirito cristiano: Quasi Tischreden, 1, Rizzoli 1997, pp. 149-150.

[2] *Inf.* III, 60. Quando Dante scriveva questi versi, Celestino V non era ancora stato proclamato santo dalla Chiesa.

L'abito e il monaco

[1] Maria Valtorta, *Quadernetti*, Centro. ed. Valtortiano 2006, p. 79.

[2] Quella lettera contiene poi altre stranezze. Al primo punto vi si legge: «Unica condizione della validità [della rinuncia] è la piena libertà della decisione». Unica? Possibile che Benedetto XVI ignori che nel Codice di diritto canonico le condizioni per la validità sono due? Per quanto riguarda il vestito, vi si legge che il suo «abito bianco» è «distinto da quello del Papa». Ma in realtà Ratzinger, anche quando era Papa regnante, nella vita privata vestiva esattamente come veste attualmente (e ci sono le foto che lo provano). Quindi continua a vestire da Papa.

[3] Intervista al «Corriere della Sera», 5 marzo 2014.

Benedetto Papa

[1] Stefano Violi, *La rinuncia di Benedetto XVI. Tra storia, diritto e coscienza*, in «Rivista Teologica di Lugano» (RTLu), XVIII (2/2013), p. 205.

[2] Valerio Gigliotti, *La tiara deposta*, Olschki 2014, p. XXI.

[3] *Ivi*, p. XXII.

[4] Violi, *art. cit.*, p. 211.

[5] *Ivi*, p. 212.

[6] *Ibidem*.

[7] Violi, *art. cit.*, p. 213.

[8] Qui c'è un refuso: è evidente che ci si riferisce all'articolo richiamato in precedenza, il can. 332 § 2.

[9] Violi, *art. cit.*, p. 214.

[10] Vittorio Messori scrive: «Per la prima volta dunque la Chiesa avrebbe davvero due Papi, il regnante e l'emerito? Pare proprio che questa sia stata la volontà di Joseph Ratzinger stesso, con quella rinuncia al solo esercizio attivo che è stato "un atto solenne del suo magistero"… Se davvero è così, tanto meglio per la Chiesa: è un dono che ci sia, uno accanto all'altro anche fisicamente, chi dirige e insegna e chi prega e soffre, per tutti, ma anzitutto per sorreggere il confratello nell'ufficio pontificale quotidiano» («Corriere della Sera», 28 maggio 2104).

I partiti (e gli arrivati)

[1] Nicolas Diat, *L'homme qui ne voulait pas être pape*, Albin Michel 2014, p. 410.

[2] Tutti questi dati provengono dall'Ufficio federale di statistica e da «Bild» http://www.bild.de/10um10/2014/10-um-10/hitliste-um-zehn-fakten-ueber-katholische-kirche-34780204.bild.html.

[3] Massimo Borghesi, *Critica della teologia politica*, Marietti 2013, p. 14.

[4] È la considerazione del mensile cattolico «Il Timone», http://www.iltimone.org/30532,News.html.

[5] Robert Spaemann, cit. in Borghesi, *op. cit.*, p. 14.

[6] http://www.fanpage.it/niente-effetto-francesco-in-germania-dopo-ratzinger-e-fuga-di-fedeli-dalla-chiesa-cattolica/.

[7] Queste statistiche provengono dall'ultimo *Latinobarómetro*, autorevole report sull'America Latina prodotto ogni anno dall'omonima società di ricerca cilena, e sono state pubblicate dal «Timone», http://www.iltimone.org/31895,News.html.

[8] http://magister.blogautore.espresso.repubblica.it/2011/02/27/il-nunzio-in-argentina-difende-il-papa-dagli-antipapi-senza-un-briciolo-di-diplomazia/.

Il papocchio

[1] Suor Lucia, *Gli appelli del messaggio di Fatima*, Libreria editrice vaticana 2001, p. 54. Questa singolare frasetta di suor Lucia si trova in un libro di meditazioni spirituali dell'ultima veggente di Fatima. Il libro, pubblicato dall'editore vaticano nel 2001, non si occupava certo di diritto canonico, né di teologia del Papato; inoltre la suora portoghese non era una canonista, ma una donna semplice, che aveva più dimestichezza con le faccende di casa e di convento che con i libri (specie i libri di diritto canonico, che credo non abbia mai aperto). Per questo è curioso che usi quell'avverbio – «legittimamente» – che fa parte di un linguaggio specialistico e di discorsi accademici. Quella parola sottolinea qualcosa che solitamente non si accenna nemmeno parlando del Papa, perché è scontato che il Papa sia legittimamente eletto. Quell'avverbio compare solo nelle disquisizioni canonistiche. O nei libri per certe remotissime vicende della storia della Chiesa. Dunque ci si chiede come e perché suor Lucia ci tenga a distinguere fra chi è legittimamente eletto Papa e chi no. Non sarà che la religiosa portoghese aveva presente quella parola perché stava nella parte non rivelata del Terzo Segreto, quella che spiegava chi era il «vescovo vestito di bianco» e perché coesisteva nella visione col «Santo Padre» che viene martirizzato?

[2] «Subito dopo, per la quinta volta gli elettori depongono la scheda nell'urna. Ma qualcosa non funziona. Il cardinale che conta le schede si accorge che ce n'è una in più, 116 voti per 115 elettori. Uno di loro, per errore, ha scritto il suo voto sulla scheda ma non si è accorto che in realtà era doppia, un'altra era rimasta attaccata. Così, al momento della conta, quel foglio in più rappresenta un problema. Le schede non vengono scrutinate ma bruciate e si ripetono seduta stante le operazioni di voto. Finalmente, alla sesta votazione, Bergoglio è eletto e sfiora, secondo l'autrice, i 90 consensi».

[3] http://it.radiovaticana.va/storico/2013/11/16/francesco._vita_e_rivoluzione_elisabetta_piqu%C3%83%C2%A9_racconta_jorge/it1-747102.

[4] http://www.osservatoreromano.va/it/news/lo-scandalo-della-normalita#.U76je5R_uSo.

[5] L'articolo 54 della *Universi Dominici Gregis* parla delle modalità stabilite in questa medesima Costituzione e dice che vanno spiegate «senza tuttavia che sia consentito, anche se vi fosse l'unanimità degli elettori, e ciò sotto pena di nullità della medesima deliberazione, che qualcuna di esse, attinente sostanzialmente agli atti dell'elezione stessa, possa essere modificata o sostituita».

[6] In latino significa letteralmente «e dal Figlio». La Chiesa latina nel Credo niceno-costantinopolitano proclamava che «lo Spirito Santo procede dal Padre e dal Figlio». Ma l'espressione «e dal Figlio» fu condannata come eretica dal Patriarca di Costantinopoli e da allora oppose cattolici e ortodossi.

[7] Un «ultrabergogliano» come il giornalista Lucio Brunelli, nel famoso «dossier sul Conclave» del 2005, a un certo punto fa una considerazione sulla necessaria pignoleria delle procedure previste dalle norme pontificie e per chi le considera «eccessive» riporta come virgolettato – quindi attribuibile al cardinale anonimo che gli passò il «diario» – questa risposta: «La Chiesa non è per natura un'istituzione parlamentare, ma quando decide di seguire la prassi democratica-elettorale lo fa con una scrupolosità, un culto della legalità, che non ammette privilegi o eccezioni».

[8] Nicolas Diat, *L'homme qui ne voulait pas être pape*, Albin Michel 2014, p. 420.

[9] Questa regola si trova spiegata proprio con questa motivazione nel *Caeremoniale* di papa Gregorio XV (1621), dove, parlando della fase successiva al voto, si dice: «Se gli scrutatori troveranno due schede piegate in modo che risultino date dallo stesso elettore, ove l'una e l'altra contengano il medesimo nome, le dette schede si hanno e si contano per un solo voto: ove invece contengano nomi diversi, il voto non è valido per nessuno, in conformità alle prescrizioni della costituzione Gregoriana per quella scheda nella quale siano scritti più nomi: lo scrutinio però così nell'uno come nell'altro caso non rimane viziato».

[10] Ecco quanto prescrive l'articolo 69: «Gli Scrutatori siedono a un tavolo posto davanti all'altare: il primo di essi prende una scheda, la apre, osserva il nome dell'eletto, e la passa al secondo Scrutatore che, accertato a sua volta il nome dell'eletto, la passa al terzo, il quale la legge a voce alta e intelligibile». Come si vede, l'apertura delle schede si fa in sede di scrutinio.

[11] *Nuovo Dizionario di Diritto canonico*, a cura di Carlos Corral Salvador, Velasio De Paolis, Gianfranco Ghirlanda, San Paolo 1993, p. 937.

[12] «La *Lumen gentium* nel n. 18 b e in vari altri punti recepisce pienamente il dogma del Vaticano I circa il primato del Romano Pontefice all'interno della dottrina della sacramentalità della consacrazione episcopale e della collegialità. Secondo il Vaticano I, il Romano Pontefice ha "tutta la pienezza della suprema potestà", cioè non ha solo una funzione di vigilanza e di direzione, ma una vera e propria potestà di giurisdizione piena e suprema, ordinaria e immediata su tutta la Chiesa, quindi sia su tutte e singole le Chiese sia su tutti e singoli i pastori e i fedeli, non soltanto in ciò che riguarda la fede e i costumi, ma anche in tutto ciò che riguarda la disciplina e il governo della Chiesa» (p. Gianfranco Ghirlanda sj, in «Civiltà Cattolica», quaderno 3906, 23 marzo 2013, pp. 549-563).

[13] Gian Guido Vecchi, *Ore 18.50: eletto Bergoglio*, in «Corriere della Sera», 9 marzo 2014.

[14] Piqué, *op. cit.*, p. 49.

[15] L'articolo 60, infatti, recita: «Ordino, inoltre, ai Cardinali elettori, *graviter onerata ipsorum conscientia*, di conservare il segreto su queste cose anche dopo l'avvenuta elezione del nuovo Pontefice, ricordando che non è lecito violarlo in alcun modo, se non sia stata concessa al riguardo una speciale ed esplicita facoltà dallo stesso Pontefice».

Ex voto

[1] Ce lo attesta lui stesso nell'intervista alla «Repubblica» del 1° ottobre 2013.

[2] Da «Formiche», 28 aprile 2013, http://www.formiche.net/2013/04/28/io-gesuita-e-il-gesuita-papa-francesco-padre-spadaro-si-confessa/.

[3] Da «Il Nostro tempo», 24 marzo 2013: http://www.ilnostrotempo.it/?q=node/534.

[4] È accaduto quando uno dei suoi strateghi, il cardinal Maradiaga (poi nominato da lui capo del C8), ha sentito la «propaganda negativa» (girava la voce che Bergoglio avesse un solo polmone). Durante un pranzo ha chiesto a Bergoglio, che ha smentito tutto. «A questo punto» ha riferito Maradiaga «mi sono alzato e sono andato di tavolo in tavolo a dire: quelli di voi che dicono che Bergoglio ha un polmone solo sono sulla strada sbagliata» (http://www.asca.it/news-papa__Maradiaga__problemi_a_polmoni__propaganda_negativa_pre_Conclave-1356597.html).

[5] Da «Avvenire», 17 agosto 2014, p. 7. Il titolo dell'articolo: *Il Papa: professare povertà vivendo da ricchi è ipocrita*.

Parte terza. Il caso Bergoglio

[1] Don Silvio Tramontin, *La repressione del modernismo*, in A. Fliche e V. Martin (iniziatori), *Storia della Chiesa*, Edizione Paoline 1990, vol. XXII, 2, pp. 271-291 (pp. 282-283).

Il Papa di successo

[1] Elisabetta Piqué, *Francesco. Vita e rivoluzione*, Lindau 2013, p. 80.

[2] Jorge Mario Bergoglio - Papa Francesco (conversazione con Sergio Rubin e Francesca Ambrogetti), *Il nuovo Papa si racconta*, Salani 2013, p. 17.

[3] Piqué, *op. cit.*, p. 81.

[4] Rubin-Ambrogetti, *Il nuovo Papa si racconta*, cit., p. 13.

[5] Padre Pepe Di Paola, suo collaboratore, lo ritrae così: «In realtà lui è un timido, un introverso. La gente lo apprezzava per le sue convinzioni, per il suo stile di vita, e non certo per le frasi o le battute» («Il Resto del Carlino», 13 marzo 2014).

[6] In Livio Fanzaga e Saverio Gaeta, *Effetto Bergoglio*, Salani 2014, p. 8.

[7] Rubin-Ambrogetti, *Il nuovo Papa si racconta*, cit., p. 12.

[8] http://www.avvenire.it/Chiesa/Pagine/nello-scavo-papa-francesco-.aspx.

[9] http://www.corriere.it/esteri/speciali/2013/conclave/notizie/13marzo-scheda-nuovo-papa_111dc988-8c0a-11e2-8351-f1dc254821b1.shtml.

[10] Nota ancora Magister: «Il 19 ottobre [2013] "L'Osservatore Romano" l'ha aggravata. Nel segnalare la pubblicazione di un importante volume edito dalla Morcelliana con gli scritti di Romano Guardini su san Bonaventura, ha riportato questo brano della dotta presentazione che ne aveva fatto il giorno

prima su "Avvenire" il professor Silvano Zucal, docente di filosofia teoretica all'università di Trento: "Il destino davvero singolare di Romano Guardini è l'essere stato una sorta di 'maestro' per ben tre Papi. ... Papa Francesco ha trascorso quasi due anni in Germania per leggere e studiare Guardini...". In realtà, stando a quanto precisato all'indomani dell'elezione di papa Francesco dalla facoltà filosofico-teologica Sankt Georgen di Francoforte, dove effettivamente Bergoglio si recò nel 1986, egli semplicemente "passò alcuni mesi presso la facoltà per consigliarsi con alcuni professori su un progetto di dottorato che non è arrivato a conclusione". Quindi non "quasi due anni" ma "alcuni mesi". E soprattutto nessun dottorato, nemmeno vicino a essere ultimato, perché rimasto allo stadio di progetto» (http://magister.blogautore.espresso.repubblica.it/2013/10/21/guardini-un-maestro-che-bergoglio-non-ha-mai-avuto/).

11 «Corriere della Sera», 5 marzo 2014.

12 Luigi Giussani e Robi Ronza, *Il Movimento di Comunione e Liberazione: 1954-1986. Conversazioni con Robi Ronza*, Rizzoli 2014 pp. 136-137.

13 Neera Fallaci, *Dalla parte dell'ultimo. Vita del prete Lorenzo Milani*, Milano Libri Edizioni 1974, pp. 73, 454-455.

14 Padre Livio Fanzaga, *La tentazione*, Sugarco 2009, pp. 180-185.

I Neopapalini

1 «La Repubblica», 29 dicembre 2013.

2 Bisogna dire che sulla competenza di Scalfari in materia di fede e di questioni cattoliche è lecito nutrire riserve. Nello stesso articolo, per esempio, afferma che papa Francesco è «gesuita al punto d'aver canonizzato pochi giorni fa Ignazio di Loyola, fondatore della Compagnia più nobile e più discussa tra gli Ordini della Chiesa»: si dà il caso che Ignazio, in realtà, sia stato proclamato santo da Gregorio XV nel 1622.

3 Comunicato del Gran Maestro del Grande Oriente d'Italia, 14 marzo 2013.

4 Piero Schiavazzi, *La tattica di papa Francesco per vincere il mondiale del sinodo, allargando il gioco a divorziati e coppie di fatto*, in «L'Huffington Post», 2 luglio 2014, http://www.huffingtonpost.it/2014/07/02/papa-francesco-mondiale-del-sinodo_n_5551201.html.

5 «Concilium» è una rivista internazionale di teologia, fondata nel 1965 e pubblicata in più lingue. I fondatori della rivista sono alcuni dei più noti teologi «progressisti»: Antonie van den Boogaard, Paul Brand, Yves Congar (morto nel 1994), Hans Küng, Johann Baptist Metz, Karl Rahner (morto nel 1984) e Edward Schillebeeckx (morto nel 2009).

6 *Dall'«anathema sit» al «Chi sono io per giudicare?»*, «Concilium» (Queriniana), 2/2014, www.queriniana.it.

7 Gilbert K. Chesterton, *San Tommaso d'Aquino*, Lindau 2008, pp. 112-113.

Il caso Bergoglio

1 Lettera LXXXVIII.

2 http://vaticaninsider.lastampa.it/inchieste-ed-interviste/dettaglio-articolo/articolo/ecumenismo-ecumenism-ecumenismo-35400/.

3 Pubblicato in Italia dalla Queriniana nel 2000 con il titolo: *Per una riforma del Papato. L'impegnativo appello all'unità dei cristiani.*

[1] Antonio Rosmini, *Delle cinque piaghe della Santa Chiesa*, Rizzoli 1996, p. 212.

[2] Andrea Tornielli, *Ratzinger custode della fede*, Piemme 2002, p. 139.

[3] Vedi «L'Osservatore Romano», 15 ottobre 1994.

[4] La cosa è stata ribadita da Benedetto XVI all'incontro internazionale delle famiglie a Milano nel 2012.

[5] Cfr. Hans Küng, *Una battaglia lunga una vita*, Rizzoli 2014, p. 1045.

[6] «Corriere della Sera», 1° settembre 2012.

[7] Il cardinale Kasper ha detto: «Sarebbe sbagliato cercare la soluzione del problema solo in un generoso allargamento della procedura di nullità del matrimonio. Si creerebbe così la pericolosa impressione che la Chiesa proceda in modo disonesto a concedere quelli che in realtà sono divorzi». A parte il giudizio pesante (mi riferisco all'aggettivo «disonesto») per una proposta che non ha nulla di disonesto, è curioso il ribaltamento della frittata. Kasper boccia questa idea perché sarebbe – secondo lui – come concedere divorzi, ma poi pretenderebbe di far accedere all'eucarestia i divorziati risposati come se il primo matrimonio, validamente celebrato, non esistesse, cioè un vero e proprio divorzio (questo sì) col timbro della Chiesa.

[8] http://vaticaninsider.lastampa.it/vaticano/dettaglio-articolo/articolo/kasper-divorziati-divorciado-divorced-32194/.

[9] http://www.repubblica.it/cronaca/2014/03/11/news/kasper_la_chiesa_non_usa_la_ghigliottina_s_alla_comunione_ai_divorziati_ma_qualcuno_vuole_fermare_il_papa-80725595/.

[10] Joseph Ratzinger, *La vita di Dio per gli uomini*, in «Communio» (Jaca Book), 208-210, luglio-dicembre 2006, p. 346.

[11] Joseph Ratzinger, *Il nuovo popolo di Dio, questioni ecclesiologiche*, IV ed., Queriniana 1992, p. 380, n. 30.

[12] Gerhard Ludwig Müller, *La speranza della famiglia*, Ares 2014. È significativo il fatto che il Prefetto dell'ex Sant'Uffizio, sebbene chiamato a quel ruolo da Benedetto XVI, non sia affatto ascrivibile alle correnti conservatrici o tradizionaliste, ma viene dall'area «progressista».

[13] http://www.ilfoglio.it/articoli/v/91630/rubriche/da-bologna-con-amore-fermatevi.htm.

[14] http://chiesa.espresso.repubblica.it/articolo/1350815.

[15] http://magister.blogautore.espresso.repubblica.it/2014/06/29/cose-da-pazzi-il-cardinale-collins-e-il-curato-di-campagna/.

[16] Ne ha fatto il ritratto padre Piero Gheddo nel libro *Missione Bengala*, Emi 2010, http://chiesa.espresso.repubblica.it/articolo/1350790.

[17] http://chiesa.espresso.repubblica.it/articolo/1350792.

[18] Fra l'altro, padre Buzzi fa anche una considerazione di buon senso che mi sollecita una riflessione. Gesù, donandosi agli uomini, si è consegnato totalmente alla libertà di ciascuno. Siamo terribilmente liberi di fare di Gesù quello che vogliamo. Tutti sono peccatori e tutti devono esaminarsi per capire se sono in grazia di Dio e quindi degni di ricevere la comunione sacramentale. I divorziati risposati non sono una categoria speciale di persone, vale per loro ciò che vale per tutti. Anche loro devono esaminarsi come tutti. E tutti possiamo accedere all'eucarestia senza essere in regola. Infatti Ratzinger, in un celebre discorso, disse dolorosamente che molte sono le comunioni sacrileghe. Sarebbe suicida prendere l'eucarestia come fosse un ri-

conoscimento sociale. In gioco c'è la salvezza eterna della propria anima. Si decide in coscienza, davanti al giudizio di Dio, se accedere all'eucarestia tenendo presente questo: la salvezza. La Chiesa ha solo il compito di ricordare questo e di dare l'assoluzione chiesta col pentimento e il ravvedimento. Non può esserci una categoria speciale per la quale la Chiesa possa cambiare la legge di Dio, che fra l'altro non è a sua disposizione. Non può esserci un gruppo che la Chiesa può autorizzare a fare di Gesù quello che vuole. Se la Chiesa dicesse a qualcuno che si salva anche comunicandosi in peccato mortale, farebbe il suo danno, gli procurerebbe un male infinito.

[19] http://chiesa.espresso.repubblica.it/articolo/1350799.

[20] Joseph Ratzinger (in colloquio con Peter Seewald), *Dio e il mondo*, San Paolo 2001, pp. 345-346.

Un miracolo per padre Jorge

[1] Divo Barsotti, «*Amatissimo dal Signore…*». *Lettere di paternità spirituale*, San Paolo 2014, pp. 88-89.

[2] http://www.lastampa.it/2014/04/23/esteri/vatican-insider/it/il-papa-al-telefono-mi-ha-detto-che-un-divorziato-pu-fare-la-comunione-xtuHVWB-soumtzjdSzylX7L/pagina.html.

[3] http://www.zenit.org/it/articles/papa-francesco-invita-una-donna-sposata-con-un-divorziato-a-tornare-alla-chiesa.

[4] «Il Resto del Carlino», 13 marzo 2014, http://qn.quotidiano.net/cronaca/2014/03/13/1038517-papa-francesco-bergoglio-padre-pepe.shtml.

[5] Bergoglio, a supporto della sua posizione, cita in nota due padri e dottori della Chiesa come sant'Ambrogio e san Cirillo di Alessandria che sembrano dargli ragione, attribuendo alla stessa eucarestia il «perdono» che evita di passare da quel confessionale che l'*Evangelii Gaudium* chiama «sala di tortura». Tuttavia, secondo Enrico Maria Radaelli, si tratta di citazioni monche, perché sia Ambrogio sia Cirillo, poco sotto, parlano di un preventivo «lavacro», di pentimento e ravvedimento, che è l'assoluzione dei peccati (Enrico Maria Radaelli, *La Chiesa ribaltata*, Gondolin 2013, pp. 233-239).

[6] http://www.unavox.it/ArtDiversi/DIV621_Lettera_a_papa_Francesco.html. La lettera in spagnolo:.

[7] http://chiesa.espresso.repubblica.it/articolo/1350621.

[8] È tutto riferito in «Tempi di unità», n. 7-8, semestre ottobre 2006 - maggio 2007, p. 24. E questo è il video: https://www.youtube.com/watch?v=NnMsXm9DMK8.

[9] «Ciò che davvero preferisco è l'Adorazione serale, anche quando mi distraggo e penso ad altro o addirittura mi addormento pregando. La sera quindi, tra le sette e le otto, sto davanti al Santissimo per un'ora in adorazione» (intervista di padre Antonio Spadaro sj). «Il momento in cui la vivo [l'esperienza religiosa] con particolare intensità è quando mi pongo davanti al tabernacolo. A volte mi addormento seduto lasciandomi guardare. Mi sento come se fossi nelle mani di un altro, come se Dio mi stesse tenendo per mano» (in Jorge Mario Bergoglio - Papa Francesco [conversazione con Sergio Rubin e Francesca Ambrogetti], *Il nuovo Papa si racconta*, Salani 2013, p. 48).

[10] San Bonaventura, *Trattato sulla preparazione alla messa*, Roma, Tipografia Editrice Laziale, 1929, pp. 31-32.

Veri francescani

1 San Bernardo di Chiaravalle, *De consideratione* III. I. 2.

2 Papa Francesco, Udienza generale del mercoledì, 20 novembre 2013.

3 http://chiesa.espresso.repubblica.it/articolo/154381.

4 http://www.lastampa.it/2014/08/05/italia/cronache/francesco-riapre-la-chiesa-al-prete-rivoluzionario-gUKv3yFidte3OYHeAjVpLP/pagina.html.

5 http://chiesa.espresso.repubblica.it/articolo/1350567.

6 Elisabetta Piqué, *Francesco. Vita e rivoluzione*, Lindau 2013, p. 80.

7 Jorge Mario Bergoglio - Papa Francesco (conversazione con Sergio Rubin e Francesca Ambrogetti), *Il nuovo Papa si racconta*, Salani 2013, p. 49.

8 http://www.30giorni.it/articoli_id_77419_l1.htm.

9 http://www.antoniosocci.com/2014/01/i-nuovi-inquisitori-contro-ratzinger-ricomincia-lautodemolizione-della-chiesa/.

10 Corrispondenza romana n. 971/03 del 9 dicembre 2006, http://www.rassegnastampa-totustuus.it/modules.php?name=News&file=print&sid=2413.

11 http://www.30giorni.it/articoli_id_77419_l1.htm.

Il pensiero incompleto

1 http://w2.vatican.va/content/francesco/it/speeches/2013/september/documents/papa-francesco_20130921_intervista-spadaro.html.

2 *Ad Petri Cathedram*, 29 giugno 1959.

3 Per le polemiche su quel colloquio vedi http://www.unavox.it/Documenti/Doc0540_Pensiero_privato_papa_Francesco.html.

4 «Avvenire», 24 luglio 2014.

5 San Francesco di Sales, *Vita di San Francesco di Sales del Curato di San Sulpizio*, vol II p. 201 Marietti 1863.

6 Ignazio di Loyola, *Gli scritti*, UTET 2013 (Lettera a Pietro Canisio).

7 In realtà – come ha scritto Joseph Ratzinger – «pastorale e dogma s'intrecciano in modo indissolubile: è la verità di Colui che è a un tempo "Logos" e "pastore", come ha profondamente compreso la primitiva arte cristiana che raffigurava il Logos come pastore e nel pastore scorgeva il Verbo eterno, che è per l'uomo la vera indicazione della via» (Joseph Ratzinger, *Opera Omnia*, vol. XII, Libreria editrice vaticana, pp. 265-266).

8 Da Jean Guitton, *Paolo VI segreto*, San Paolo 2002, pp. 152-153.

9 Dal discorso al convegno per le missioni al popolo («L'Osservatore Romano», 7 febbraio 1981).

Cronache vaticane

1 Da un'intervista del 1975 citata in Joseph Ratzinger, *Collaboratori della verità*, San Paolo 1994, p. 397.

2 http://w2.vatican.va/content/francesco/it/speeches/2013/march/documents/papa-francesco_20130315_cardinali.html.

3 http://www.30giorni.it/articoli_id_15978_l1.htm.

4 http://www.osservatoreromano.va/it/news/quella-diversita-riconciliata#sthash.j3Km1SED.dpuf.

[5] Cfr. Antonio Socci, *Il genocidio censurato*, Piemme 2006, pp. 10-12.
[6] Padre Livio Fanzaga (con Diego Manetti), *Medjugorje e il futuro del mondo*, Piemme 2014, pp. 45-46.
[7] «Avvenire», 31 agosto 2014.
[8] «La Repubblica», 1° ottobre 2013, http://www.repubblica.it/cultura/2013/10/01/news/papa_francesco_a_scalfari_cos_cambier_la_chiesa-67630792/.
[9] Paolo VI, Udienza generale, 7 gennaio 1970.
[10] http://w2.vatican.va/content/francesco/it/messages/pont-messages/2013/documents/papa-francesco_20131209_videomessaggio-campagna-contro-fame.html.
[11] http://it.radiovaticana.va/storico/2013/05/16/il_papa_alla_caritas_internationalis_aiutare_i_poveri,_%C3%83%C2%A8_in_pericol/it1-692785.
[12] http://www.ilfattoquotidiano.it/2013/06/11/papa-francesco-chiesa-ricca-non-ha-vita/622456/.
[13] *Vie d'Anne Catherine Emmerich*, Tomes 3, Par le Père K.E. Schmoeger, Traduit de l'allemand par E. de Cazalès (canonico di Versailles), Paris, Librairie Ambroise Bray, Bray et Retaux, Successeurs, 82 rue Bonaparte 82, 1872 (vol. II, cap. X, cap. «Voyages à la maison»).
[14] «La Repubblica», 1° ottobre 2013.
[15] http://www.ilsole24ore.com/art/notizie/2014-06-21/papa-francesco-calabria-mai-piu-violenze-bimbi-mai-piu-vittime-ndrangheta-104725.shtml?uuid=ABXFFUTB.
[16] http://www.repubblica.it/cronaca/2014/07/07/news/il_cardinale_de_paolis_la_connivenza_con_i_boss_non_pi_tollerabile_i_clan_si_convertano-90908704/.
[17] Messa del Giovedì Santo, 28 marzo 2013.

Parte quarta. Il tempo delle profezie

[1] Giancarlo Ricci, *Sigmund Freud: la vita, le opere e il destino della psicanalisi*, Bruno Mondadori 1998, p. 146.

Fatima e dintorni

[1] http://chiesa.espresso.repubblica.it/articolo/1350523.
[2] Joaquin M. Alonso, *La Verdad sobre el Secreto de Fátima*, Publicaciones Claretianas, 1976.
[3] Antonio Socci, *Il quarto segreto di Fatima*, Rizzoli 2006, capitolo «Un foglio esplosivo», pp. 162-163. In risposta a questo mio libro, nel quale davo prove dell'esistenza di una parte non pubblicata del Segreto e dimostravo che la visione del martirio del Papa non poteva riferirsi all'attentato a Giovanni Paolo II del 1981, ma a un evento non ancora accaduto, il cardinale Tarcisio Bertone, nel frattempo divenuto segretario di Stato di Benedetto XVI, scrisse un libro intervista con Giuseppe De Carli, *L'ultima veggente di Fatima* (Eri-Rizzoli 2007) dove definiva «farneticazioni» le mie tesi, dove negava che vi fosse una parte del Segreto non pubblicata, negava che vi si parlasse di apostasia nella Chiesa e dove affermava categoricamente che il Terzo Segreto era sostanzialmente la profezia dell'attentato del 1981. Concludeva: «L'accanimento mediatico è quello di non volersi capacitare che la

profezia non è aperta sul futuro, è consegnata al passato. Non ci si vuole arrendere all'evidenza» (p. 79). A smentire in modo plateale quest'affermazione così categorica fu lo stesso papa Benedetto XVI che, durante il suo improvviso pellegrinaggio a Fatima del 13 maggio 2010, avendo lì vicino il cardinal Bertone, dichiarò testualmente: «Sbaglierebbe chi pensasse che la visione profetica di Fatima riguardi solo il passato». E affermò che proprio il tradimento all'interno della Chiesa (si era nella tempesta dello scandalo della pedofilia) era la peggiore persecuzione: «Quanto alle novità che possiamo oggi scoprire in questo messaggio è che non solo da fuori vengono attacchi al Papa e alla Chiesa, ma le sofferenze della Chiesa vengono proprio dall'interno della Chiesa, dal peccato che esiste nella Chiesa. Questo lo vediamo sempre, ma oggi lo vediamo in modo realmente terrificante: che la più grande persecuzione alla Chiesa non viene dai nemici di fuori, ma nasce dal peccato nella Chiesa, e che la Chiesa quindi ha profondo bisogno di ri-imparare la penitenza, di accettare la purificazione, di imparare il perdono ma anche la necessità della giustizia. Il perdono non sostituisce la giustizia».

[4] http://www.antoniosocci.com/2013/04/il-nuovo-papa-e-il-terzo-segreto-di-fatima/.

[5] A. Socci, *Il quarto segreto*, cit., p. 81.

[6] La novità è contenuta in una pubblicazione ufficiale del Carmelo di Coimbra, quello dove è vissuta ed è morta (nel 2005) suor Lucia dos Santos, l'ultima veggente. S'intitola *Un caminho sob o olhar de Maria* ed è una biografia di suor Lucia, scritta dalle consorelle, con dei preziosi documenti inediti della stessa veggente. Il volume, infatti, attinge alle lettere di suor Lucia e al diario inedito intitolato *Il mio cammino*. Impressionante, fra gli inediti, è il racconto di come suor Lucia superò il terrore che le impediva di scrivere il Terzo Segreto. Verso le 16 del 3 gennaio 1944, nella cappella del convento, davanti al tabernacolo, Lucia chiese a Gesù di farle conoscere la sua volontà: «Sento allora che una mano amica, affettuosa e materna mi tocca la spalla». È «la Madre del Cielo» che le dice: «Stai in pace e scrivi quello che ti comandano, non però quello che ti è stato dato di comprendere del suo significato», intendendo alludere al significato della visione che la Vergine stessa le aveva rivelato. Subito dopo – dice suor Lucia – «ho sentito lo spirito inondato da un mistero di luce che è Dio e in Lui ho visto e udito: la punta della lancia come fiamma che si stacca, tocca l'asse della terra ed essa trema: montagne, città, paesi e villaggi con i loro abitanti sono sepolti. Il mare, i fiumi e le nubi escono dai limiti, traboccano, inondano e trascinano con sé, in un turbine, case e persone in un numero che non si può contare, è la purificazione del mondo dal peccato nel quale sta immerso. L'odio, l'ambizione, provocano la guerra distruttrice. Dopo ho sentito nel palpitare accelerato del cuore e nel mio spirito una voce leggera che diceva: "Nel tempo, una sola fede, un solo battesimo, una sola Chiesa, Santa, Cattolica, Apostolica. Nell'eternità il Cielo!". Questa parola "Cielo" riempì il mio cuore di pace e felicità, in tal modo che, quasi senza rendermi conto, continuai a ripetermi per molto tempo: il cielo, il cielo!» (pp. 266-267). Così le viene data la forza per scrivere il Terzo Segreto. L'inedito che ho appena citato è un documento dove gli addetti ai lavori trovano facilmente conferma alla ricostruzione storica per cui il Terzo Segreto è composto di due par-

ti: una, la visione, fu scritta e inviata prima, mentre l'altra – quella che nelle parole della Madonna è «il significato» della visione stessa – fu scritta e inviata successivamente. E non è ancora stata pubblicata. I due elementi citati in questa pagina di diario sono quell'immane devastazione della terra e l'affermazione «una sola fede, un solo battesimo, una sola Chiesa, Santa, Cattolica, Apostolica», che presuppone evidentemente che vi sia stato un attacco straordinario alla fede cattolica.

[7] Il papa ne parlò così: «La Beata *Anna Katharina Emmerick,* ha gridato "la dolorosa passione di nostro Signore Gesù Cristo" e l'ha vissuta sul suo corpo. È opera della grazia divina il fatto che la figlia di poveri contadini, che con tenacia ricercò la vicinanza di Dio, sia divenuta la nota "Mistica del Land di Münster". La sua povertà materiale si contrappone a una *ricca vita interiore.* Così come la pazienza nel sopportare la debolezza fisica ci impressiona anche la *forza caratteriale* della nuova Beata e la sua *stabilità nella fede.* Ella traeva questa forza dalla santissima Eucarestia. Il suo esempio ha dischiuso i cuori di poveri e di ricchi, di persone semplici e istruite alla dedizione amorosa a Gesù Cristo. Ancora oggi trasmette a tutti il messaggio salvifico: *Attraverso le ferite di Cristo siamo salvati* (cfr. *1Pt* 2,24)».

[8] Anna Katharina Emmerich, *Visioni bibliche e contemplazioni mistiche,* a cura di V. Noja, Paoline Editoriale Libri 2009, p. 200.

[9] *Ivi,* p. 135. Queste parole non sono della Emmerich, ma sono una sintesi del curatore del libro.

[10] *Ivi,* p. 150.

[11] Nel testo delle visioni della Emmerich che ho trovato (ne parlerò più avanti) molti brani sono diversi. Per esempio, questa frase suona così: «Se il partito cattivo conoscesse la sua forza lo avrebbe già fatto saltare» (p. 14).

[12] *Ivi,* p. 149. Nel testo italiano era «mondo del sentimento», ma credo che la traduzione giusta sia piuttosto «sentimento del mondo», o meglio «sull'opinione pubblica».

[13] *Ivi,* pp. 149-150.

[14] *Ivi,* p. 139.

[15] *Ivi,* pp. 155-156.

[16] *Vie d'Anne Catherine Emmerich,* Tomes 3, Par le Père K.E. Schmoeger, Traduit de l'allemand par E. de Cazalès (canonico di Versailles), Paris, Librairie Ambroise Bray, Bray et Retaux, Successeurs, 82 rue Bonaparte, 1872, (volume III, cap. XII). In rete: http://livres-mystiques.com/partieTEXTES/CatherineEm/Vie/Volume3/Chapitre.12htm. Tutte le successive citazioni sono state tratte dalla versione online dell'opera.

[17] Padre Livio Fanzaga, *Quelli che non si vergognano di Gesù Cristo,* Sugarco 2005, p. 65.

[18] In Gabriele Amorth, *Un esorcista racconta,* EDB 2007, p. 38.

[19] *Ivi,* p. 39.

[20] «*Ecclesiam, Agni immaculati sponsam, faverrimi hostes repleverunt amaritudinibus, inebriarunt absinthio; a omnia desiderabilia ejus impias miserunt manus. Ubi sedes beatissimi Petri et Cathedra veritatis ad lucem gentium constituta est, ibi thronum posuerunt abominationis et impietatis suæ; ut percusso Pastore, et gregem disperdere valeant.*»

L'Ante-Papa

[1] Joseph Ratzinger, *Il nuovo popolo di Dio, questioni ecclesiologiche*, IV ed., Queriniana 1992, p. 380, n. 30.

[2] Fu una corrente di pensiero teologico interno alla Chiesa che fra Otto e Novecento ritenne di far proprie delle posizioni teologiche nate fuori del cattolicesimo e in opposizione a esso. Il modernismo venne ufficialmente condannato da papa san Pio X come «sintesi di tutte le eresie» con il decreto *Lamentabili* e l'enciclica *Pascendi*. Nonostante queste nette condanne della Santa Sede le idee moderniste si sono ampiamente diffuse, nei decenni successivi, all'interno dell'establishment teologico e del ceto ecclesiastico.

[3] Ernesto Buonaiuti (1881-1946), sacerdote e teologo romano, fu scomunicato e ridotto allo stato laicale per essersi schierato con il movimento modernista.

[4] «Fino a oggi si è voluto riformare Roma senza Roma, o magari contro Roma. Bisogna riformare Roma con Roma; fare che la riforma passi attraverso le mani di coloro i quali devono essere riformati. Ecco il vero e infallibile metodo; ma è difficile. *Hic opus, hic labor.* Il culto esteriore durerà sempre come la gerarchia, ma la Chiesa, in quanto maestra dei sacramenti e dei suoi ordini, modificherà la gerarchia e il culto secondo i tempi: essa renderà quella più semplice, più liberale, e questo più spirituale; e per quella via essa diventerà un protestantesimo; ma un protestantesimo ortodosso, graduale, e non uno violento, aggressivo, rivoluzionario» (Ernesto Buonaiuti, *Il modernismo cattolico*, Guanda 1943, pp. 128-130).

[5] Cfr. Cornelio Fabro, *La svolta antropologica di Karl Rahner*, 1974; Giuseppe Siri, *Getsemani*, 1980; padre Giovanni Cavalcoli, *Karl Rahner. Il Concilio tradito*, 2013; Robert C. McCarthy, *A Critical Examination of the Theology of Karl Rahner, SJ*, Carthay Ventures 2001. Il cardinale Siri disse: «I guai della Chiesa sono derivati da quanto hanno detto e fatto, dopo il Concilio, parecchie persone ... Da questo punto di vista, il più pericoloso dei teologi non è Hans Küng, perché sostiene tesi così strampalate che nessuno (o quasi nessuno) gli crede. Il più pericoloso è il gesuita Karl Rahner, il quale scrive benissimo ed ha l'aria di essere ortodosso, ma ha sempre sostenuto che occorre una "nuova teologia". Una teologia cioè che metta da parte Gesù e che vada bene per il nostro secolo» (Benny Lai, *Il Papa non eletto. Giuseppe Siri, cardinale di Santa Romana Chiesa»*, Laterza 1993, p. 291, n. 20).

[6] Il volume *Karl Rahner. Un'analisi critica. Le figure, le opere e la recensione. Teologia di Karl Rahner, 1904-1984* (Cantagalli), a cura di padre Serafino M. Lanzetta, raccoglie gli atti del convegno tenutosi a Firenze nel novembre 2007, con la partecipazione, fra l'altro, di Ignacio Andereggen, Alessandro Apollonio, Giovanni Cavalcoli, Peter M. Fehlner, Joaquín Ferrer Arellano, Brunero Gherardini, Manfred Hauke, Antonio Livi, H. Christian Schmidbaur, Paolo M. Siano.

[7] Leo Scheffczyk, *La Chiesa. Aspetti della crisi postconciliare e corretta interpretazione del vaticano II*, Jaca Book 1998.

[8] *Ivi*, pp. 168-169.

[9] «Corriere della Sera», 11 ottobre 2013.

[10] La critica di Martini a Paolo VI si trova in *Conversazioni notturne a Gerusalemme* (Mondadori 2008) ed è stata sottolineata da Sandro Magister in questo articolo: http://chiesa.espresso.repubblica.it/articolo/209045. Hanno fatto discutere anche le osservazioni critiche di Martini su Giovanni Paolo II nella sua testimonianza al processo di beatificazione, http://www.antoniosocci.com/2014/04/

chi-non-voleva-wojtyla-santo-grandezza-di-giovanni-paolo-ii-il-dovere-dei-Papi-difendere-il-gregge-dalla-dittatura-del-mondo/.

[11] Come ha scritto don Luigi Giussani: «Con il cardinale Martini, infatti, il governo culturale e dottrinale della Diocesi di Milano ha cominciato a muoversi nell'ambito di una scuola di pensiero teologico direi rahneriana» (Luigi Giussani [conversazioni con Robi Ronza], *Il Movimento di Comunione e liberazione*, Rizzoli 2014, p. 238).

[12] «La Repubblica», 20 giugno 2014.

[13] Sono parole dello stesso Carlo Maria Martini (*op. cit.*, p. 81) che, evidentemente, senza avvedersene, giudicava la situazione presente. Aggiunse anche, con una certa sincerità, che forse proprio perché, nella Compagnia, «oggi questa radicalità manca», manca cioè l'andare controcorrente, non ci sono vocazioni tra i gesuiti: «Potrebbe essere uno dei motivi per cui i giovani non trovano il coraggio di decidersi a entrare nella Compagnia e dedicarle la propria esistenza».

La profezia di Ratzinger

[1] Joseph Ratzinger, *Guardare Cristo*, Jaca Book, 1989, pp. 35-39.

[2] Joseph Ratzinger, in «Deutsche Tagepost», 29 luglio 1989.

[3] Joseph Ratzinger, *Fede e futuro*, Queriniana 2005, pp. 114-117.

Memorandum per l'inquisitore

[1] In Neera Fallaci, *Dalla parte dell'ultimo. Vita del prete Lorenzo Milani*, Milano Libri Edizioni 1974, p. 281.

[2] Joseph Ratzinger, in *Commentary on the documents of Vatican II*, vol. V, p. 134, a cura di Herbert Vorgrimler, Herder and Herder, 1967-1969, New York; trad. ingl. da *Das Zweite Vatikanische Konzil, Dokumente und Kommentare*, p. 821.

[3] Intitolato «Dignità della coscienza morale» questo capitolo della *Gaudium et Spes*, che cita la *Lettera ai Romani* e un discorso di Pio XII, recita: «Nell'intimo della coscienza l'uomo scopre una legge che non è lui a darsi, ma alla quale invece deve obbedire. Questa voce, che lo chiama sempre ad amare, a fare il bene e a fuggire il male, al momento opportuno risuona nell'intimità del cuore: fa questo, evita quest'altro. L'uomo ha in realtà una legge scritta da Dio dentro al cuore; obbedire è la dignità stessa dell'uomo, e secondo questa egli sarà giudicato. La coscienza è il nucleo più segreto e il sacrario dell'uomo, dove egli è solo con Dio, la cui voce risuona nell'intimità. Tramite la coscienza si fa conoscere in modo mirabile quella legge che trova il suo compimento nell'amore di Dio e del prossimo. Nella fedeltà alla coscienza i cristiani si uniscono agli altri uomini per cercare la verità e per risolvere secondo verità numerosi problemi morali, che sorgono tanto nella vita privata quanto in quella sociale. Quanto più, dunque, prevale la coscienza retta, tanto più le persone e i gruppi si allontanano dal cieco arbitrio e si sforzano di conformarsi alle norme oggettive della moralità. Tuttavia succede non di rado che la coscienza sia erronea per ignoranza invincibile, senza che per questo essa perda la sua dignità. Ma ciò non si può dire quando l'uomo poco si cura di cercare la verità e il bene, e quando la coscienza diventa quasi cieca in seguito all'abitudine del peccato».

[4] Roberto Bellarmino, *De Conciliis et ecclesia militante*, lib. III, cap. XIX.

[5] San Tommaso d'Aquino, *Summa Theologiae*, II-III, 33, 4, 2.

[6] S. Tommaso d'Aquino, *Super Epistolam ad Galatos Lectura*, in *Super Epistolas S. Pauli Lectura*, I, 2, 11-14, lect. III, nn. 83-84.

[7] *Ivi*, lect. III, n. 77.

[8] Recita del Regina Coeli in Piazza San Pietro, 11 maggio 2014.

[9] Maria Valtorta, *Quadernetti*, Centro editoriale valtortiano 2006, p. 169.

[10] *Catechismo della Chiesa cattolica*, n. 2038.

[11] Negli anni dell'università altrettanto importante fu la lettura di un libro del dissidente cecoslovacco Václav Havel, *Il potere dei senza potere*. Uno splendido pamphlet sulla stessa lunghezza d'onda.

[12] Alessandro Manzoni, *In morte di Carlo Imbonati*.

[13] Commento di Umberto Bosco e Giovanni Reggio alla *Divina Commedia*, Le Monnier 1988, p. 277.

[14] Gustave Thibon, *Diagnosi. Saggio di fisiologia sociale*, Volpe 1973, p. 125.

[15] Dalle lettere di san Massimiliano Maria Kolbe (cfr. *Scritti di Massimiliano M. Kolbe*, trad. it., vol. I, Edizioni Città di Vita 1975, pp. 44-46, 113-114).

[16] Joseph Ratzinger, *La Chiesa. Una comunità sempre in cammino*, trad. it. Edizioni San Paolo 1991, p. 123.

Ringraziamenti

Il mio ringraziamento va anzitutto alla mia famiglia che ha accettato di vedermi trascorrere tutte le ferie in clausura per questo libro. Ho per loro, in particolare per mia moglie, una gratitudine infinita per una miriade di altre cose... Poi devo ringraziare gli amici della Compagnia dell'Aria buona e della Rosa bianca (la «nostra» Rosa bianca) per il preziosissimo aiuto umano e spirituale. Ringrazio A.P. per l'ardente preghiera, poi C., L. e G. senza i quali non mi sarei imbarcato in questa spericolata impresa. E altri amici che non nomino (ma loro sanno). Voglio ringraziare anche alcuni vecchi amici, in particolare Massimo Borghesi e Andrea Tornielli, per avermi involontariamente fatto capire con le loro polemiche la gravità della situazione. Come pure ringrazio Solideo, specie per la continua ricerca e meditazione su Fatima e dintorni. E infine il cardinale Walter Kasper che, senza volerlo, mi ha chiarito tutto. A sua insaputa. Per gli stessi motivi ringrazio Eugenio Scalfari per l'impareggiabile opera di chiarificazione svolta con i suoi articoli e interviste.

Arnoldo Mondadori Editore S.p.A.

Questo volume è stato stampato
presso ELCOGRAF S.p.A.
Stabilimento - Cles (TN)

Stampato in Italia - Printed in Italy